JN041982

財政赤字の神話

The Deficit Myth
Modern Monetary Theory and the Birth of the People's Economy

MMTと国民のための経済の誕生

ステファニー・ケルトン
Stephanie Kelton
土方奈美訳

早川書房

財政赤字の神話

――ＭＭＴと国民のための経済の誕生

THE DEFICIT MYTH
Modern Monetary Theory and the Birth of the People's Economy
by
Stephanie Kelton

Translated by
Nami Hijikata
First published 2020 in Japan by
Hayakawa Publishing, Inc.
This book is published in Japan by
arrangement with
The Ross Yoon Agency LLC.
through The English Agency (Japan) Ltd.

装幀／竹内雄二

ブラッドリーとキャサリンへ

目次

訳者による注は小さめの（　）で示した。

日本版序文
「財政赤字」こそ、コロナショックを脱する唯一の道である

日本人は幾度も危機を経験してきた。ここ二〇～三〇年だけでも「バブル経済」の崩壊、原子力発電所のメルトダウン、大型台風、世界金融危機があり、そして今、グローバルなパンデミック（感染症の大流行）が引き起こした経済危機に直面している。深刻な事態が起こるたびに、政策当局は財政政策（首相、財務相、国会議員による対応）と金融政策（中央銀行である日本銀行の対応）を組み合わせて対処してきた。今回もそうだが、日銀と政府が実質的に手を組み、強力なワンツーパンチを繰り出して経済を救おうとすることもある。

ひとつめのパンチは財政刺激策だ。景気をテコ入れするために、政府が支出を増やすと約束するのである。今回のコロナ禍では大幅な支出増加が必要だ。現代の資本主義経済を動かすのは、基本的に売り上げだ。新型コロナウイルス感染症の流行によって売り上げは特に打撃を受けている。海外からの観光客は激減し、国内の居住者は外出自粛でショッピングモールやレストラン、バーなどでおカネを落とさなくなっている。売上不振とは、企業から顧客、そして利益が消えていくことを意味する。まっとうな売り上げを維持するだけの顧客がいなければ、雇用主は従業員を解雇する、あるいは廃業するケースも出てくる。消費需要の低迷が長引けば、失業が増加し、最終的に経済は長く深刻な不況に陥《おちい》る可能性もある。政府がコロナ対策に支出するのは、そうし

か、と。
日本は景気後退に入り、しかもすでに先進国で最も多くの借金を抱えているのに、政府はどうやってそれだけの支出をまかなうのか、と思うかもしれない。莫大な資金はどこから出てくるのか、と。

本書で詳しく説明するように、日本政府の銀行、つまり日銀が貨幣を創造するというのがその答えだ。政府による財政政策というひとつめのパンチを後押しするために、日銀は日本国債（およびその他の金融資産）を大量に買い入れ、金利を過去最低水準に維持してきた。そのおかげで政府は調達コストを気にすることなく、資金を必要なだけ確保できる。

これから見ていくとおり、日本にそれが可能なのは高いレベルの「通貨主権」があるからだ。これが本書で説明するマクロ経済学のフレームワーク、「現代貨幣理論（ＭＭＴ）」の要諦だ。日本政府は主権通貨（円）の「発行者」であるため、コロナ危機からの景気回復を支えるのに必要な財政支援策をすべて「まかなえる」だろうか、と心配する必要はまったくない。必要だと思う分だけ支出を確約できる。資金が枯渇することはあり得ない。また、必要な支出をまかなうために徴税する、あるいは誰かから日本円を借り入れる必要は一切ない。

政府が課税によって経済から吸い上げる金額よりも支出する金額のほうが多いと、政府は「財政赤字」を出したと言われる。憂慮すべき事態に思えるかもしれないが、本書で説明するとおり、政府が赤字を出すのは悪いことではない。財政赤字とは、経済の非政府部門の「黒字」を別の言い方にしただけだ。これは政府から支払いを受ける側の国民や企業にとっては好ましい話で、これほど多くの人や企業が生計の維持や存続に苦労している時期ならなおさらだ。経済の完全な回復を支援するためには、政府は大規模な財政赤字を長期にわたって出し続ける必要があるだろう。これからの数カ月、あるいは数年のあいだに、追加的な財政刺激策を承認する必要も出てくるかもしれない。そうした現実を受け入れられない人もいるだろう。

政府の対策はすでにやりすぎだ、という声も出てくるだろう。政府は何十年も巨額の赤字を出し続け、債務を膨らませてきた。そのうえさらに支出を増やせば、危険な状態が一段と悪化する、と。そうした主張は誤っている。

財政赤字は、危機を脱する唯一の道だ。

*

私が懸念しているのは、日本が巨額の赤字を出し続けることでも、先進国最大の政府債務を抱え続けることでもない。政府が過去の過ちを繰り返し、景気回復が本格化する前にその勢いをくじくことだ。そうした事態は過去に何度も起きている。

たとえば財務省は今回のパンデミックが始まるずっと前から、政府が借金をして膨らみ続ける財政赤字を埋め合わせていると、いつか必ずしっぺ返しを食らう、なぜなら消費者が将来の税負担が増えることを見越して支出を抑え、貯蓄を増やすようになるからだと、あらゆる手を尽くして国民に思い込ませてきた。「リカードの等価定理」と呼ばれるこの考え方は、政府の赤字に批判的な世論を形成し、消費税率引き上げを正当化するために、日本国民の脳裏に刻まれてきた。

国の借金は持続不可能な増え方をしている、政府債務の伸びを抑えて「市場の信頼」をつなぎとめるためには増税が必要だと、国民はずっと言われ続けてきた。国の財政状態に対する市場の信頼が失われれば、金利の急騰、インフレ率の急上昇、場合によっては政府のデフォルト（債務不履行）など、さまざまな弊害が出てくる、と。

この誤った思考に基づいて、日本政府は一九九七年、二〇一四年、二〇一九年に消費税率を引き上げた。[1] そのたびに消費支出は急激に落ち込み、売り上げは急減し、経済はマイナス成長に陥った。新型コロナを別にすれば、この先数カ月および数年の日本経済にとっての最大の脅威は、こうした政策の失敗が繰り返されることだ。というのも実際には先に挙げた増税は、国の財政の安定化に一切必要がなかったからだ。いずれも誤った事実認識に基づいており、経済に破壊的影響を及ぼした。端的に言えば、財政赤字の神話に基づいていたのである。

＊

本書の目的が果たされれば、貨幣、税金、国家の債務や赤字に対するみなさんの認識は一変するだろう。過去数十年にわたって社会の繁栄を阻《はば》んできた、いくつもの神話を暴いていくつもりだ。それだけではない。本書は昔ながらの考え方を、新たなフレームワークに置き換えようとしている。それは日本政府の持つ、国民のためにより良い未来を実現する大いなる力を明らかにするものだ。

より良い未来を勝ち取るのは、容易なことではない。昔ながらの凝《こ》り固まった発想は、おとなしく道を譲らないはずだ。古い経済学のパラダイムを守ることに必死なエスタブリッシュメント

（主流派）は、新たなフレームワーク（ＭＭＴ）に異を唱え、嘲笑することさえあるだろう。しかし健全な経済、高い成長率、賃金の上昇、適度なインフレを生み出すのに失敗してきたのは、まさにその古いパラダイムなのだ。戦いはすでに始まっている。

《ウォールストリート・ジャーナル》紙は「日本はＭＭＴと赤字をめぐる世界的議論の中心にある」と書いている。[2] 日本の麻生太郎財務相は、ＭＭＴを採り入れるのは「きわめて危険なことになり得る」と主張してきたのに対し、ＭＭＴはすでに日本で現実となっていると見る政治家もいる。たとえば自民党の西田昌司参議院議員は麻生大臣に対し、「（ＭＭＴを採用・実験するようなつもりはないと言っているが）それは大間違い。実はしている、もうすでに」と語っている。[3]

二人のＭＭＴのとらえ方は、一部誤っている。ＭＭＴは動詞、すなわち政策当局が採るべき単一あるいは一連の行動を表す言葉ではない。通貨制度や、国家の財政および金融にかかわる活動を支える法的・制度的取り決めを描写する形容詞だ。

ＭＭＴは政府が実施すべき特定の政策を示すものではないが、非自発的失業という個別の問題に対しては解決策を提示している。具体的には、働く意欲があっても就業できないすべての人に仕事を提供すると、無期限に約束することだ。それに加えてＭＭＴは、日本政府のような主権通貨の発行者は増税によって歳入を増やさなくても、医療や年金のコストを必ずまかなえることも示している。政府支出の制約となるのは、常にインフレだ。財政赤字と政府債務を制約要因として扱ってはならない。支出そのものが過剰にならないかぎり、財政赤字と政府債務は高水準にとどまっても増加しても構わないし、それがマイナスの影響を引き起こすことはない。このＭＭＴの中核となる考え方を日本ほど立証してきた国はない。

足元のパンデミックが今後どのように推移していくか、予測するのは不可能だ。医療研究者は新型コロナの致死率を抑えるような有効な治療法を開発できるだろうか。ワクチンはどうだろう。この感染症を早く克服できるほど、世界経済へのダメージは抑えられる。本書の日本での刊行を控えた現時点では、日本政府高官は景気後退は深刻だが一時的なもので、二〇二二年度には経済は立ち直っていると予測している。[4] そうなる可能性もあるが、ならない可能性もある。新型コロナの流行が長引くほど、世界中の人々の生命と生活への打撃は大きくなる。

政府には魔法の杖をひと振りして危険なウイルスを封じ込めることはできないが、他のさまざまなダメージを抑える力はたしかにある。たとえば景気減速への対応として、所得を補う一律給付を実施して支出を下支えすることができる。企業に対し、人件費その他の支出を補助することもできる。失業した人に新たな雇用を保証することもできる。女性の労働参加を支援し、その地位の向上や報酬の改善に向けた取り組みを強化することもできる。社会のセーフティネットを拡充して高齢者への年金給付を増やし、国民全体に老後の生活への安心感を与えることもできる。[5] 教育、インターネット環境、病院、公的医療保険に投資することもできる。重要な製造施設を国内に呼び戻し、サプライチェーンを冗長化することもできる。次の感染症流行への備えを固めることもできる。研究機関、持続可能な住宅、電力供給網をはじめさまざまな分野に投資し、すでに進行している気候変動危機への対策に着手することもできる。いずれも経済回復のための国家戦略の一部になり得る。

日本に今求められるのは、必要とされる財政支援をすべて実施していくという確固たる決意だ。MMTのレンズを十分に活用すれば、日本はコロナショックから完全な回復を遂げ、さらに経済停滞との長い戦いにようやく終止符を打てるだろう。そのためには新政権は財政赤字削減への執着を完全に捨てなければならない。ほかの通貨主権国と同じように、日本にとって重要なのは、政府の予算が赤字か黒字かではない。国民にとってバランスのとれた公平な経済を実現するために予算が使われているかどうかだ。

ステファニー・ケルトン

二〇二〇年九月

1 二〇一九年第4四半期（一〇－一二月）の景気減速には、令和元年東日本台風（台風一九号）の影響もあったのは事実だが、最大の要因は消費税率の引き上げだ。
2 https://www.wsj.com/articles/were-already-doing-it-japan-tests-unorthodox-economic-doctrine-11557912602
3 Ibid.
4 https://www.reuters.com/article/us-japan-economy-gdp/japan-to-release-several-growth-forecasts-for-fiscal-2020-2021-due-to-covid-19-sources-idUSKCN24U0GR
5 政府の約束は信頼できるという認識が広がれば、これまで十分な蓄えもなく老後を迎える不安からひたすら貯蓄に努めていた若い世代はより自由にお金を使うようになるだろう。さらに若い世代はより多くの子供を持てるようになり、人口減少という問題の軽減にも役立つ。

The Deficit Myth: Modern Monetary Theory and the Birth of the People's Economy

序章

バンパーステッカーの衝撃

厄介なのは知らないことじゃない。
知らないのに知っていると思い込むことだ。
――マーク・トウェイン

二〇〇八年。カンザス州ローレンスの自宅から、当時経済学を教えていたミズーリ大学カンザスシティ校に向かう道すがら、目の前を走るメルセデスのＳＵＶのバンパーに貼られたステッカーが目に入った。描かれていたのは少し猫背で立つ男の姿だ。ズボンのポケットはすべてベロンと裏返しになっている。表情は険しく深刻だ。赤と白のストライプのズボンに紺のジャケット、星柄のシルクハット。「アンクル・サム」（アメリカ政府を擬人化したキャラクター）だ。このバンパーステッカーを貼った運転手と同じように、アメリカではいまや多くの国民が、政府は完全に破綻しており、社会が直面する重大な課題に立ち向かう資金もない、と考えている。

医療、インフラ、教育、気候変動など議論のテーマが何であっても、常に同じ問いがつきまとう。「そうは言っても、どうやってその費用をまかなうんだ」と。あのバンパーステッカーは国家の財政問題、とりわけ財政赤字の大きさに対する強い不満と不安を象徴していた。あらゆる政党の政治家が財政赤字を厳しく批判してきたのだから、政府が無節操にお金を使うことに対して国民が憤《いきどお》るのも当然だ。実際、個人が政府のようなお金の使い方をすれば、たちまちステッカーに描かれたみじめなアンクル・サムのように無一文になってしまう。

だが国の財政が、家計のそれとは根本的に違っていたらどうか。本書を通じて、財政赤字という怪物が実在しないことを証明してみせたらどうだろう。国民と地球を最優先にする経済の実現は可能であり、資金を確保することが問題なのではないと、説得力を持って示せたらどうか。

　コペルニクスとその後に続いた科学者たちは、地球が太陽の周囲をまわっているのであってその逆ではないと証明し、宇宙に対する人々の認識を変えた。財政赤字と経済との関係性についても、同じようなブレークスルーが必要だ。国民の幸福を増大させるための選択肢は、私たちが思っている以上に多い。だからそれを妨《さまた》げてきた神話の正体を見きわめなければならない。

　本書では私が先頭に立って提唱してきた現代貨幣理論（ＭＭＴ）というレンズを用いて、このコペルニクス的転回を説明していく。ここで提示する主な主張は、アメリカ、イギリス、日本、オーストラリア、カナダなど、政府が不換通貨を独占的に発行するすべての通貨主権国に当てはまる。[1]ＭＭＴは、財政赤字のほとんどが国民経済に有益なものであることを示し、政治と経済に対する従来の見方を一変させる。財政赤字は必要なものだ。財政赤字に対するこれまでの認識や対応は、不完全で不正確であることが多かった。私たちは均衡予算という見当違いな目標を追いかけるのではなく、主権通貨の可能性を追求しながら、豊かさがごく一部の人々に集中するのではなく幅広く共有されるような「経済の均衡」を目指すべきだ。

　これまで財政という世界の中心は、納税者だと考えられてきた。それは政府には独自の資金がまったくないと考えられていたためだ。政府の活動をまかなう資金は、つまるところすべて私たち国民が拠出しなければならない、と。それに対してＭＭＴは、あらゆる政府支出をまかなうのは納税者ではなく、通貨の発行体、すなわち政府自身であるという認識に立ち、これまでの理解を根本から覆《くつがえ》す。本書で説明するとおり税金にはたしかに重要な目的があるが、税金が政府支出の財源であるという考えは幻想だ。

私も初めてこうした考えに触れたときには懐疑的だった。受け入れまいと抵抗したほどだ。経済学者としての修業を始めたばかりの頃は、財政・金融政策を徹底的に研究し、ＭＭＴの主張を論破しようとしていた。だがそうした研究を初めての査読付き論文として出版する頃には、自分のかつての認識が誤っていたことに気づいていた。ＭＭＴの中核となる思想は当初、突飛なものに思われたが、結局は正しかった。ＭＭＴはある意味、財政システムが本当はどのように機能するかを説明する、党派とはかかわりのない「レンズ」と言える。特定のイデオロギーや政党に依拠してはいない。むしろ経済的に何が可能かを明確にすることによって、財政的可能性が問題となって膠着《こうちゃく》しがちな政策論争をとりまく状況を一変させる。特定の政策変更が財政に及ぼす影響だけに注目するのではなく、経済と社会に及ぼす影響を広範に見る。

こうした思想を初めて提唱したのはジョン・メイナード・ケインズと同時代に生きたアバ・P・ラーナーだ。ラーナーはそれを「機能的財政論」と名づけた。財政をその働きや機能によって評価するという発想だ。重要なのは、政策がインフレの制御と完全雇用の維持に寄与し、所得や富の公平な分配につながっているかであって、毎年予算がどれだけ枠を超過したかではない。

社会の抱えるあらゆる問題は単に財政支出を増やせば解決するなどと、もちろん私は考えてはいない。予算に「財政的」制約がないからといって、政府ができること（そしてすべきこと）に「実物的」制約がないわけではない。どの国の経済にも内なる制限速度がある。それを決めるのは「実物的な生産能力」、すなわち技術の水準、土地、労働者、工場、機械などの生産要素の量と質である。経済がすでにフルスピードで走っているところに政府がさらに支出を増やそうとすれば、インフレが加速する。制約はたしかにある。しかしそれは政府の支出能力や財政赤字ではない。インフレ圧力と実体経済の資源だ。MMTは真の制約と、私たちが自らに課した誤解に基づく不必要な制約とを区別する。

みなさんもおそらく、MMTの主張を裏づけるような事態を現実世界で目の当たりにしてきたのではないだろうか。私の場合、アメリカ連邦議会上院で働いていたときがそうだった。社会保障制度の話題が持ちあがるたびに、あるいは下院議員が教育や医療への支出を増やそうと提案するたびに、政府の赤字を増やさずにどうやってそれを「まかなう」のだという反論が山のように出てきた。だがみなさんはお気づきだろうか。防衛費の拡大、銀行の救済、あるいは富裕層への減税が議論されるときには、たとえそれが財政赤字を大幅に増やすものであっても問題になったことは一度もない。政治家の票につながるなら、政府は必ず自らの優先課題に必要な資金を手当てできる。そういう仕組みなのだ。財政赤字はフランクリン・D・ルーズベルト大統領が一九三〇年代にニューディール政策を実行する妨げにはならなかった。ジョン・F・ケネディ大統領が人類を月に送る計画を諦《あきら》める理由にもならなかった。そして財政赤字を理由に議会が戦争を承認しなかったことは一度もない。

それは議会に財政権力があるからだ。議会が何かを本当にやりたいと思えば、資金は必ず手当てできる。政治家にその気があれば、今日にでも国民の生活水準を引き上げ、アメリカの長期的繁栄に不可欠な教育、技術、堅牢なインフラへの公共投資を増やすための法律を成立させることができる。財政支出をするか、しないかは政治判断だ。もちろん、あらゆる法律が経済に及ぼす影響はしっかり吟味《ぎんみ》しなければならない。しかし恣意的な財政目標や、いわゆる「財政健全化」

を信奉するあまり、財政支出を制約することがあってはならない。

二〇〇八年一一月に私がアンクル・サムのバンパーステッカーを目にしたのは、偶然ではないだろう。政府の資金が底をつくという時代遅れの認識が、この年に発生した金融危機で強まっていたからだ。アメリカは大恐慌以来最悪の景気後退の最中にあった。まるで国そのものが、世界の大半の国もろとも破産しかけているような雰囲気だった。サブプライムローン市場の混乱に端を発した危機はグローバルな金融市場に波及し、本格的な経済の崩壊へとつながった。その結果、アメリカでは数百万人が仕事、自宅、経営していた会社を失った。[2] 一一月だけで八〇万人が失業した。数百万人が失業保険、フードスタンプ（生活保護者に対する食料配給券）、メディケイド（低所得者向けの医療費補助制度）などの公的支援を申請した。景気が一気に冷え込むなか税収は急減、失業者を支援するための支出は急増、その結果財政赤字は過去最大の七七九〇億ドルに膨れ上がった。国家は完全なパニック状態に陥った。

私を含めてＭＭＴの支持者はこれを、新たに発足するオバマ政権に大胆な政策を提案する好機ととらえた。そして議会には給与税減税、州および自治体への追加支援、政府による就業保証など、確固たる刺激策の法制化を促した。

二〇〇九年一月一六日までに、アメリカの四大金融機関（ＪＰモルガン・チェース、バンクオブアメリカ、シティグループ、ウェルズ・ファーゴ）の時価総額は半減し、雇用市場は毎月数十万人の失業者を生み出していた。一月二〇日、オバマ大統領はフランクリン・ルーズベルト大統領と同じように、歴史的な非常事態の下で就任式を迎えた。それから三〇日も経たないうちに七八七〇億ドル規模の財政刺激策が成立した。オバマ大統領の側近のあいだでは、景気後退を長引かせないためには最低一・三兆ドルは必要であるとして、はるかに大規模な財政出動を求める声もあった。その一方、「兆」単位の支出には断固反対する者もいた。結局、大統領は腰が引けてしまった。

なぜか。こと財政政策にかけては、オバマ大統領は基本的に保守的だったからだ。周囲はさまざまな数字を提案したが、最終的には慎重であるに越したことはないと、そのなかで最も少ない数字を選んだ。経済諮問委員会の委員長を務めていたクリスティーナ・ローマーは、これほどの危機に対処するには七八七〇億ドルという控えめな介入では力不足だと理解していた。そこで一兆ドルを超える大胆な刺激策を主張し、こう言った。「大統領、今こそ腹をくくるべきときです。状況は私たちが考えていたより厳しいのですから」[3]。ローマーは試算に基づき、厳しさを増す不況に立ち向かうためには、一兆八〇〇〇億ドル規模の対策が必要だと結論づけた。しかしハーバード大学の経済学者で、財務長官を務めたのちオバマ政権の首席経済顧問となったローレンス・サマーズはこの選択肢に反対した。サマーズも本心ではもっと大規模な刺激策の必要性を認めつつ、議会に一兆ドル近い対策を求めればバカにされると心配していた。「国民は支持しないだろうし、議会を通過することはないだろう」[4]。のちに大統領の上級顧問となったデビッド・アクセルロッドもそれに同意した。一兆ドルを超えるような対策を打ち出したら、議会やアメリカ国民も「目をむく」と懸念したのだ。

最終的に議会が承認した七八七〇億ドルの刺激策には、州政府や自治体の不況対策への支援、インフラや環境対策への投資、民間部門の消費や投資を促すための大幅な減税などが含まれていた。もちろん効果はあったが、まるで足りなかった。経済は縮小し、財政赤字は一兆四〇〇〇億ドルを超え、オバマ大統領は赤字幅の拡大について追及を受けるようになった。二〇〇九年五月二三日に《C‐SPAN》のインタビューを受けた際には、番組ホストのスティーブ・スキャリーにこう聞かれた。「わが国の資金はいつ、尽きるのですか」[5]。大統領は答えた。「もう尽きていますよ」。こうしてバンパーにアンクル・サムのステッカーを貼ったドライバーが薄々感じていたことが、明確に肯定されたわけだ。アメリカは破産している、と。

二〇〇七年一二月から二〇〇九年六月にかけての「グレート・リセッション（大不況）」は、世界中のコミュニティや家族に消えない傷を残した。アメリカの労働市場が二〇〇七年一二月から二〇一〇年初頭までに失った八七〇万人の雇用を取り戻すまでには六年以上かかった[6]。数百万人が仕事を見つけるまでに一年以上を要した。結局、再就職できなかった人も多い。幸い仕事は見つかったものの、パートタイム、あるいは失業前より大幅に収入の低い仕事で手を打たなければならなかった人もいた。同じ時期、住宅の差し押さえ危機によって住宅資産が八兆ドル失われ、二〇〇七年から二〇〇九年にかけて六三〇〇万人（子供二一〇〇万人を含む）が貧困層に転落した[7]。

議会にはもっと打つ手があったはずで、実際手を打つべきだったが、財政赤字の神話に阻《はば》まれた。失業率が九・八％という驚くべき高水準にあった二〇一〇年一月には、オバマ大統領はすでに方向転換を始めた。この月の一般教書演説では、財政刺激策からの転換を宣言した。「国中の家族が支出を抑え、困難な決断をしている。政府もそうしなければならない」と。こうしてアメリカは自ら苦境を長引かせることになった。

サンフランシスコ連邦準備銀行は金融危機とその後の弱々しい回復によって、アメリカ経済の潜在生産量は二〇〇八年から二〇一八年にかけて最大七％減少したと評価している。この一〇年でアメリカが本来生産できたはずの財やサービス（そして所得）の規模と言い換えてもいい。そうなったのは雇用を守り、人々が家を失わなくても済むようにすることで、経済を支える努力が不十分だったからだ。政策対応を誤ったために、景気回復が弱く時間のかかるものとなり、それがコミュニティを蝕《むしば》み、結果として国民経済は何兆ドルもの富を失うことになったのだ。サンフランシスコ連銀によると、経済成長が低迷した一〇年間のコストは子供も含めた国民一人あたり七万ドルに達するという。

なぜもっと優れた政策を実施しなかったのか。二大政党が対立するあまり、国家的危機によって国民と大企業の安全が脅かされていたにもかかわらず、議会が正しい選択をできなかったためだろうか。たしかに、それも一理ある。二〇一〇年には上院院内総務であったミッチ・マコーネル議員が「われわれの最大の望みは、オバマ政権が一期で終わることだ」と堂々と語っていたほどだ。しかし障害は党派政治だけではなかった。二大政党がともに数十年抱き続けてきた「財政赤字ヒステリー」のほうが、もっと重大な障害だった。

財政赤字を増やしていれば、景気回復はもっと速く力強いものとなり、数百万世帯が救われ、数兆ドルの経済損失も防げたはずだ。しかし国を動かす力を持った人々のなかで、誰ひとりとして財政赤字を増やすために戦った者はいなかった。オバマ大統領もその上級顧問たちも、さらには下院と上院のプログレッシブ（進歩派）の議員ですらそうしなかった。なぜか。みんな本当に政府の資金は尽きたと思っていたのだろうか。それともメルセデスSUVにアンクル・サムのバンパーステッカーを貼るような、良識ある有権者を怒らせるのが怖かったのだろうか。

財政赤字自体が問題だと考えているかぎり、財政赤字を使って問題を解決することはできない。

現時点でアメリカ国民のほぼ半分（四八％）が、財政赤字の削減が大統領と議会の最優先課題だと考えている。本書の目的は、財政赤字が問題だと考える人の数をゼロに近づけることだ。容易な試みではない。実現するには、公共政策にかかわる議論を形づくってきた神話や誤解を慎重に解きほぐしていく必要がある。

本書の最初の六章では、国家を束縛してきた財政赤字の神話を打ち砕いていく。まずは政府の収支は家計と同じように考えるべきだ、という考えから始めよう。これほど有害な神話もないからだ。実際には政府は一般家庭や民間企業とはまったく違う。それはアメリカという国家には他の経済主体にはないものがあるからだ。アメリカドルを発行する能力だ。私たち個人や企業と違い、政府は使う前にドルを確保する必要はない。払えないほどの請求書の山に埋もれることもない。破産することは絶対にない。政府が家計のように収支を管理しようとすれば、主権通貨の持てる力を活かして国民の生活を大幅に改善する機会を逸することになる。本書ではＭＭＴを通して、政府の支出は税収や借り入れで決まるものではなく、その最大の制約はインフレであることを説明していく。

打破すべき二つめの神話は、財政赤字は支出過剰の表れだという考えだ。財政赤字は政府が「身の丈以上の支出をしている」証拠だと政治家が嘆くのをずっと聞かされてきたのだから、多くの人がそう思うのも無理はない。だがそれは誤りだ。たしかに財政赤字が政府の帳簿に記録されるのは、支出が税収を上回ったときだ。しかしそれは一面的な見方だ。ＭＭＴは単純な会計原則を使って、別の見方があることを示す。政府が国内で一〇〇ドルを使ったが、税金として回収したのは九〇ドルだったとしよう。差分は「政府赤字」と呼ばれる。しかし、この差分は別の見方もできる。政府赤字は誰かの「黒字」になるのだ。政府の一〇ドルのマイナスは、常に経済の他の部門の一〇ドルのプラスになる。問題は政治家が片目で世界を見ていることだ。財政赤字は見えているのに、反対側にある同額の黒字は見えていない。さらに多くの国民にも後者は見えていないため、損をするのは自分たちなのに財政均衡への努力を支持する。政府がお金を使いすぎることも、財政赤字が大きくなりすぎることもありうる。しかし支出過剰の証拠となるのはインフレであり、財政赤字は大きすぎるより小さすぎるケースがほとんどだ。

三つめは、財政赤字は将来世代への負担である、という神話だ。政治家はこの話が大好きだ。赤字を垂れ流すのは子や孫にツケをまわすことであり、彼らに悲惨な暮らしを強いることになる、と。これを最も声高に唱えた一人がロナルド・レーガン大統領だった。しかしバーニー・サンダース上院議員さえも「財政赤字については懸念している。われわれの子供たち、孫たちに残すべきものではない」と、レーガンと同じような主張をしている。[8]

レトリックとしてはインパクト大だが、経済学的には筋が通らない。それは歴史が証明している。政府債務の対国内総生産（ＧＤＰ）比率が最も高かった（一二〇％）のは、第二次世界大戦直後だ。しかし、これはまさに中産階級が生まれ、世帯の実質平均所得が急増した時期でもあり、次の世代は高い税率に悩まされることもなく、生活水準は高まった。財政赤字が未来の世代に財政的重荷を押しつけることはない。赤字を増やすことで未来世代が貧しくなるわけではなく、逆に赤字を減らせば彼らが豊かになるわけでもない。

本書で取り上げる四つめの神話は、財政赤字は民間投資のクラウディングアウト（押し出し）

につながり、長期的成長を損なうという考えだ。この説を主に流しているのは、もう少し分別のありそうな主流派経済学者や政策の専門家だ。これは政府が赤字を出すと、預金という限られた原資を民間の借り手と奪い合うことになるという誤った想定に基づいている。本来であれば民間部門の投資にまわされ、長期的成長を促すはずだった資金の一部が、国の借り入れに取られてしまうという主張だ。本書では現実はまさにその逆で、財政赤字はむしろ民間部門の貯蓄を増やし、民間投資を呼び込む（クラウドイン）効果もあることを見ていく。

五つめの神話は、財政赤字によってアメリカの諸外国への依存度が高まる、という主張だ。中国や日本が大量の米国債を保有すると、アメリカに対して途方もない影響力を持つようになる――本当だろうか？　これは政治家が切実に資金を必要としている公的事業を無視する方便として、意識的あるいは無意識的に広めている作り話だ。他国のクレジットカードを無責任に使うようなものだ、という比喩で語られることもある。この主張はドルを発行するのは中国ではない、という事実を見過ごしている。ドルの発行体はアメリカだ。アメリカは中国から借金をしているというより、中国にドルを供給し、それを米国財務省証券という金利収入も得られる安全な資産と交換する選択肢を与えていると見るべきだ。そこにはリスクもなければ害もない。アメリカにその意思があれば、キーボードを叩くだけで即座に債務を返済できる。財政赤字によってアメリカの未来を抵当に入れることになるという見方も、主権通貨の仕組みに対する無理解、あるいは政治目的に基づく意識的歪曲の表れだ。

本書で検討する六つめの神話は、政府の給付金制度が長期的に財政危機を招くという説だ。社会保障制度、メディケア（高齢者と障害者向けの公的医療制度）やメディケイドなどが諸悪の根源とされる。このような考え方のどこが誤っているのか、説明していく。社会保障給付などを削減すべき正当な理由はひとつもない。アメリカ政府は今後もずっと将来の債務を履行できるだろう。なぜなら資金が尽きることなどあり得ないからだ。政治家はこうした制度の財政負担を議論するより、幅広い国民のニーズを効果的に満たせる政策を競い合うべきだ。必要な資金はいつだって確保できる。重要なのは、資金を何に使うべきか、だ。人口動態の変化と気候変動の影響こそ、利用可能な資源を圧迫するおそれがある真の脅威だ。実物資源を管理し、ベビーブーム世代が退職年齢を迎えるなかで持続可能な生産方法を確立するために、できることはすべてしなければならない。しかしこと給付金制度については、現在の退職者や今後退職する世代への約束を果たすための財源は常に確保できる。

この六つの神話の背後にある誤った考え方を精査し、確固たる証拠に基づいて反論したら、続いて本当に目を向けるべき危機について考えていく。その原因は財政赤字や給付金制度ではない。アメリカの子供の二一％が貧困状態にある。これはまさしく危機だ。インフラが「D＋」と評価されていることも。社会の格差が南北戦争直後の「金ぴか時代」以来の深刻さにあることも。平均的労働者の実質所得が一九七〇年代からほとんど上昇していないことも。四四〇〇万人の国民が総額一兆七〇〇〇億ドルの学生ローンを抱えていることも。そして何より重大な危機は、このまま気候変動が悪化し、地球上の生命が滅びてしまうことで、「支出」する対象すらなくなってしまうことだろう。

ここに挙げたものこそが本当の危機だ。国家の赤字は危機ではない。

トランプ大統領が二〇一七年に署名した税制法案の問題は、政府の赤字を増やしたことではない。最も支援を必要としていない層に恩恵をもたらしたことだ。それによって格差は拡大し、少数の人々がより大きな政治力、経済力を手にすることになった。MMTは、国民のニーズをまかなうのに十分な歳入を確保することが、より良い経済を実現する条件ではないと考える。富裕層への課税強化は可能だし、必要なことだ。しかしそれは富裕層の力を借りなければ必要な支出をまかなえないためではない。富裕層に課税すべき理由は、資産と所得の配分のバランスを正すため、そして民主主義の健全性を守るためだ。貧困問題を解消し、マーチン・ルーサー・キング・ジュニア牧師の妻であったコレッタ・スコット・キングが求めた「政府による就業機会と生活賃金の保証」を実現するために、富裕層の貯金箱をカチ割る必要はない。必要な資源はすでに私たちの手中にある。国家が莫大な資産を持つ人々に依存しているかのような誤った印象を広めると、国家の目的を実現するうえで彼らが実際よりも重要な役割を果たすように思えてしまう。財政赤字はたいした問題ではない、慎重さなどかなぐり捨てて、ただただお金を使えばよいなどと主張するつもりはない。私が提唱している経済的枠組みは、政府にこれまで以上の「財政責任」を求めるものであって、その逆ではない。必要なのは、責任ある経済資源の配分とは何を意味するかを問い直すことだ。赤字に対する誤解によって、私たちは経済の潜在力を引き出せず、ひどく無駄にしている。

MMTは私たちに、新たな政治と経済を構想する力を与えてくれる。健全な経済学に基づき、政治的立場を超えて現状を問い直せ、と訴える。MMTが世界中の政策立案者、学者、中央銀行関係者、財務大臣、社会活動家、そして一般の人々の関心をこれほどかき立てているのはこのためだ。ＭＭＴというレンズは今とは違う社会、すなわち医療や教育、インフラへの投資をまかなうことのできる社会を思い描く力を与えてくれる。欠乏を受け入れるのではなく、機会に目を向けさせてくれる。私たちが自らを縛っている神話を克服し、財政赤字は本当は経済にとって好ましいものであることを受け入れれば、国民のニーズと公共の利益を優先する財政政策を追求することができる。自らに課した制約以外に、私たちが失うものは何もない。

アメリカは人類史上最も豊かな社会だ。しかし歴史を振り返れば、アメリカが社会保障制度や最低賃金を確立し、農村地域を電化し、政府による住宅融資機関を創設し、大規模な雇用創出プログラムに支出したのは、大恐慌が吹き荒れ国家が最も困窮していた時期だった。『オズの魔法使い』のドロシーと仲間たちのように、私たちもまやかしを見抜き、必要な力はすでに自らのうちに備わっていることを思い出す必要がある。

＊

ちょうど本書の印刷が始まろうとしていたとき、新型コロナウイルスが猛威をふるい始めた。これはＭＭＴの現実世界における有効性を明確に示すケースといえる。いくつもの産業が機能を停止し、雇用が失われ、景気の急激な悪化によって失業率が大恐慌以来の水準に上昇する可能性が出てきた。議会は感染症のパンデミックと経済危機に対応するため、すでに一兆ドル以上の支出を決めた。しかし、それをはるかに上回る対策が必要だ。

ウイルスの脅威が浮上する以前から一兆ドルを超える見込みだった財政赤字は、これからの数カ月で一気に三兆ドルを超える可能性が高い。歴史が参考になるとすれば、赤字拡大への不安から、財政支出を抑えて赤字を減らそうとする圧力が高まっていくだろう。それは恐ろしく悲惨な結果につながる。今、そしてこれからの数カ月にわたり、危機を抑え込むための責任ある財政政策とは、赤字支出を増やすことにほかならない。

来年はあらゆる人にとって非常に厳しい時期になる。ウイルスの封じ込めに成功し、ワクチンが容易に入手できるようになるまで、誰もが不安な状態で過ごすことになる。社会的、経済的困難を経験する人も多いだろう。国の財政についてわざわざ思い悩まなくても、心配すべきことは山ほどある。国の資金はどこから生まれるのか、なぜ通貨主権国の政府は（通貨主権を持たない国や自治体などと違って）支出を増やし、経済を救うことができるのか。今ほどこうした問題について、深い理解が求められる時期もない。

第一章

家計と比べない

アメリカ中の家族が支出を抑え、困難な決断をしている。
政府もそうしなければならない。
——オバマ大統領（二〇一〇年の一般教書演説）

神話1　政府は家計と同じように収支を管理しなければならない。

現実　家計と異なり、政府は自らが使う通貨の発行体である。

みなさんと同じように、私もテレビで『セサミストリート』を観て育った。この幼児番組が伸ばそうとしていたスキルのひとつが、さまざまなモノを共通点や違いに応じて分類する力だ。「ひとつだけ仲間はずれがあるよ」という歌でコーナーが始まり、画面に四つのマスが現れる。バナナ、オレンジ、パイナップル、サンドイッチ。「サンドイッチ！　サンドイッチだよ！」と、姉と私は口々に叫ぶ。大人になった今でも、テレビで「国の財政は家計と同じだ」という発言を聞くと、「違うよ！」と叫んでしまう。

「政府は財政をきちんと管理しなければならない」といった発言は、この第一の神話に類するものだ。これは国の財政は一般家庭のそれと同じ発想で管理しなければならない、という誤った認識に基づいている。本書で見ていく神話のなかでも、間違いなく一番有害だ。

有権者の共感を得られるような単純なストーリーを求める政治家は、この神話が大好きだ。国の財政を、誰もが知っている家計になぞらえる。これほどわかりやすい話もない。支出を自分の収入に見合ったものに抑えるのが重要なことは、誰でもわかっている。だから国の財政を、家計のやりくりを彷彿《ほうふつ》とさせるようなかたちで説明されると腑に落ちる。このようなストーリーは、庶民的で身近な感じがする。

みなさんも一度は耳にしたことがあるだろう。選挙広告や各地の政治集会で、政治家は小さな会社の経営者や仕事熱心なウエイトレスを、責任ある財政管理の模範例として取り上げる。台所のテーブルに座って家計簿の帳尻を合わせる苦しみを追体験し、庶民の厳しい生活に共感してみせる。それから財政赤字に話を移し、民衆の怒りを煽《あお》る。政府が無責任な支出ばかりしているから、財政均衡はいつまでたっても実現しないのだ、と。

どこかで聞いたような話なので、私たちはこのようなストーリーに納得しやすい。身の丈にあった暮らしをし、支出が収入を上回らないように収支を管理しなければならない。将来に備えて貯蓄をしなければならないし、借金をするときは特に慎重になる必要がある。借金が膨らみすぎれば破産、差し押さえ、場合によっては刑務所に入ることもある。それが常識だ。

個人も破産しうること、家電量販店のラジオシャックや大手玩具チェーンのトイザラスといった有名企業でも支払いが滞《とどこお》ると破産することを、誰もがわかっている。自治体(デトロイト市)や州政府(カンザス州)も、支出をまかなうだけの資金を調達できなければ、とんでもないことになる。国中の家族がこうした現実を理解している。しかし理解していないこともある。政府は自分たちとはどこが違うのか、だ。

それを説明するために、MMTの核となる主張を見ていこう。

通貨の発行者と利用者

わが国の通貨である米ドルを発行するのはアメリカ政府であり、他の誰も発行できない(少なくとも合法的には)。MMTはこのシンプルで議論の余地のない事実に立脚している。財務省とその財政代理機関である連邦準備銀行の両方が、米ドルを発行する権限を有している。ここにはみなさんのポケットに入っているような硬貨の鋳造、財布の中にある紙幣の印刷、さらには銀行のバランスシート(貸借対照表)上に電子的に存在するだけの、準備預金と呼ばれるデジタル通貨の発行が含まれる。硬貨は財務省が、それ以外は連邦準備銀行がつくる。この事実の重大性が理解できれば、財政赤字にまつわる神話の多くを見破ることができるはずだ。

　これまでじっくり考えたことはなかったかもしれないが、みなさんもすでにこの基本的事実を直観的に理解しているのではないか。考えてみてほしい。あなたは米ドルをつくれるだろうか。もちろん稼ぐことはできるが、製造できるか。地下室に高性能の彫刻設備を設置して、米ドルによく似たものはつくれるかもしれない。あるいは連邦準備銀行のコンピュータをハッキングして、デジタルドルを発行できるかもしれない。だが通貨の偽造が発覚すれば、刑務所にぶち込まれることはみなわかっている。それは合衆国憲法が、通貨発行の「独占権」を政府に認めているからだ[1]。セントルイス連銀の表現を借りれば、政府は「ドルの唯一の製造者」だ[2]。

　言うまでもないが「独占」という言葉は、ある製品の供給者が一社しかない市場を指す。政府は米ドルの「唯一」の製造者なので、ドルの独占的供給者と考えられる。ドルを追加発行する(期限のない)特別な著作権を与えられているようなものだ。建国の父らが定めた独占的権限である。家庭や企業、州や自治体政府にはない能力だ。政府だけが通貨の「発行者」で、それ以外はみな「利用者」に過ぎない。きわめて慎重に行使すべき、特別な力である。

『セサミストリート』に話を戻すと、図1のなかでどれが仲間はずれか、すぐにわかるだろう。

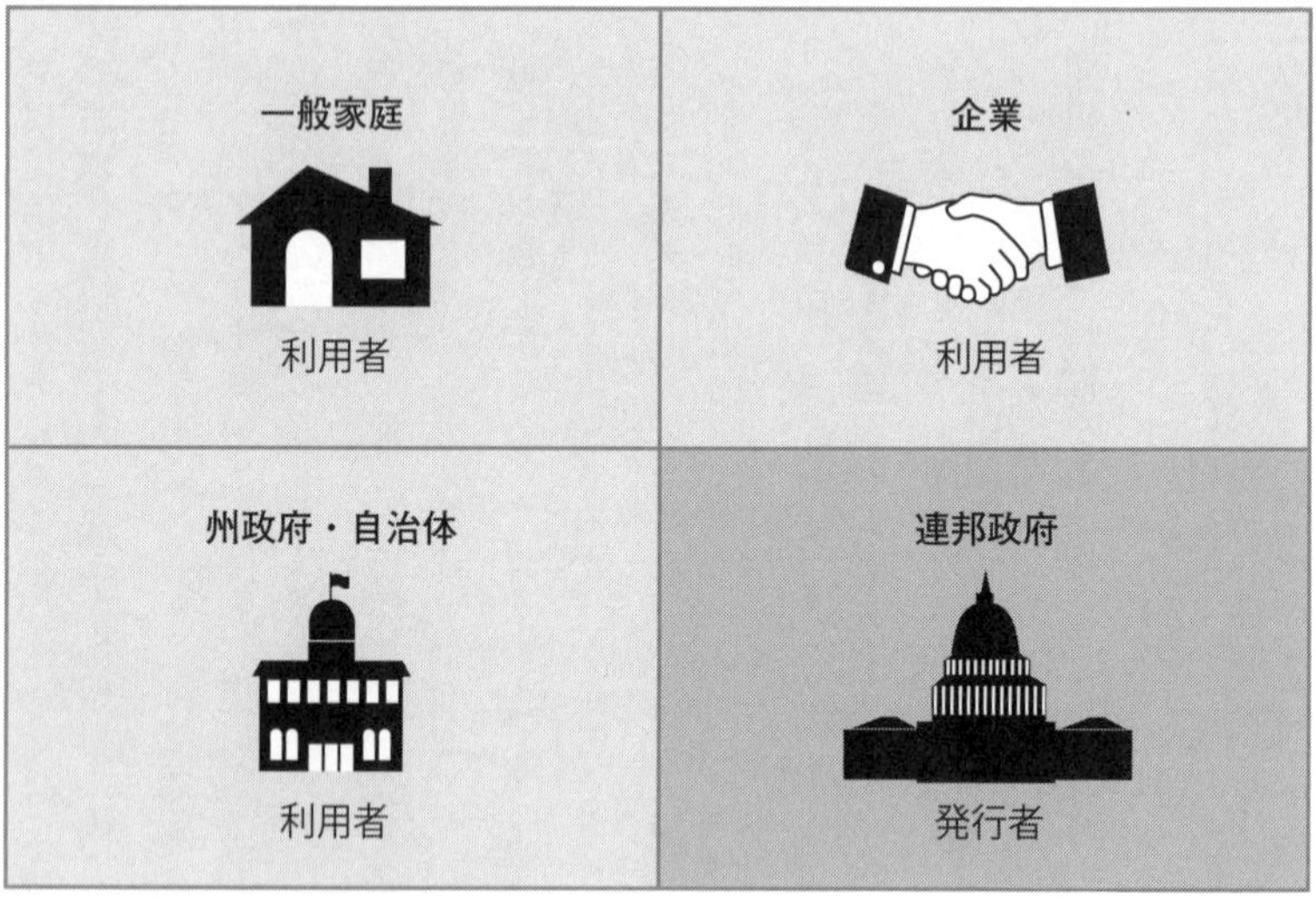

図１　通貨の発行者と利用者

通貨の「利用者」と「発行者」の区別は、MMTの要《かなめ》だ。これから見ていくとおり、それは医療、気候変動、社会保障制度、国際貿易や格差といった現代の最も重要な政策議論に重大な意味を持つ。

通貨発行者に与えられる特別な力を存分に活かすには、通貨発行の独占権を付与するだけでは足りない。通貨を限りある資産（金《きん》や他国の通貨など）と交換すると約束しないことも重要だ。さらに自国通貨建てではない借り入れも避ける必要がある。[3] ある国が独自の不換通貨を発行し、自国通貨建ての借り入れしかしなければ、通貨主権を確立したことになる。[4] 通貨主権を手にした国は、家計と同じように収支を管理する必要はなくなる。通貨発行能力を活かして、完全雇用（労働の意思と能力のあるすべての人が働いている状態）を維持するための政策を追求することができる。

ＭＭＴはアメリカ以外の国にも当てはまるのか、と聞かれることがある。答えはイエスだ。国際的な準備通貨（各国の政府や金融当局が対外決済のために保有している通貨）である米ドルは特別視されるが、通貨制度を国民のために役立てる力は他国にもある。だからアメリカ以外の読者も、本書のメッセージが自分や自国には無関係だと思わないでほしい。それどころかＭＭＴはアメリカ、日本、イギリス、オーストラリア、カナダをはじめ、高いレベルの通貨主権を持つあらゆる国において、政策の選択肢を理解し、改善するのに役立つ。さらに第五章で見ていくとおり、ＭＭＴはパナマ、チュニジア、ギリシャ、ベネズエラなど、通貨主権がない、あるいは限られた国にも有益な知見を提示する。

また二〇〇一年までのアルゼンチンのように固定相場制をとる国やベネズエラのように他国通貨建ての国債を発行する国が通貨主権を失い、イタリア、ギリシャなどユーロ圏諸国のように自国以外の通貨を利用する国々と同様の制約に直面する理由も、ＭＭＴを使うとよくわかる。通貨主権がない、あるいは限られた国が財政規律を重視しないと、家計と同じように維持できないほどの債務に直面することもある。対照的に、アメリカには資金が尽きる心配はひとつもない。どれほど高額の請求書が来ても、必ず支払うことができる。ユーロを利用するために自国通貨ドラクマの発行をやめたギリシャのようにはならない。アメリカは資金調達を中国に（限らずどこの国にも）頼ってはいない。何より重要なのは次の事実だ。通貨主権を持つことは、その国が財源の心配をせず、国民の安全と幸福を最優先できることを意味する。

サッチャー首相の勘違い　（税金＋借金）→支出

いまや有名になった一九八三年のスピーチで、イギリスのマーガレット・サッチャー首相はこう宣言した。「国家には国民が自ら稼ぐ以外に収入源はない。国家が支出を増やそうと思えば、国民の貯蓄から借りるか課税を増やすしかない」[5]。政府の財政には私たち個人のそれと同じような制約がある、と言ったわけだ。支出を増やすには、そのための資金を調達する必要がある、と。さらにこう付け加えた。「政府のお金などというものが存在しないことは、わかりきっている。存在するのは納税者のお金だけだ」。国民が政府により多くを望むのであれば、その費用を負担しなければならない。

罪のない過ちだろうか。それとも国民が政府に多くを求めないようにするための巧妙な仕掛けだろうか。本当のところはわからない。サッチャー首相の動機が何であれ、この発言は国家には通貨発行能力があることを隠している。それから三〇年以上経った今でも、イギリスやアメリカなど通貨主権国の政治指導者は、依然として政府の唯一の資金源が納税者であるかのような主張をしている。最近ではイギリスのテリーザ・メイ元首相が、政府には「金のなる木」はないと語っている[6]。納税者からもっとお金をもらわなければ、政府は野心的な新事業に支出するどころか、既存の事業をまかない続けることすらできないと、私たちはずっと言われ続けてきた。

政府が支出を増やすためには増税が必要という見解は、ほとんどの人には理にかなったものに思えるだろう。政治家もそれをわかっている。しかも彼らは国民の多くが増税を嫌がるのもわかっているので、どうすれば票につながるような派手な公約を打ち出しつつ、大多数の国民への増税を避けられるか、つじつま合わせに腐心している。たとえばドナルド・トランプ大統領はメキシコとの国境沿いに立てる壁の費用はメキシコに払わせる、と約束した。一方民主党は自分たちの提案する大胆な政策の費用は、最富裕層やウォール街の金融機関に負担させればいいと主張している。どこかからはカネを持ってこなければならないからだ。しかし、これは勘違いだ。それを詳しく説明する前に、まずは従来の考え方をおさらいしよう。そのほうがこの誤った考えを実態と照らし合わせやすくなる。

私たちが一番よくわかっているのは家計の収支であり、支出する前にお金を手に入れる必要がある、と誰もが思っている。だから政府は支出する前に資金を調達しなければならないと言われれば、直観的に正しく思える。自らの経験から、資金を手当てする前に百貨店で新しい靴を買ったり、ディーラーで新車を契約したりしてはいけないことはわかっている。これまでの通説に従えば、政府が頼れる資金源は二つ。税金を引き上げるか、国民の貯蓄から借りるかだ。税金は政府がお金を持っている人から集める手段で、政府への資金の譲渡になる。政府が課税を通じて集められる以上の金額を支出しようと思えば、預金者から借りることになる。いずれにせよ前提にあるのは、政府は支出する前に資金を調達しなければならない、という考えだ。国民の多くが、政府の財政運営はこのようなものだと教えられてきた。課税と借り入れが先、支出が後。この従来の考え方を簡単な図式で表すと、「(税金＋借金)→支出」となる。

政府も私たちと同じように支出する前に「資金を手当てしなければならない」、と刷り込まれてきたために、私たちは何かにつけてこう自問する。「その資金はどうやってまかなうのか」と。

選挙で選ばれた議員たちが新たな支出を提案するときには、必要な資金をどう確保するか、計画を示すのが当然だと思っている。どれほど進歩的な候補者でも、財政赤字を増やすような提案をすれば生きたまま食われてしまうという恐怖を抱いており、借り入れによってまかなうという提案が俎上《そじょう》に上ることはない。提案する政策が赤字を増やすことにはつながらないと示すため、たいてい一番容易に税金を支払える層を標的にして、経済から少しでも多くの税収を絞り出そうとする。たとえばバーニー・サンダース上院議員は、金融取引税を導入すれば公立大学を無償化する費用をまかなえると主張する。一方、エリザベス・ウォーレン上院議員は五〇〇〇万ドルを超える資産に二％の税金をかけることで、九五％の学生の学生ローンを帳消しにし、さらにすべての子供を対象とする保育サービス、無料の大学教育をまかなうのに十分な歳入を確保できると主張する。どちらも最富裕層に課税すれば、あらゆる費用をまかなえることを示そうとしている。これから見ていくとおり、政府が新たに乗り出す事業の資金は、増税しなくてもまかなえることが多い。赤字を増やすことをタブーと見るべきではない。税金はきわめて重要だが、政府が国民経済に投資しようとするたびに増税が必須だと考える理由はない。

現実には、政府がすべての支出に見合う税金を集められることはまずない。財政はたいていいつも赤字であり、ワシントンDCの誰もがそれをわかっている。有権者も同じだ。だからこそこれほど多くの政治家が、手遅れになる前に財政秩序を取り戻す必要があると訴えるのだ。政府も家計管理に誠心誠意取り組む決意を示そうと、ナンシー・ペロシ下院議長（カリフォルニア州選出）率いる民主党が二〇一八年、「ペイ・アズ・ユー・ゴー（ペイゴー）原則」と呼ばれる予算規定を復活させた。財政支出を増やす法改正は、それを相殺する法改正をともなわないかぎり認めないとする規定である。ペイゴー原則の下では、新たな支出を借り入れでまかなうことは原則禁止だ。これは「(税金+借金)→支出」の図式から借金を削除することであり、政治家は新たな支出を提案するときには、新たな税収を見つけなければならないという強い圧力に直面する。[7]

これは優れた政治のあり方と言えるのだろうか。優れた経済運営だろうか。一見、財政管理に対する健全なアプローチのようだ。しかし実際には政府の支出への誤った理解に根差している。すべてがあべこべなのだ。

通貨発行体の支出　支出→(税金+借金)

「(税金+借金)→支出」が支配的な見解となっているために、たいていの人はおそらくそれに近いイメージを持っているのだろう。国家の財政の仕組みについてじっくり考えたことのない人でも、政府が必要な資金をまかなうには国民のお金が必要なのだと思っている。毎年四月に内国歳入局(IRS)に納税の小切手を送るときには、ちょっぴり愛国的な気分になるかもしれない。低所得者向けの住宅建設、軍人の給料、農家に対する気前の良い補助金の費用をまかなうために、微力ながら協力している、と。不愉快な事実を伝えるのは気が進まないが、それは事実ではない。今立っている人は、座ったほうがいい。心の準備は良いだろうか。みなさんの税金は少なくとも国家レベルでは、何の支払いにも使われていない。政府は「私たちの」お金など必要としていない。逆に私たちが「政府の」お金を必要としている。これまでの常識は逆なのだ。

課税と政府支出の実態について、このような考え方に初めて触れたときには私もぎょっとした。

一九九七年のことで、博士課程の半ばにいた私に、誰かが『ソフト・カレンシー・エコノミクス』と題した薄い本を教えてくれた[8]。著者のウォーレン・モズラーは経済学者ではなくウォール街で成功した投資家で、この本ではプロの経済学者がどれほど誤っているかを書いていた。一読したが、私は納得できなかった。

モズラーによると、政府はまず支出をし、それから課税や借り入れをするという。これはサッチャーの発言のまったく逆で、「支出→（税金＋借金）」という図式になる。モズラーの説明では、政府は誰か費用をまかなってくれる人を探すことなどせず、さっさと支出することによって自国通貨を生み出す。モズラーはほとんどの経済学者が見落としていたことに気づいた。その考えは当初、独創的なものに思われたが、実は大部分はそうではなかった。私たちが知らなかっただけだ。モズラーの主張はアダム・スミスの『国富論』、ジョン・メイナード・ケインズの『貨幣論』など、経済学の古典にすでに書かれていたものだ（そして経済学者ものちにそれに気づいた）。人類学者、社会学者、哲学者などもはるか昔に通貨の本質や税の役割について同じような結論に達していたが、経済学者は大きく後れを取っていた。

一九九〇年代にひとにぎりの経済学者にこうした考えを紹介したモズラーは、MMTの父と見なされている。自分がどのようにして税金や政府支出についてこのような発想に至ったのかはわからないが、長年金融市場で仕事をするなかで思いついたのだという。金融商品を取引し、銀行口座間の資金移動をよく見ていたので、貸方と借方という視点でものを考えることには慣れていた。ある日、こうした資金はそもそもどこから発生したのだろう、と考え始めた。そして政府は私たちからドルを受け取る（借方に記入する）前に、まずはドルを与える（貸方に記入する）必要がある、と思いついた。まずは支出が先に来るべきだ。なぜなら支出がなければ、国民には税金を払うためのお金がないのだから、とモズラーは推論した。

まったく隙のない議論のようだが、正しいはずがないと私は思った。そんなことがあり得るだろうか。それは通貨、税、政府支出についての私の理解を根本から覆すものだった。私はケンブリッジ大学の世界的に有名な経済学者たちに師事していたのに、そのなかの誰ひとりとしてこんな話をしたことはなかった。むしろケンブリッジで学んだモデルはすべて、政府は支出をする前に課税か借り入れをしなければならないというサッチャー首相の思想を裏付けるものだった。[9] ほぼ全員が間違っていたなどということがあり得るのだろうか。私は真実を突き止めようと考えた。

一九九八年、私はフロリダ州ウエスト・パームビーチのモズラーの自宅を訪ね、何時間も話を聞いた。モズラーはまず、米ドルは「まぎれもない公的独占だ」と説明した。政府がドルの唯一の供給源であるのに、国民からドルを提供してもらう必要があると考えるのはばかげている。ドルの発行者は当然、望むだけのドルをいつでも手に入れられる。「政府はドルなど欲しがってはいない。政府が欲しいのは、もっと別のものだ」とモズラーは説明した。

「それは何ですか」と私は尋ねた。

「自らに必要なものを手に入れることさ。税金の目的は資金を調達することじゃない。国民を働かせ、政府が必要とするものを生産させるためにあるんだ」

「政府が必要とするもの？」

「軍隊、司法制度、公共の公園、病院、道路、橋。そういったものさ」

国民にそういう仕事をさせるために、政府は税金、手数料、罰金などさまざまな負担を課す。

税金は通貨への需要を生み出すためにある。税金を払うには、それに先立って通貨を稼ぐために働く必要がある。

頭がクラクラしてきた。そんな私に、モズラーは例を挙げて説明した。

モズラーは海辺にプール付きの豪邸を構えていた。そこでは二人の子供も暮らしていた。あるとき家を清潔で心地よく暮らせる状態に保つため、子供たちに協力を求めたという。庭の芝生を刈り、ベッドを整え、食器を洗い、車を洗うなどの手伝いをしてほしい。貴重な時間を費やしてくれたら、お返しに報酬を払うよ。自分のベッドを整えたら、パパの名刺を三枚あげよう。皿を洗ったら五枚。洗車は一〇枚、庭仕事を担当したら二五枚。それから数日、さらには数週間が経つうちに、家はとても住めない状態になっていった。芝生は膝の高さまで伸びた。台所のシンクには汚れた食器が積み上がり、車は海風が運んでくる砂や塩にまみれた。「おまえたち、なぜ何も仕事をしないんだ」とモズラーは子供たちに尋ねた。「手伝ってくれたらパパの名刺をあげると言ったのに」。子供たちは呆れたように答えた。「ねえ、パパ。なんでパパの名刺をもらうために働かなきゃいけないわけ？　なんの価値もないのに」

このときモズラーははたと気づいた。子供たちが一切手伝いをしないのは、名刺を必要としないからだ。そこでモズラーは子供たちにこう言った。君たちに手伝いは一切求めない。ただ毎月、パパの名刺三〇枚を払ってほしい。それができなければ、いろいろな特典を取り上げる。テレビもプールも使わせない。ショッピングモールにも連れていかない。天才的なひらめきだった。モズラーは自分の名刺でしか払えない「税金」を子供たちに課したのだ。ようやく名刺に価値が生まれた。

それから数時間も経たないうちに、子供たちは寝室、台所、庭の掃除に走り回っていた。それまで価値のない長方形のカードに過ぎなかったものが、突然価値のある金券と見られるようになった。なぜなのか。モズラーはどうやって一切強制することなく、子供たちにさまざまな家事をやらせることに成功したのか。簡単だ。穏やかに暮らしていくためにはモズラーの「通貨」を稼がざるを得ない状況に追い込んだのだ。子供たちは何か仕事をするたびに、その労働への対価（名刺数枚）を受け取った。月末になると、名刺を父親に返した。本当は子供たちから名刺を回収する必要はなかった、とモズラーは説明する。「自分が発行した金券を回収したって、仕方ないだろう？」。すでにこの取引で欲しいものは手に入れていた。きちんと片付いた居心地のよい自宅である。それならなぜ、わざわざ名刺を税金として子供たちから取り上げたのか。なぜ記念品としてあげなかったのか。理由は単純だ。子供たちを翌月また名刺を稼がなければならない状況に置くためだ。こうして必要なサービスが提供され続ける好循環が生まれた。

モズラーはこのエピソードを使って、主権通貨を発行する国の資金調達に関する基本原則をいくつか説明した。税金が存在する目的は、通貨への需要を生み出すことだ。政府は独自の会計単位となる通貨を定め（ドル、円、ポンド、ペソなど）、税金その他の債務をその通貨で支払うことを義務づけることによって、本来無価値の紙切れに価値を付与する。モズラーは「税金は紙くずを通貨に変える」とジョークを飛ばす。結局のところ、通貨を発行する政府が求めるのは金銭ではなく、実体のあるものだ。欲しいのは税金ではなく、私たちの時間である。国民に国家のために何かを生産させるために、政府は税金などの金銭的負担を課す。こういう説明は、ふつうの経済学の教科書には書いていていない。物々交換から生じる非効率を克服する手段として貨幣が発明された、という皮相的ストーリーのほうが好まれる。そこでは貨幣は取引を効率的にする手段として自然発生的に生じた便利な仕組みということになる。経済学の学生たちは、かつては物々交換が主流であり、それこそが本来の姿であった、と教わる。しかし古代世界の研究では、物々交換を土台とする社会の存在を裏付けるエビデンスはほとんど見つかっていない[10]。

MMTはこのような歴史的に不正確な物々交換説を拒絶し、代わりに表券主義（チャータリズム）に関する膨大な研究に依拠している。表券主義とは、古代の統治者や初期の国民国家が独自通貨を導入することを可能にしたのは税金制度であり、それによって通貨が個人間の交換手段として使われるようになったと考える立場だ。納税義務が生まれると、政府の通貨で報酬をもらえる仕事を求める人々（すなわち失業）が生まれる。そこで政府（その他の権力）は支出をすることによって通貨を世に送り出し、国民が国家への債務を支払うのに必要なトークン（代用貨幣）を入手できるようにする。当然ながら、政府がまずトークンを供給しなければ、誰も税金は払えない。このシンプルな論理によって、モズラーはほとんどの人が順番を逆に考えていたことを指摘した。納税者が政府に資金を提供するのではない。政府が納税者に資金を提供するのである[11]。

少なくとも理論的には、私もMMTに納得し始めた。そして政府を通貨の独占供給者として見るようになった。モズラーの主張を聞いて、私は子供時代に家族とボードゲームの「モノポリー」で遊んだときのことを思い出した。ゲームのルールについて考えてみると、政府との類似性は一段とはっきりする。まず通貨の管理者を決めないとゲームは始まらない。ゲームを始めるときに、プレーヤーがお金を拠出するのではない。まだお金は持っていないので、そんなことはできない。まず通貨を発行しなければ、誰もそれを手にすることはできない。最初にお金が全員に配布されると、プレーヤーはボード上でさまざまな活動を始める。不動産を買ったり、家賃を払ったり、刑務所に入ったり、あるいは内国歳入局に五〇ドルの納税を命じられたり。プレーヤーはボードを一周するたびに、通貨の管理者から二〇〇ドルをもらう。プレーヤーは通貨の「利用者」に過ぎないため、破産することもあり得るし、実際そうなることも少なくない。一方、通貨の「発行者」は絶対に資金が尽きることはない。ゲームの公式ルール[12]にはこんな記載がある。「バンカーは絶対に破産しない。銀行の資金がなくなったら、バンカーはふつうの紙に金額を書き込み、必要なだけ通貨を発行できる」（傍点は筆者）。

ワシントンDCの合衆国製版印刷局に子供たちを連れて行ったときにも、この「身近にある紙でお札をつくる」という話を思い出した。みなさんがまだ足を運んだことがなければ、ぜひお薦めしたい。目から鱗の落ちるような経験だ。政府のウェブサイト（www.moneyfactory.gov）でツアーも予約できる。モノポリーの「ふつうの紙に金額を書き込む」という方式よりはるかに洗練されているが、やっていることは本質的に変わらない。ここはわが国の通貨発行者が実際にそれを製造する施設のひとつだ[13]。ツアーで最初に目に留まったもののひとつが、製版設備の上に掲げられた巨大なネオンサインだ。そこには「ここでは昔ながらの方法でお金をつくります。印刷するのです」と書かれていた。参加者はみな写真を撮りたがったが、ツアーでは撮影は許可されていなかった。印刷機から一〇ドル札、二〇ドル札、そして一〇〇ドル札が大量に印刷された大きな紙が吐き出される様子に、誰もが目を見張った。そして誰かが、みんなが思っていることを口にした。「私にもできたらいいのに！」残念ながら囚人服を着たくなければ、紙幣の製造は製版印刷局に任せておくしかない。

ここで印刷される紙幣は、アメリカの通貨供給の一部に過ぎない。あなたのおばあちゃんの家の棚にも、一セント、五セント、あるいは一〇セント硬貨でいっぱいのガラス瓶があったのではないだろうか。それが示すとおり、政府は硬貨も供給している。連邦準備銀行が自らを「連邦準備券の発行元」と定義するのに対し、造幣局は「国家唯一の法定通貨鋳造者」と称する。それに加えて連邦準備銀行は、準備預金と呼ばれるデジタルドルを発行する[14]（アメリカの金融機関は、顧客による預金引き出しに備えるための支払い準備金として、預金の一定割合を連邦準備銀行に預け入れることが義務づけられている）。これは政府の財政代理機関である連邦準備銀行のコンピュータ操作によってのみ発行される。二〇〇八年の金融危機を乗り切るためにウォール街の金融機関が何兆ドルもの資金を必要としたときには、連邦準備制度理事会（ＦＲＢ）はニューヨーク連銀のキーボードを操作して難なくそれだけのドルを生み出した（ＦＲＢは日本における日本銀行に相当し、金融政策の策定・実施を担う。ただし、ＦＲＢはアメリカ国内に一二行ある連邦準備銀行を束ねる政府機関であり、銀行ではない。そのため、紙幣の発行はＦＲＢではなく各連邦準備銀行が担っている）。

一般人の目には、政府は自前の印刷機や鋳造機を動かして紙幣や硬貨をつくり、必要な支払いに充てているように見えるかもしれない。テレビはこのように貨幣が大量生産される映像が大好きだ。政府支出についてのニュースを、印刷機から出てくる新札の映像とともに流すことも珍しくない。しかし連邦準備銀行がつくる紙幣や硬貨のほとんどは、私たち庶民のためにある。政府がボーイングに新しい戦闘機一式の代金を支払うとき、物理的貨幣を山ほど積み上げるのはあまりに面倒だ。実際、そんな仕組みにはなっていない。

政府の支払いのほとんどは、モノポリーのように札束を渡すのではなく、カードでブリッジをするときのスコアキーパーのようにポイントを付与するかたちで行われる。ブリッジと違うのは、スコアカードにポイントを書き込むのではなく、連邦準備銀行の誰かがそれをキーボードに打ち込むだけで済むことだ。詳しく説明しよう。

たとえば軍事費だ。二〇一九年、上下両院は軍事費を増やす法律を通過させた。これによって二〇一八年度に承認した金額を八〇〇億ドル上回る、七一六〇億ドルの支出が認められた[15]。この支出をどのようにまかなうかという議論は一切なかった。増加分の八〇〇億ドルをどこから調達するかなど、誰も尋ねなかった。政府の追加支出をまかなうために、政治家は増税もしなければ、預金者から八〇〇億ドルを追加で借り入れることもしなかった。議会は持ってもいないお金を支出すると約束したのである。それができるのは、米ドルに対して特別な権限があるからだ。議会が支出を承認すれば、国防総省などの政府機関にはボーイング、ロッキード・マーチンなどの企業と契約を結ぶ許可が下りる。国家としてF35戦闘機を調達するために、財務省はお抱え銀行である連邦準備銀行に支払いを指示する。それを受けて連邦準備銀行は、ロッキードの銀行口座に必要な数字を追加する。議会は支出するために、「必要な資金」を探してくる必要はない。必要なのは有権者の票だ。票さえ集まれば、支出を承認できる。後は単なる会計処理だ。政府が小切手を切ったら、連邦準備銀行は取引相手の口座に必要なだけ準備預金と呼ばれるデジタルドルを追加し、決済する[16]。MMTが連邦準備銀行を「ドルのスコアキーパー」と説明することがあるのはこのためだ。スコアキーパーがポイント不足に陥ることは絶対にない。

トランプゲームをするとき、あるいはバスケットボールを観戦するとき、ポイントはどこから来るのか考えてみよう。答えは「どこからも来ない」だ。記録者が作り出すだけである。プレーヤーがスリーポイントラインの外側からシュートを決めれば、チームの合計点に三点追加される。この三点はスコアキーパーがバケツから取り出すのかといえば、もちろんそんなことはない。スコアキーパーは実際にはポイントなど一切持ってはいない。スリーポイントシュートを記録するために、単にスコアボードの数字を修正し、増やすだけだ。たとえばこのプレーが動画判定となり、審判が実はブザーの後だったと判断したらどうか。ポイントは引かなければならない。だが実際には何も「回収」する必要はない。記録者は単にポイントを足したり引いたりしているだけだ。政府が財政支出や徴税をするときに、ドルを足したり引いたりするのも同じである。

政府が支出してもお金が「減る」ことはないし、税金として集めてもお金が「増える」わけではない。金融危機の後、納税者のお金が銀行救済に使われているという批判に対し、FRBのベン・バーナンキ議長が「銀行の口座は連邦準備銀行にある。コンピュータを使ってその残高を増やしただけだ」と反論したのはこのためだ。納税者がウォール街を救ったのではない。救ったのはスコアキーパーだ。

バーナンキの発言を聞いて、人気テレビ番組『誰のセリフ？』を思い出す人もいるかもしれない。司会者のドリュー・キャリーは、毎回こんな言葉で番組を始める。「この番組はすべてがでまかせ。ポイントに意味はなし」。即興コメディ番組なので、本当にすべてがでっちあげだ。他のコメディアンの発言でキャリー自身や観客がどれだけ笑ったかに応じて、キャリーが架空のポイントを与えていく。このポイントには使い道がないので、まったく意味はない。しかし政府のポイントにはたしかに意味はある。

たとえば私たちが税金を払うにはドルが必要だ。そして税金（と死）が人生の避けられない現実である以上、通貨は私たちの経済生活の中心にある。米ドルのような税金という裏付けのある通貨が誕生すると、あらゆるものの価格を設定する基本的単位となる。アメリカのレストランやショッピングモールでは、売り手はみなドルを稼ごうとしている。裁判所に行けば、判事は損害賠償をドル建てで命じる。ネットでピザを注文すれば、支払いはドルで求められる。誰もがドルを必要としており、それを唯一の供給源である通貨発行者から入手する。ピザ店や百貨店がドルを必要とするのは、最終的に私たち個人と同じようにドルで納税しなければならないからだ。州政府や自治体もドルを必要としている。教師や裁判官、消防士や警察官の給料をドルで支払わなければならないからだ。唯一、違うのはスコアキーパーだ。連邦政府はドルを必要としない。国民から税金を集めるのは、単に私たちのドルをいくらか回収するだけであり、実際に政府の手持ちが増えるわけではない。

そう言われたら、みなさんびっくりするだろう。これが本書の最初のコペルニクス的転回だ。《フィナンシャル・タイムズ》紙の記者が、ＭＭＴを「オートステレオグラム」と称したのはこのためだ[17]。一見、なんの変哲もない二次元の画像だが、特定の方法で目の焦点を合わせると、二つめの画像が見えてきて、精巧に描かれた砂漠やホホジロザメの姿が立体的に浮かび上がってくる仕掛けだ。政府の支出能力は納税者が納めた金額によって決まるのではない。それに気づくと、財政のパラダイムそのものが一変する。記者はこう表現している。「ひとたびＭＭＴを理解すると、世の中の見方がそれまでとは一変する」

なぜわざわざ課税や借り入れをするのか

政府が本当に必要とする資金をすべて自らつくり出すことができるのであれば、なぜわざわざ課税や借り入れをする必要があるのか。なぜ税金を丸ごと廃止してしまわないのか。そうすれば国民は大喜びするだろう。そして必要もないのに、なぜドルを借りる必要があるのか。借り入れをやめれば、国家債務はなくなる。なぜ「(税金＋借金)」という手順をさっさと飛ばして、社会問題の解決に必要な支出を実行しないのか。これは通貨主権国の政府は、支出するために税金や借金に頼る必要はないと気づいた人が、必ず抱く重要な疑問だ。

二〇一八年、イギリスのブリストルに住む一三歳のエイミーという少女が、『プラネットマネー』という人気ポッドキャストに電話をかけ、こんな提案をした。

エイミー「ちょっと思いついたことがあるの。政府はお金を印刷するのだから、銀行にあげてインフレ率を高めるより、直接公共サービスに使ったらいいんじゃないかしら。そのほうがずっと簡単でしょ。それに、そのほうが全体的にとても良いことだと思うの。すべての学校や病院に行き渡るだけの税金がないとか、いろいろな問題があるから。だからこういうやり方が役に立つんじゃないかな、と思って。聞いてくれてありがとう。じゃあね」

「幼子、乳飲み子の口によって」と聖書に書かれているとおりだ。エイミーには解決すべき問題が見えている。学校や国民保険サービス（ＮＨＳ）などは深刻な資金不足で、公共投資を増やす必要がある。さらにイングランド銀行が金融危機後、量的緩和策の一環としてデジタル印刷機をまわし、どこからともなく四三五〇億ポンドをひねり出したことも、エイミーは知っている。そんな彼女には解決策は自明に思えた。税金なんか忘れて、国民のために印刷機をまわせばいいじゃない！

ポッドキャストの司会者たちは興味を持って、私にこんな質問を投げかけてきた。「政府はお金を生み出すことができる。ならば税金の意味は何なのか。なぜ政府は税金というかたちで私たちからお金を取る必要があるのか[18]」

私は『プラネットマネー』のスタッフに、ＭＭＴは税金が重要である理由を少なくとも四つ挙げている、と説明した[19]。一つめはすでに説明した。税金によって政府はあからさまに強制することなく、必要なものを手に入れることができる。もしイギリス政府が国民に対してポンドを使って税金を納めるよう求めるのをやめれば、政府の調達力はたちまち損なわれる。ポンドを稼ぐ必要のある人が減り、ポンドと引き換えに働こうとする教師、看護師などを見つけるのが難しくなるだろう。

税金が重要な二つめの理由については、エイミーが触れていた。政府がエイミーの提言に従えば、国民から一切税金を取らずに新たに発行した大量の資金を支出するだけになり、それはインフレという問題を引き起こすだろう。次章で見ていくとおり、重要なのは紙幣を「刷る」こと自体ではなく、それを「使う」ことだ。政府が医療や教育への支出を増やす場合、それが物価上昇につながらないように国民の支出能力を多少抑える必要があるかもしれない。その一つの方法が、財政支出の増加に合わせて税金を引き上げることで、国民の支出を強制的に少し抑えさせ、政府の追加支出が入り込む余地を生み出すことだ[20]。それによって経済の実物的な生産能力に負担がかからないようにして、インフレ圧力を管理することができる。新たな支出にともなって「いつ」「どの」税金を引き上げるのがインフレ圧力の抑制に最も効果的か――ＭＭＴは経済学の他の流派以上に、それを判断することの重要性を強調している。必要のないときに増税すれば、財政刺激策の効果が損なわれることもある。そして誤った税金を引き上げれば、国家はインフレが加速するリスクに直面する。その理由は次章で説明する。

第三に、税金は政府が資産と所得の配分を修正する強力な手段だ。共和党が二〇一七年一二月に可決させた法案のように、減税の方法によっては大企業や社会で最も豊かな層が大きな恩恵を手にし、貧富の差が拡大することもある。今日、アメリカの所得格差と資産格差はかつてないほど広がっている。新たな所得の半分以上が人口のトップ一％の手に渡り、わずか三家族でアメリカの下位半分を上回る資産を有している。このような資産と所得の極端な集中は、社会問題と経済問題の両方を引き起こす。ひとつには、所得の大部分がごく一部の最富裕層に行くと、その大部分は（支出されずに）貯蓄される。そのような状況で経済の強さを保つのは難しい。資本主義は売り上げによって成り立っている。企業が十分利益を上げ、雇用を維持し、経済をうまくまわしていくためには、所得が適度に分散している必要がある。極端な富の集中は、政治プロセスや民主主義を腐らせていく作用もある。減税のやり方によっては格差拡大につながるのと同じように、政府には自らの課税能力を活かしてこの危険な流れを逆転させることもできる。税の執行強化、抜け道の取り締まり、税率の引き上げ、新税の創設などは、いずれも政府が持続可能な所得と資産の分布を実現するのに有効だ。このためＭＭＴでは税金を、数十年にわたる景気停滞と格差拡大を是正するための重要な手段と見ている。

最後に、政府は税金を使って特定の行動を助長したり抑制したりすることができる。たとえば公衆衛生の増進のためにタバコ税を、気候変動を抑制するためには炭素税を、そして金融市場での危険な投機行動を抑えるために金融取引税を使う、といった具合に。国民が有害な行動をとるのを抑制することを目的とするこうした税を、経済学者は「悪行税」と呼ぶ。ＭＭＴは悪行税の目的はいずれも喫煙、環境汚染、過剰な投機といった好ましくない行動を抑制することであり、通貨主権国が資金を調達するためではないことを理解している。事実、こうした行動の抑制に税金が有効であるほど、政府の税収は少なくなる。というのもこうした悪行が継続した場合のみ、税金は支払われるからだ。炭素税によって二酸化炭素がまったく排出されなくなれば、税収はゼロになるが、それは税金の真の目的が果たされたことを意味する。反対に税金は好ましい行動へのインセンティブとして活用することもできる。たとえば省エネ家電や電気自動車の購入を促すため、税金を還付するといったことだ。

ここに挙げたさまざまな理由から、税金は政府が自らの通貨を製造できるからといって簡単に放棄できない、重要な政策手段だ。ただエイミーは非常に的《まと》を射た指摘をしている。エイミーの母国を含めた多くの政府では、財政支出は恒常的に税収を上回っている。しかもインフレ問題など一切生じさせず、延々そうした状態を続けている。むしろ世界の主要経済国の多くは、インフレ率を引き上げようと積極的に努力してきた。ならばなぜ税金を引き上げることなど一切考えず、ひたすら支出を増やさないのか。そしてお金をつくれるなら、そもそもなぜ自国通貨を借りる必要があるのか。ここからはこの問いに答えていこう。

MMTにおける政府債務の役割

私自身、家計と同じモデル「(税金+借金)→支出」から、通貨発行体モデル「支出→(税金+借金)」に発想を転換するまで、税金と政府債務が本当は何のためにあるのか、明確に理解していなかった。この脳内スイッチの切り替えは容易ではなく、当初はモズラーの主張を受け入れるのに抵抗があった。どうしても正しい気がしなかった。その一方で、どうしても頭を離れなかった。当時、経済学者としての修業中の身だったので、納税者が財政の世界の中心だと教科書に書いてあるというだけの理由で従来の考えに固執するより、しっかり理解するほうが重要だと思えた。そこで私は正しい答えを模索し始めた。

何カ月もかけて国の財政を詳細に調べた。FRBや財務省の公式資料を読みあさり、財政運営に関する本や記事を数えきれないほど読み、大勢の政府関係者から話を聞いた。それから執筆を開始した。私はたった一つの問いに集中していた。「税金や国債は政府支出の資金源なのか」だ。それまで私が学んできたことから判断すれば、考えるだけ無意味な問いだった。税金と政府債務の目的は、政府の支出をまかなうことであることは「自明」だった。私はマーク・トウェインの言葉を思い出した。「厄介なのは知らないことじゃない。知らないのに知っていると思い込むことだ」。だからこそ先入観は排した。執筆を始めたときには、結論がどのようなものになるのか、正直わかっていなかった。とにかく研究の結果で判断しよう、とだけ決めていた。一九九八年には第一稿がまとまり、それから二年後にさらに洗練されたものが私にとって初めての査読付き学術論文として出版された。[21] 自分に課した問いの答えは「ノー」だった。

全体像を見通すのは、容易なことではない。時期を区切って政府の財務活動を分析するのは不可能だ。どの一日をとっても、本当に何百万という変動要因がある。連邦準備銀行は一年を通じて、財務省の支払いを何兆ドルと決済する。毎月何百万という世帯や企業が政府に小切手を送り、それが民間銀行と連邦準備銀行の間で決済される。[22] 財務省と連邦準備銀行とプライマリーディーラー（公認の米国債ディーラー）は、財務省証券（米国債）の入札時期、満期の構成比、そして毎回の入札で提供すべき証券の総額を調整する。すべてが完璧に振付けされた水上バレエのようだ。納税、政府支出、政府債務を完璧に調和させる永久機関だ。

素人目には、政府は支出に必要なドルを、納税者や国債の購入者から集めているように見えるだろう。このような視点で見ると、税金や国債の目的は政府支出をまかなうことのように思える。それこそサッチャー元首相が望んだこと、つまり家計と同じレンズで財政を見るのだ。一方ＭＭＴは、通貨発行者のレンズで現実を見る。政府は納税者のお金など必要としていない。税金の存在理由が、政府が自ら発行する通貨を調達することではないのと同じように、米国債の入札（借り入れ）の目的も国のために資金を調達することではない。

それならなぜ政府は借金をする必要があるのか。「必要はない」というのがその答えだ。政府は国民に種類の異なる政府通貨、すなわち多少の金利を払う通貨を提供することを「自ら選択している」のだ。要するに、米国債は金利付きの米ドルだ。政府からこの金利付き米ドルを購入するには、まず政府通貨を用意する必要がある。金利付きドルを「黄色いドル」、ふつうのドルを

「緑のドル」と呼ぶことにしよう。政府が税収を上回る支出をするとき、それは財政赤字と呼ばれる。この赤字は「緑のドル」の供給を増やす。すでに一〇〇年以上にわたり、政府は赤字支出と同額の米国債を売り出すことを選択してきた。つまり五兆ドルの政府支出に対し、税収が四兆ドルしかない場合、アメリカ政府は一兆ドル分の米国債を売り出すわけだ。私たちが政府債務と呼ぶものは、政府が人々に「緑のドル」を、金利収入の得られる「黄色いドル」に交換する機会を与えていることにほかならない。

ＭＭＴは政府の債務を家計と同じように考えるのが、なぜ間違っているかを説明する。私たちが住宅や自動車を購入するために借金をするとき、銀行に札束を持参して融資担当者に手渡したうえで、それを購入資金として貸してほしい、と頼んだりはしない。借金をするのはそもそも資金がないからだ。しかし家計とは異なり、政府はまず支出をする。それによって市中にドルが供給され、その一部が政府の発行する債券の購入に充てられる。第三章で詳しく説明するが、債券を発行する目的は政府の支出をまかなうことではなく、金利を維持することだ。

制約の枠内にとどまる

通貨の発行者と利用者の違いが理解できたら、その新たな視点を通じて、今日の政治家の議論のどこが根本的に間違っているのか理解できるはずだ。金本位制時代の制約がなくなった今、政府は本当に国民のためになるように財政を運営する自由を得た。

その自由を行使するには、まずサッチャー元首相の声明から自らを解き放つ必要がある。政府には独自の資金が一切なく、必要な資金は最終的に納税者から集めなければならない、という神話を打破するのだ。ＭＭＴはそれがまったく見当違いであることを示している。純粋に金銭面だけを見れば、政府には自国通貨で売られているものなら何でも買えるだけの力がある。オバマ大統領の言葉に反して、「資金が尽きる」ことは絶対にない。

では政府支出には何も制約がないのだろうか。じゃんじゃん紙幣を印刷すれば経済は繁栄するのか。とんでもない。ＭＭＴは打ち出の小槌ではない。非常に重要な制限は存在する。それを見きわめ、尊重しなければ、とんでもないことになる。ＭＭＴは現実的制約と、私たちが自らに課した変更可能な制約を区別せよ、と説く。

今でも議会の支出にはなんの制約もないように思えるかもしれない。アメリカの赤字は数兆ドルに達すると予想され、公的債務は二〇一九年の一六兆ドルから、二〇二九年には二八兆ドルに膨らむ見通しだ。さまざまな意味で、議会を制約する要因は何もないように見える。しかし実際には制約はある。

議会は新たな財政支出を抑制するため、さまざまな具体的手続きや予算上のルールを取り入れてきた。その一部を見ていこう。ひとつはすでに見てきたペイゴー原則で、現在下院はその制約下にある。これは新たな支出が承認されるハードルを高くするために、下院が自らに課したルールだ。たとえば議員が教育への財政支出を増やしたいと思えば、支出そのものだけでなく、その費用をまかなうための増税や歳出削減策についても有権者の支持を得なければならない。ペイゴー原則の下では、財政赤字を増やすという選択肢はない。このルールは議会に家計と同じような収支管理を強制するためにある。議会が自らに課したもうひとつの制約が、上院側のバード・ルールだ。バード・ルールの下では、赤字を増やすことはできるが、一〇年という予算期限を超えて増加することは認められない。三つめの制約として、上院・下院ともに主要法案を投票にかける前に、連邦議会予算局あるいは両議院税制委員会のような政府機関から予算スコアを得るよう求められている。こうした機関が低いスコアを付ければ、法案の審議には実質的にストップがかかる。最後に議会にはデット・シーリング（債務上限）があり、政府の発行する米国債に法的制限を課している。

いずれも議会が自らに課した制約なので、議会が放棄あるいは執行停止することができる。[23] 要するに、議会が望んだときだけ拘束力を発揮するのだ。議会はルールを書き換えることができ、実際頻繁にそれを行っている。たとえば下院共和党は二〇一七年に自分たちが出した税制改革法案を通過させるため、ペイゴー原則をさっさと停止した。それを上院で通過させるため、上院共和党はバード・ルールをクリアする必要があった。そこで経済成長をとんでもなく楽観的に想定し、[24] さらに個人所得税の減税措置が二〇二五年以降は失効する予定にした。このような小細工によって、新たな減税は一〇年という予算期間を超えて赤字を増やすことにはならないという「証拠」をつくり、バード・ルールをすり抜けた。そしてデット・シーリングについては言うまでもなく、誰もがそれをめぐる駆け引きを幾度も目にしてきた。理論的には、一九一七年に法制化されたこの制約は、政府債務の規模を「制限」するためにある。だが現実には、政治家はデット・シーリングをスタンドプレーや議会から妥協を引き出す政治的機会として見るようになった。そして最終的には、議会は常に米国債のデフォルト（債務不履行）を避けるために、上限を引き上げるという判断をしてきた。デット・シーリングが法律として定められてから、一〇〇回ほどになるだろう。

議会がこれほど頻繁に自らをくびきから解き放つのなら、そんな拘束力のない制約を定めておく意味はあるのか。なぜペイゴー原則、バード・ルール、デット・シーリングに関する法律など、政府支出に関する自己規制を撤廃しないのか。議会が家計と同じように財政を管理する必要があるというふりなどやめればいい。撤廃しないのは、多くの議員にとってそれが「政治的に」便利だからだ。

たとえば議員は医療、教育などへの支出を増やしてほしい、と有権者から圧力をかけられることが多い。予算に関するルールはそれに対する隠れ蓑《みの》になる。低所得層の大学進学を支える「連邦ペル奨学金」の財源を増やすことにはなから反対だと言う代わりに、有権者に同情するふりをしつつ、財政赤字のために身動きがとれないと主張することができる。財政赤字の神話を盾にできなければ、国民に手を差し伸べないことをどうやって正当化するのか。嫌われ役はいたほうがいい。

議会が自らに課した制約を、政治的チャンスに変えようとする議員もいる。「運命が酸《す》っぱいレモンを与えたら、おいしいレモネードに変えてしまえ」というわけだ。制約に抗うのではなく、自らの提案する新たな支出を他の政治目的と組み合わせるのに使うのだ。たとえば進歩的な民主党議員はペイゴー原則を順守しつつ、貧困層や中産階級を助けるための新たな支出を「まかなうため」、富裕層へ新税を要求するかもしれない。ロビン・フッド（中世イングランドの伝説上の義賊。貴族から富を奪い、人々に分け与えたとされる）もそうやって民衆の支持を獲得したではないか。

本当の制約

ＭＭＴのレンズで見れば、政府は一般家庭や民間企業とはまったく違う。両者の間には、シンプルで否定できない違いがある。政府が通貨（米ドル）を「発行」するのに対し、他のすべての経済主体は通貨を「利用」するだけだ。このために政府は、他の主体と比べて圧倒的に有利な立場にある。政府は私たちと違い、支出する前に必要な資金を手当てする必要がない。払いきれないほどの請求書に直面することもない。破産することも絶対にない。

ならばなぜ議会はすべての社会問題が解決するまで、ひたすら支出を増やさないのか。残念ながら、ことはそれほど単純ではない。次章のテーマであるインフレーションは重大な脅威だ。改めて明確にしておくと、ＭＭＴはすべての制約を撤廃せよ、と主張しているわけではない。ひたすら大盤振る舞いすればよい、とは言っていない。重要なのは財政収支ばかりにこだわる現行のアプローチを、経済の実物的制約を尊重しつつ、国民への恩恵を優先するアプローチに転換することだ。言葉を換えれば、ＭＭＴは「責任ある財政」の定義を見直そうとしている。民主党の政治ストラテジストのジェームズ・カービルは、ビル・クリントンが勝利した一九九二年の大統領選挙で「重要なのは経済だ、愚か者！」と発言して話題になったが、その言い回しを借りれば、ＭＭＴの主張は「重要なのは経済の実物資源だ、愚か者！」ということになる。アメリカは実物資源に恵まれた国だ。先進的技術、高い教育を受けた労働力、工場、機械設備、肥沃な土壌、そして豊富な天然資源。私たちには重要な資源がたっぷりある。あらゆる国民に豊かな生活をもたらす経済の実現は可能だ。必要なのは、実物資源を適正に管理することだけだ。

第二章 インフレに注目せよ

神話2　財政赤字は過剰な支出の証拠である。

現実　過剰な支出の証拠はインフレである。

二〇一五年、私はミズーリ大学カンザスシティ校を休職し、ワシントンＤＣに移った。連邦議会上院予算委員会で、民主党のチーフエコノミストを務めることになったためだ。理論的にはなんでも可能な学問の世界から少し距離を置き、実際に予算が立てられ、国民の生活に影響を与える政府支出に関する意思決定がなされる現場に身を投じるのもおもしろそうだ、と思ったのだ。何を期待していたのかと言われると定かではないが、そこで目にしたのは、かなりがっかりするような実態だった。強い権限を持つ予算委員会のメンバーである上院議員の誰ひとりとして、政府の財政は一般家庭のそれとは違うことに気づいていないようだった。

予算委員会の共和党のトップは、ワイオミング州選出のマイク・エンツィ上院議員だった。会計学を修め、政治家になる前は靴の小売業を営んでいた。ワイオミング州議会でも上下両院で一〇年にわたって議員を務めた。このすべての職務において、エンツィ氏は予算の制約のなかで活動してきた。ビジネスマンとしてはコストを管理し、社員の給料を支払い、会社を存続させるために利益を出さなければならなかった。ワイオミング州議会のメンバーとしては、州憲法の下で年度ごとの財政均衡を義務づけられている環境で活動した。ワシントンＤＣにやって来るまで、通貨の利用者というレンズでしか世界を見たことがなかったのだ。

上院予算委員会は予算関連の問題について定期的に審議を開いた。私はたいていエンツィ議員や、民主党側の有力メンバーで、私をチーフエコノミストに採用してくれたバーニー・サンダース上院議員のすぐ後ろに座っていた。毎回審議の冒頭には、議長があらかじめ準備された原稿を読み上げる。エンツィ議員のコメントはだいたいいつも同じだった。国家の財政を自分が経営していた靴小売業の損益計算書と同じように考えていたエンツィ議員にとって、問題は明白だった。政府は赤字経営に陥っている。財政赤字や政府債務が当たり前、というのはあまりに無責任だ。（自分のように）会計学の学位を持っていなくても、問題があるのはわかるはずだ。エンツィ議員は繰り返し、問題を単純化して次のように表現していた。「財政赤字は支出が過剰である証拠だ」と。

それを聞くたびに、経済学者としての私は椅子を蹴って立ちあがりたくなった。しかしチーフエコノミストとしての私がそれをなんとか抑え、委員会のメンバーである他の二一人の上院議員の誰かに経済学の知識があればと願っていた。過剰支出はインフレというかたちで表れる。これは経済学部に入った者が一年生で習うことだ。財政赤字はそれがインフレを引き起こした場合のみ、過剰支出の証拠となる。当時物価上昇は加速していなかったのだから、財政赤字が過剰であるはずがなかった。

しかし上院議員の誰ひとりとしてエンツィ議長に異を唱えることはなく、私はひどくがっかりした。誰もが一様に誤ったレンズで世界を見て、政府の支出を収入に合わせる必要がある、と発言していた。共和党の議員は帳簿の支出側が大きすぎる、問題は支出にあると考えていた。一方、民主党議員は帳簿の収入側が少なすぎる、問題は収入だと考えていた。誰もが財政赤字が大きすぎる、と思い込んでいた。だから議論は収入に合わせて支出を削減すべきか、支出に合わせて収入を増やすべきかに終始していた。まさに一般家庭のキッチンテーブルで議論されているのと同じ話だ。

議員たちは何を見落としていたのか。

重要な点が三つある。

第一に、前章で学んだとおり、通貨を独占的に発行する政府は利用者（家庭、企業、州政府や自治体）と同じ制約には直面しない。一九七一年八月一五日は通貨の歴史上、重大な転換点だった。ドルの金兌換《きんだかん》性を停止するというニクソン大統領の決定によって、アメリカの通貨主権は拡大し、それにともなって財政支出の制約は本質的に変わった。ブレトンウッズ体制の下では、国の金準備を維持するため、政府の財政収支はかなり厳格に管理されていた。だが今日のアメリカの通貨は純粋な不換通貨だ。それは政府がドル紙幣を金と交換することをもはや約束していないということだ。かつてはドルを裏づける金が枯渇するリスクがあったが、いまやそれを心配せずにドルを発行できる。不換通貨を発行するアメリカが金欠になることはあり得ない。しかし予算委員会の上院議員はそろいもそろって、過剰支出が国家の破産につながるかのような口ぶりだった。通貨に対する見方をアップデートする必要があるのは明白だった。

第二に、政府の財政は均衡する必要などない。均衡が必要なのは経済だ。財政は国民の手にドルを渡す、あるいはドルを回収するための手段に過ぎない。赤字の下では国民から回収するより与えるドルのほうが多く、黒字では与えるより回収するほうが多くなる。ＭＭＴが示す証拠によれば、赤字か黒字のいずれかが本来的に良い、あるいは悪いということはない。単なる調整手段であり、目的は奉仕すべき国民のために、全体として経済のバランスがとれるように財政を運営することだ。

最後に、政府の赤字は歴史上ほとんどの時期を通じて小さすぎた。読み間違いではない。「小さすぎた」のである。財政赤字が小さすぎた証拠が失業である。もちろんMMTは財政赤字が大きすぎる場合もありうることを認めている。しかしエンツィ議員は完全な勘違いをしていた。財政赤字は過剰支出の証拠ではない。過剰支出の証拠となるのはインフレだ。

インフレに対する一般的見方

とんでもないインフレの続く国で暮らしたいとは誰も思わないだろう。インフレとは物価レベルが継続的に上昇することだ。多少のインフレには害がないと思われており、経済学者は健全な成長経済においては好ましいとさえ考えている。しかし物価がほとんどの人の収入を上回る速度で上昇し始めると、多くの人の購買力が低下する。その状態を放置すれば、社会の実質的な生活水準が低下することになる。極端な場合、物価はコントロール不能になり、経済はハイパーインフレに陥る。

インフレに対する見方は、一つだけではない。測定方法さえも一つではない。アメリカでは労働統計局が消費者物価指数（CPI‐UとCPI‐W）、生産者物価指数（PPI）、連鎖式CPI（C‐CPI‐U）などをまとめている。経済分析局も個人消費支出（PCE）と呼ばれるGDPデフレーターをはじめ、さまざま指数を作成する。FRBはコアPCEと呼ばれる指数を好む。こう書けばおおよその状況は理解いただけたのではないか。政治家、投資家、企業、労働組合などが物価の動きを把握できるように、多数の統計学者が幅広い推計値を作成している。

物価動向については、全体的な雰囲気しかわからない。というのも国内で販売されているすべての品目の値段を追跡することは事実上不可能だからだ。朝のコーヒー、ガソリン、あるいは毎月のケーブルテレビの料金が上がったと思うかもしれないが、だからといって物価全体が上昇しているわけではない。マクロレベルで何が起きているかを理解するには、先に挙げたような物価指数に頼らざるを得ない。ＣＰＩのような指数からは、消費財やサービスの標準的組み合わせの値段が時間とともに上昇しているかどうかがわかる。対象品目には住居費や医療費から、食料品、交通手段、娯楽、衣類などの価格までが含まれる。当然ながらすべての世帯がまったく同じ組み合わせを消費するわけではないので、ＣＰＩは平均的世帯の支出習慣を反映するように設計されている。住居費など典型的な家計でかなりの割合を占める項目は、それほど重要ではない品目より重みづけされている。住居費はたとえば娯楽費などより比重が大きいため、住居費の五％の上昇は娯楽費の五％の上昇よりもＣＰＩに大きな影響を与える。現実には、財やサービスの一部の分類（住居費、教育費、医療費）の価格が上昇する一方、他の分類の価格が下がることもある。重要なのは、組み合わせ全体の前月あるいは前年と比べた動向であり、また平均所得が物価上昇と同じようなペースで上昇しているかどうかだ。

インフレが懸念されるのは、実質的な生活水準の低下につながる可能性があるためだ。今は標準的な財の組み合わせを買う余裕があっても、その価格が上昇すれば、いつしか買えなくなっていたということになりかねない。それは国民の収入の動向によって決まる。標準的な組み合わせの価格が年率五％ずつ上昇する一方、収入が年二％ずつしか上昇しなければ、実質ベース（インフレ調整後）では毎年三％ずつ貧しくなっていくことになる。つまり購入できる財やサービスの量が実質的に減るということだ。

それでは物価が上昇する原因は何か。そしてインフレによって時間とともに生活水準が低下していくのを防ぐために、何ができるのか。

こうした問いに答える前に、次の事実を指摘しておくべきだろう。世界の主要国の多くはすでに一〇年以上その逆の問題、すなわち低インフレの解消に必死に取り組んできた。インフレ率が高すぎるのではなく、低すぎるという問題がアメリカ、日本、ヨーロッパ諸国を悩ませてきた。そのいずれにおいても公式に二％というのが「適正な」インフレ率とされ、アメリカのＦＲＢ、日本銀行、そして欧州中央銀行はそろってこのインフレ率を達成しようとしてきた。しかし安定的に二％を達成できたところはない。特に苦しんでいるのは日本で、低インフレだけでなく、ときにはデフレへの対応も迫られている。デフレとは全体的な物価水準が下落することであり、アメリカが一九三〇年代の大恐慌のときに陥った珍しい状況である。なぜインフレ率が低すぎることが問題なのか、と思うかもしれない。言うことなしではないか、と。それでも経済学者が低インフレを懸念するのは、インフレ率が低い、あるいはまったくない場合、通常は経済全体の弱さを表しているとみなされるためだ。

低インフレとの戦いが長期にわたって続いている状態は、多くの経済学者にとっては謎だった。主要国のほとんどで低インフレが見られるのは複合的要因のためという説もある。急速な技術進歩、人口動態変化、グローバル化が原因と見る者は多い。一方、中央銀行が持てる手段を十分に生かしていないだけだ、という見方もある。インフレ率が頑なに低水準にとどまっているのは、欧州中央銀行、日本銀行、ＦＲＢが社会の心理を変えるために十分な努力をしておらず、国民がインフレ率は今後も低いままであると思い続けているからだ、と。こうした見方に立つと、国民のインフレ期待さえ高めれば、実質インフレ率は上昇することになる。中央銀行がインフレ率は上昇すると国民を説得できれば、国民はすぐに支出を増やし始め（いずれ値段が上がるものを買わずにいる手はない）、それによる需要増大で実際に物価も上昇する。格差や賃金の伸び悩みこそが低成長、すなわち賃金や物価の重しになっているという主張もある。賃金上昇や公平な所得分配を実現すれば、低所得層と中所得層の需要は高まるはずで、それによっていくらかインフレ圧力が生まれるというわけだ。

現在の低インフレがいつまで続くのか、あるいは最終的に何が物価上昇のきっかけになるかは誰にもわからない[1]。経済学者はインフレ圧力を「コストプッシュ型」と「需要プル型」に区別する。テキサス・クリスチャン大学のジョン・Ｔ・ハーベイ教授は、コストプッシュ型インフレは「神の御業《みわざ》」あるいは「影響力の行使」によって起こる、と表現する[2]。たとえば深刻な干ばつが起これば、穀物の収穫量が急減し、供給が急減すれば食料不足によって価格は急騰する。あるいは強力な嵐によって石油精製工場が破壊され、エネルギーコストが上昇することもあるだろう。食料コストやエネルギーコストが持続的に上昇すれば、ＣＰＩに直接影響を及ぼし、物価上昇が始まるかもしれない。労働者の交渉力が強まり、賃上げを求めることも物価上昇につながる可能性がある。企業は賃金上昇によって利益率が低下しないように、商品の値段を引き上げ、賃金コストの上昇分を消費者に転嫁するかもしれない。利益の取り分をめぐる企業と労働者の綱引きが続けば、賃金と価格の上昇スパイラルが起き、物価上昇が加速する可能性もある。市場影響力の大きい企業は利益を増やすために一方的に価格を引き上げることができる。たとえば特許を持つ製薬会社は処方薬の価格を引き上げることができ、それが医療費全体の上昇、ひいてはインフレにつながることもある[3]。

一方需要プル型のインフレは、購買行動の変化によって企業が価格を引き上げることで発生する。通常それは経済の新たな財やサービスの生産能力を上回る需要があるときに起こる。こんなふうに考えてみよう。どの国の経済にも内なる制限速度がある。その時点で入手できる労働力、工場、機械、原材料などの実物資源によって、特定の時点で生産できる量には限りがある。景気後退のときには多くの人が雇用を失い、企業は機械を休止させる。そのような環境では、支出が増えても問題はない。失業者を再雇用し、機械を再稼働させるだけで生産量を増やせるからだ。二〇〇九年に承認された七八七〇億ドルの財政刺激策がインフレという問題を引き起こさなかったのはこのためだ。世界金融危機後の不況によって数百万人が失業し、企業は生産能力をはるかに下回る水準で操業していた。経済にこれだけ余裕があれば、企業は需要増加に応じて容易に供給を増やすことができる。しかし経済が完全雇用という限界に近づくと、実物資源が次第に逼迫《ひっぱく》する。需要増加によって価格に圧力がかかり、最も生産能力が逼迫している産業ではボトルネックが生じる。インフレが加速する。経済が完全雇用の壁に突き当たると、（政府の支出に限らず）あらゆる追加支出がインフレにつながる。これが過剰支出の状態であり、財政が均衡していても、たとえ黒字であっても起こりうる。

インフレに対するもう一つの主流な考え方は、マネタリズムという経済学派と密接な関係がある[4]。マネタリズムの創始者はノーベル賞経済学者のミルトン・フリードマンだ。マネタリズムは一九七〇年代に一世を風靡《ふうび》し、その思想は今日の議論にも大きな影響を与えている。フリードマンによると「インフレはいつどこで起ころうとも、マネタリー（貨幣的）な問題である」。要するに、あらゆるインフレの元凶は、貨幣量が多すぎることだというのだ。マネタリズムによれば、物価が安定しない原因は、中央銀行がマネーサプライを過剰に増加させ、過剰な雇用を生み出そうとするからだ。

フリードマンが登場する以前、マクロ経済学を支配していたのはケインズ派だった[5]。ケインズ派経済学は、中央銀行によるマネーサプライの拡大は、失業率を下げるための正当な手段と考えていた。マネーサプライが増えれば支出は拡大する。増大する需要を満たすため、企業は雇用を増やし、生産量を増やす。失業率は低下し、雇用増加によって賃金や物価が上昇し、インフレの可能性が高まっていく。何か（雇用）を手に入れようと思えば、何か（インフレ）を犠牲にしなければならない[6]。このトレードオフを長期的にどう管理するかは中央銀行の判断に委ねられていた。

フリードマンはこのケインズ派のパラダイムに異を唱えた。失業率を一定以下に抑えることは事実上不可能だと考え、それを「自然失業率」と呼んだ。中央銀行は自然失業率に抗うことはできるが、それは勝ち目のない戦いであり、費用は次第に膨れ上がる。ケインズ派の主張へのフリードマンの批判は、マネーサプライが過剰に増加すればインフレが賃金を上回る速度で上昇するため、労働者は罠から抜けられなくなる、というものだ。最終的に労働者がそれまで以上に働いても（失業率は低下）、実質賃金は低くなる。やがてそれに気づき、賃上げを求めるようになる。

しかし結局うまくいかない。企業は賃金を引き上げるより労働者のクビを切ることを選択するからだ。労働市場は「自然失業率」に回帰する一方、物価は一段と上昇する。結論は単純だ。ケインズ派の主張は「悪魔の取引」であり、失業率を低くしようとすれば、インフレが加速する結果に終わる。

マネタリズムによると、唯一の解決策はマクロ経済政策を担う人々の手足を縛ることだ。[7] FRBにインフレを犠牲にして失業率を低くする裁量を与えず、一定の失業は物価安定に不可欠であると受け入れさせるのだ。これから見ていくように、MMTはこの見解に異議を唱える。

インフレ対策の現在

一九七七年以降、FRBは議会から雇用の最大化と物価の安定という「デュアル・マンデート（二つの使命）」を与えられてきた。基本的に議会はFRBに雇用とインフレの責任を委ねている。どれくらいの雇用が望ましいのか、インフレ率がどこまで上昇すれば高すぎるのか、議会が指示するわけではない。FRBは自らインフレ目標を設定し、雇用の最大化とは何を意味するかを決める独立性を与えられている。[8] 大方の中央銀行がそうであるように、FRBも二％というインフレ目標を選択した。[9] 半世紀前にフリードマンが主張したように、FRBはこのインフレ率を大幅に超えることがないように「適正な」失業率を維持しようとしている。

FRBは経済に直接資金を注入することはできない。また国民から税金を集めることもできない。それは財政の権限を担う議会の役割だ。ならばFRBはどうやってデュアル・マンデートを果たすのか。

一九七〇年代後半から八〇年代初頭にかけて、FRBを含めて多くの中央銀行が、マネーサプライの伸びを直接コントロールすることで、インフレを制御できると主張した時期があった。[10]しかし今日では事実上すべての中央銀行が、主要な金利の目標を設定することでインフレ圧力を間接的にコントロールするという別のアプローチを採っている。[11]中央銀行が信用の価格、つまり借金のコストに影響力を行使することで、消費者や企業が経済活動でどれだけ借金や支出をするかコントロールするわけだ。

中央銀行が政策金利を下げることは信用緩和と呼ばれ、失業率がいわゆる自然失業率を「上回っている」と思われるときに実施する。目的は失業率を下げることだ。目論見どおりに行けば、借金をして住宅や自動車を購入する人が増え、企業はお金を借りて新たな機械設備を買ったり工場を建設したりする。借金がすべて支出にまわれば、経済は勢いを増し、多くの人が職に就ける。失業者が減れば雇用市場は逼迫し、賃金が上昇し、それにともなって賃金と物価の上昇リスクが生じる。

ただ、ひとつ問題がある。FRBは金利操作によって支出が増えすぎ、雇用市場が逼迫して自然失業率を割り込むと、インフレが加速すると思い込んでいる。保守派の経済学者、マービン・グッドフレンドの二〇一二年のFRBへの警告は、まさにそんな発想に基づいている。FRBの施策によって失業率が七％を割り込めば、「今後数年にわたってインフレ率が上昇し、経済に恐ろしいダメージを与える」と。しかしグッドフレンドは間違っていた。この警告から三年後、失業率は五％に低下していたが、インフレ率は警告時点よりもさらに低かったのだ。

グッドフレンドは（そして他の経済学者も）なぜこれほど間違っていたのか。一つの問題は、FRBには自然失業率（そんなものが存在すればの話だが）を観察したり算出したりすることができないことだ。それは経済の理想的状態を描写した概念と言ったほうが近いかもしれない。自然失業率は時間の経過とともに変化し、特定の時点には固有の値が一つだけ存在する。誰もそれを特定することはできない。試行錯誤によって探り当てるしかない。失業率がこれより下がればインフレが加速するという状態になったとき、初めてそれが自然失業率だとわかる。

要するに、経済が自然失業率に達したか否かは「後付け」でしかわからない。そういう意味では経済学者にとって自然失業率を見つけるのは、恋に落ちるのと似ているのかもしれない。事前に予想するのはほぼ不可能だが、いざ起きてみるとそうだとわかる。[12] 経済学者はこれを「インフレ非加速的失業率（ＮＡＩＲＵ、non-accelerating inflationary rate of unemployment）」（インフレを加速させない失業率）と呼ぶ。なかなか魅惑的な名前である。この概念を理解するには、『ゴルディロックスと三匹の熊』という有名な童話を思い浮かべるといい。童話のおかゆを、失業率に置き換えればぴったりだ。失業率が冷めすぎていると思えば、ＦＲＢは金利を下げ、借入れと支出を誘発して少し温めようとする。失業率が熱くなりすぎていると思えば、金利を引き上げ、借り入れや支出を抑制して景気を冷まそうとする。つまり金融政策の火加減を強めたり弱めたりすることで、失業率がほどよい頃合いにとどまるようにすべきだ、という考え方だ。

しかし、ひとつ困ったことがある。ＦＲＢはインフレが実際に問題になるまで手をこまねいていたくはないのだ。むしろインフレという怪物が醜悪な姿を現す前に、倒してしまいたいと思っている。ニューヨーク連銀のウィリアム・Ｃ・ダドリー総裁はこう説明する。「インフレの大幅な上昇を引き起こさずに失業率をどこまで下げられるか、正確なところはわからない。インフレ非加速的失業率、いわゆるＮＡＩＲＵを直接観察しているわけでもない。雇用市場が逼迫するなかで、賃金報酬や物価上昇の動向から推測しているだけだ[13]」

要するにＦＲＢは、雇用市場に目を凝《こ》らしながら賃金上昇の証拠を探し、それをインフレ率上昇の前触れと見なすのだ。インフレという怪物が実際に目を覚ますまで待たない、というスタンスだ。とにかく怪物を撃ち、疑問点は後から考えればいい。このような先制攻撃志向によって、ＦＲＢは時期尚早に、あるいは偽陽性に反応して金利を引き上げ、過剰な引き締め政策に走りがちだ。このような過ちは、数百万人が意味もなく雇用市場から締め出されるなど、重大な弊害をもたらす。

デュアル・マンデートの枠組みは、雇用が多すぎる状態と少なすぎる状態の間に微妙なバランスがある、という考えに基づいている。そのうえＦＲＢには、経済をスイートスポットへ導く能力がある、という前提に基づいている。物価をコントロールするために、「適度な」数の人々を働きたいのに働けない状態に留め置く。乱暴な言い方をすれば、ＦＲＢは失業者をインフレと戦うための手段にしているのだ。

理論的には、すべて簡単なことに思える。だが現実はもちろんまるで違う。

理論的には、ＦＲＢは数学モデルを使い、インフレ率を安定させるために金利をどの水準に設定すべきか正確に把握できることになっている。二〇〇八年の金融危機の後、ＦＲＢは金利をゼロまで引き下げ、据え置いた。失業率は二〇〇九年一〇月の一〇％をピークに下がり始め、二〇一五年末には五％になった。より多くの人が仕事を見つけられるようになり、とりわけ就職先を見つけるのが最も困難な低技能労働者や移民労働者も就業できるようになった。二〇一五年一二月、インフレ率が二％の目標を下回っていたにもかかわらず、ＦＲＢは政策金利の目標をゼロから〇・二五％に引き上げた。それからの三年、インフレは二％を一貫して下回っていたにもかかわらず、利上げはさらに八回行われた。インフレが加速する兆《きざ》しが一切ないにもかかわらず利上げを実施することについては批判の声もあった。しかしＦＲＢは、失業率をＮＡＩＲＵの水準に戻し、インフレを予防するためにも利上げは正当化できると考えていた。ＦＲＢが景気を落ち着かせようとするなか、失業率は想定されるＮＡＩＲＵを下回り続けたが、インフレは加速しなかった。ＮＡＩＲＵの枠組みからすれば、そんなことはあり得ないはずだった。

低失業率とインフレの間に一切関係がないことが明らかであるにもかかわらず、ＦＲＢはＮＡＩＲＵの概念をひたすら信奉してきた。二〇一九年七月には、ジェローム・パウエルＦＲＢ議長は下院の金融サービス委員会で、「自然失業率の概念は必要だ。失業率が高いのか、低いのか、あるいは適正なのか、ある程度把握する必要がある」と証言している。

パウエル議長が正しいか誤っているかはともかく、ＦＲＢの近年のＮＡＩＲＵ（インフレを引き起こさない失業率の下限）の推計が誤り続けているのは議論の余地がない。この失敗は、同じ二〇一九年七月の委員会審議での別のやりとりで明白になった。新たに選出されたアレクサンドリア・オカシオ＝コルテス議員が、パウエル議長にこう質問したのだ。

コルテス議員「失業率は二〇一四年以降、優に三％低下したが、インフレ率は五年前と比べてまったく上昇していない。こうした事実に鑑みると、ＦＲＢの持続可能な最も低い失業率の推計は高すぎたのではないか」

パウエル議長「そのとおりだ」

ＦＲＢ議長がこれほど率直に誤りを認めるのは異例だ。しかしＮＡＩＲＵは政策の指針として不可欠であるとして、その正当性に疑問を挟まなかったことに注目してほしい。むしろＮＡＩＲＵの水準を正確に判断できなかった自分を責めた。経済の雇用能力には必然的制約があるという信念こそ、インフレを引き起こさずに失業率を下げる余地をＦＲＢがひたすら過小評価してきた原因である。この誤解が原因で、ＦＲＢは金利を引き上げることによって失業率の一段の低下を防ごうとしてきた。これは経済がＮＡＩＲＵという限界にすでに到達したと考え、数百万人の潜在失業者や失業者を雇用市場から締め出すことにほかならない。失業者とは有給雇用を積極的に求めているものの、現在は働いていない人を指す。それに対し潜在失業者とは、現在はパートタイムの仕事に就いているものの、本当はフルタイムの仕事を希望している人を指す。潜在失業者は雇用されているため、「Ｕ３失業率」という公式な指標には含まれない。その代わりに「Ｕ６」と呼ばれる、就業を希望しつつ諦めてしまった人などを含む、より広範な失業率の指標に含まれる。問題はそれだけではない。ダニエル・タルーロ元ＦＲＢ理事が打ち明けたとおり、ＦＲＢには日々の意思決定の指針となる、信頼性の高いインフレ理論が存在しない。さまざまな予測、前提、モデルはあるが、その多くは証明されていない、というより証明は不可能だ[14]。まるで推理ゲームのようだが、そこには国民の生活が懸かっている。

ＦＲＢのアプローチの中核となる指針は、厳格な科学というより信念に近い。インフレに対する自分たちの理解はどちらかといえば正しいだろうという信念。自分たちの政策手段はインフレの管理に十分効果的であろうという信念。そしてどのような不確実性があろうとも、国民全体の幸福を実現するうえで、過剰なインフレは過剰な失業を上回る脅威であるという信念だ[15]。

揺らぐ信念

科学者や技術者がさまざまな疾病の撲滅や人類共通の課題を解決するために、新たな薬、技術、手法などのイノベーションを絶えず生み出しているのに対し、経済学者の多くはインフレを抑えるには国民を犠牲にすべきという五〇年も前の学説にしがみついている。近年はベテラン経済学者のなかにもFRBの枠組みに懸念を抱き、そのアプローチを積極的に見直すべきだと主張する人もいる。しかし主流派経済学者のほとんどが、問題を引き起こさずに失業率を下げるのには限界があるという考えを信じ込んでいる。人々に犠牲を強いるかたちで無理やり雇用機会を奪い、経済にある程度の余裕を持たせなければ、国全体がインフレ上昇の憂き目に遭う、と。FRBはインフレと失業は本来トレードオフの関係にあるという考えを受け入れているため、インフレへの保険としてどの程度の失業を維持すべきかという視点でしかモノを考えられない。インフレを抑え、安定させる方法を他に知らないのだ。

なぜ完全雇用の状態が維持されるように、財政政策と金融政策のより良い組み合わせを模索しないのか。FRBが金融政策の運営を改善すれば、真の完全雇用を実現できるのではないか。あるいは議会が財政支出や課税をリアルタイムに調整し、経済をより良い状態に整えることはできないか。

完全雇用の定義はＦＲＢが自由に選べる、ということを思い出してほしい。ＦＲＢにとって雇用の最大化とは、インフレ目標を達成するのに必要な水準に失業率を維持することだ。言葉を換えれば、ＦＲＢは完全雇用と物価の安定という二つの使命を課せられているものの、その一方が他方より明らかに優先されている。物価の安定に八〇〇万から一〇〇〇万人の失業者が必要であれば、それがＦＲＢの定義する完全雇用状態となる。完全雇用を「一定水準の失業がある状態」と定義するのは、直観に反する。しかしＦＲＢにしてみれば、マンデート（使命）の定義をすり替えることで自らの政策が成功していると主張できるわけで、政治的に都合が良い。どれだけ多くの人が失業していても、ＦＲＢは最善を尽くしており、インフレを引き起こさずにこれ以上失業率を下げる手立てはないと主張できる。まだ仕事が見つからない人々は運が悪かった。インフレとの戦いに貢献してくれたことは感謝するが、ＦＲＢとしてできることは何もない、と。

本当は失業者には仕事は山ほどあるが、働きたい人と求められる仕事のミスマッチという構造的問題がある、という主張もある。教育水準が高いため低賃金の仕事を拒否するなど、労働者が選り好みしすぎる。あるいは反対に、仕事に就けない人は未来志向のハイテク関連の仕事に必要な教育や技能を持ち合わせていないことが原因だ。いずれにせよ問題は人々を適切な椅子に座らせるのが難しいことであり、椅子の絶対数が不足しているわけではない。適切な教育さえ受けさせれば、あるいは適切な技能、適切な動機づけや自己規律さえあれば、仕事は見つかるはずだ、という考えだ。

数百万人が置き去りにされても仕方がないと考える人には都合のよい主張だが、現実は違う。

現実には国民がどれだけ優秀で仕事熱心でも、ＦＲＢから見れば希望者全員を就業させるのはリスクが高すぎる。慢性的に多くの失業者が生まれるように、ゲームのルールを歪めておくようなものだ。ＦＲＢがＮＡＩＲＵは五％だと思うのなら、参加者一〇〇人あたり椅子は九五脚しか用意しないのが安全だ。

それとは反対の見方もある。近年の失業率の低下はインフレ率上昇と引き換えにもたらされたものではない。だからＦＲＢは椅子の数を増やすためにもっと手を打つべきだという主張だ。アクティビストの団体「ＦｅｄＵｐ」など左派から、保守派の経済学者スティーブン・ムーアのような右派までが、ＦＲＢは不必要にブレーキを踏んできたと批判している。問題はＦＲＢの政策手段ではなく、その使い方にある。とりわけＦＲＢは拙速に利上げするため、自然な成り行きに任せておけば生まれたはずの雇用機会をつぶしてしまったと考えている。つまりＦＲＢが金利を下げる、あるいは少なくとも椅子がもう少し増えるまで辛抱強く利上げを遅らせることで、失業者を救えると見ているわけだ。

しかしＦＲＢが多少忍耐強くても、働きたい人が全員仕事を見つけられるという保証はない。第二次世界大戦中を除けば、アメリカが完全雇用に近い状態を維持できたことはなかった。その理由は一九三六年にジョン・メイナード・ケインズが主著『雇用、利子および貨幣の一般理論』で説明している。資本主義経済は慢性的に総需要が不十分な状態にある。それは（官民の）総支出を足し合わせても、企業が働きたい人すべてに雇用を提供するまでには至らないということだ。完全雇用に近づいたり、戦時中には一時的に完全雇用が達成されたりすることもあるが、平時に経済がフル稼働することはない。労働力を含めて、常に利用されていない資源という余剰はある。[16]

経済学者の多くは、どれだけの雇用を提供すべきか探り当てるのは市場に任せればいいと考える。議会に何らかの役割があるとすれば、失業者が潜在雇用主にとって魅力的な人材になれるように、技能習得を支援するための財源を確保することかもしれない。より良い教育、労働者の訓練、民間部門への雇用助成金の支給などは、いずれも失業者が貧困を脱する手段と見られている。

ＭＭＴはこうした提案は中途半端で、慢性的な不完全雇用や失業という問題の解決にはほとんど役に立たないと考える。慢性的な雇用不足の状態にあるとき、このような解決策をとってもせいぜい失業者の交代、つまり労働者に順番に一時的失業を経験させるぐらいの効果しかない。ノーベル賞経済学者のウィリアム・ヴィックリーの表現を借りれば、「雇用が不足しているときに失業者を就業させようとするのは、求職者に椅子取りゲームのスキルを指南するようなものだ」[17]。

真の問題は、アメリカに限らず世界中で中央銀行に過剰な責任を負わせたことだ。中央銀行には税制を変更したり、経済に直接資金を注入したりする権限はない。雇用を促進するためにできることといえば、借り入れや支出を増やすための金融環境を作り出すことぐらいだ。金利の引き下げは新たな借り入れを誘発し、失業率を大幅に下げる効果があるかもしれない。しかし、そうならない可能性もある。ケインズの「紐《ひも》は押せない」という有名な言葉もあるように、ＦＲＢには借り入れのコストを低くすることはできても、誰かに借り入れを強制することはできない。企業も個人もお金を借りれば返済の義務が生じる。債務は将来の収入から返済しなければならず、民間部門には景気循環のさまざまな局面で借り入れに慎重になるもっともな理由がある。家計や企業は通貨の発行者ではなく利用者であるため、どうやって返済するかをしっかり考えておく必要がある。

大不況と呼ばれる世界金融危機後の景気後退も、そもそも民間部門の巨大な債務の蓄積（サブプライムローン）によって引き起こされたもので、FRBが経済の立て直しに苦労しているのは明らかだった。金利はゼロに引き下げ、量的緩和という新たな戦略も打ち出した[18]。景気悪化を食い止めるため、できることはすべてやっていた。だからこそ議会に呼ばれ、なぜFRBの異例の対策は景気回復にほとんど役立っていないのかと責められたとき、ベン・バーナンキ議長は非常にフラストレーションを感じたのだろう。テキサス州選出のジェブ・ヘンサーリング議員に詰め寄られ、議長はこう応えた。「ひとつだけ、議員のおっしゃることに賛成します。金融政策は万能薬ではない。理想的な政策手段ではないのです[19]」

理想的な政策手段ではない？ 金融政策はFRBに与えられた唯一の手段ではないか。議会は法律によって経済運営の責任をFRBに委ねている。良い時期も悪い時期も、FRBはすべて乗り切ることを求められる。それが問題なのだ。金融政策の効力は限られている。その主な働きは消費者や企業に借り入れを増やすよう促すことだ。そして民間部門の債務は公共部門のそれとは違う。住宅市場が底割れしたとき、アメリカ人のほとんどは借金を増やすどころか、なんとか減らそうとした。数百万人の住宅保有者が、住宅ローンの残高が住宅の価値を下回っている状態に陥った。収入を上回る支出をまかなうために長年借り入れに依存してきた民間部門は、いまや借金を増やすより、借金漬けから脱することを望んでいた。バーナンキ議長は「財政政策」という言葉を使わずに、自らの思いを伝えたのだ。FRBに与えられた政策手段だけでは力不足である。経済を立て直すには別の政策手段、すなわち財政政策が必要だ、と。

問題は景気後退によって政府の財政は大幅な赤字に陥り、議会はすでにグレート・リセッションの圧力と戦うために七八七〇億ドルの財政刺激策を承認していたことだ。バーナンキ議長が二〇一一年に決して控えめとは言えない追加支援策を求めたとき、議会は聞く耳を持たなかった。自らのバランスシートの状態で頭がいっぱいだったのだ。孤軍奮闘を続けるしかないと悟ったFRBは、無期限の量的緩和という大博打に出た。これが格差拡大や金融市場でのリスクの高い投機を促したという見方もある。その後失業率は九％から四％以下へと低下していった。

最終的に七年の歳月を要したものの、労働市場は金融危機の余波で失った雇用をすべて取り戻した。これを金融政策が景気後退の後、経済を立て直すのに有効であることの証明だと見る者もいる。しかしMMT派の経済学者から見れば、マクロ経済を安定させる方法として間違っているのは明白だ。適切な財政支出によってもっと早く反転させられたはずの景気後退が、第二次世界大戦以降最も長い景気低迷となってしまった。二度とこの過ちを繰り返さないために、MMTは中央銀行に完全雇用と物価安定の二つの使命を課すこれまでのやり方との決別を訴えている。

インフレと失業――MMTのアプローチ

MMTを支持する経済学者も、政府支出には現実的制約が存在すること、そうした制約を超えて経済を拡大しようとすれば過度なインフレを招くことは認めている。しかしMMTはインフレ圧力をコントロールするにはもっと優れた方法があり、数百万人を恒常的に失業状態に置く必要はないと考える。むしろ「真の」完全雇用を通じて、物価安定を図ることが可能だと見ている。

経済が生産能力の限界に近づいているかをNAIRUの概念を使って判断するのではなく、M

MTは経済の「余剰」をもっと広い視点でとらえようとする。現在、政策当局は「U3失業率」と呼ばれる公式な失業率を基準に、それがどこまでNAIRUに近いか探り当てようとしている。ただFRB自身も認めるとおり、雇用市場の余剰を過小評価して、経済が生産能力を最大限発揮する前に引き締めようとする傾向がある。賭け金をテーブルに残すのに等しい。仕事に就き、社会のために有益な仕事をできたはずの労働力が、永遠に活用されないことになるのだから。フリーランチに手を出さないようなものだ。

経済が生産能力を下回る状態で活動しているのは、社会全体として必要以上に貧しい暮らしをしていることにほかならない。財政収支が赤字でも、利用されていない資源があるのは「支出不足」であることを意味する。高性能の車を造ったのに、ゴルフカートのような使い方をしているのと同じだ。非効率である。大量失業を許容するのは、働きたいのに就業機会を奪われている人々の時間とエネルギーを使って生産できたはずの財やサービスを犠牲にすることだ。このような非自発的失業をなくすことこそ、数十年にわたるケインズ派経済学者の関心事だった。

一九四〇年代、独創性あふれるひとりの経済学者が、産出ギャップ（ある時点の経済の生産能力と実際の生産量の差）を未来永劫完全に消し去る方法を考えた。その経済学者の名をアバ・P・ラーナーという。ラーナーは民間部門に自力でできるだけ完全雇用に近い状態を達成させたうえで、主に財政政策によって総支出の不足を補えばいい、と考えた。恒常的に財政政策を実施して十分な総支出を生み出せば、経済の潜在能力をフルに発揮させ、繁栄を維持できる。金融政策も役には立つが、財政政策（税制や政府支出の調整）こそが経済のハンドルさばきを引き受けるべきだ[20]。ラーナーはケインズよりも強硬に、政府が財政を調整して、完全雇用との乖離《かいり》をすべて埋めるべきだと訴えた。財政収支などどうでもいい。重要なのは実体経済の成果だけだ。

ラーナーは自らの理論を機能的財政論と名づけた。議会は政策が財政に及ぼす影響ではなく、実体経済でどのように機能するかをもとに判断を下すべきだと考えたからだ。目的は雇用が潤沢にありインフレ率が低いという、バランスの良い経済の実現である。これを達成するために、財政が赤字、均衡、あるいは黒字になることもあるだろう。経済全体のバランスがとれていれば、そのうちのどれになろうと問題はない。

機能的財政論はそれまでの常識をひっくり返した。政策当局は経済から政府支出に見合うだけの税金を集めようと苦労するのではなく、発想を逆転しなければならない。税金や支出は、経済全体のバランスをよくするために利用するものだ。政府は資金の回収（税金）を上回る供給（支出）をしなければならないこともあるし、その状態を継続する必要があるかもしれない。何年も、場合によっては何十年も財政赤字を続けるべきときもある。ラーナーはこれをどこまでも責任ある財政運営と考えた。財政赤字が結果的にインフレ率を押し上げないかぎり、それを過剰支出と見なすべきではない。

責任ある財政運営とは何を意味するのか。それまでの常識は根本から覆された。私たちは政府が税収に合わせて支出を抑えられないことを責めるのではなく、経済をバランスのとれた状況に導くものであればどのような財政収支も受け入れるべきだ。つまり図2の左側に示した予算によって、右側に示したバランスのとれた経済状況が実現できるなら、財政政策を修正する必要はまったくなく、財政は均衡しているとみなすべきである。

完全雇用と低インフレを維持するために、ラーナーは政府が常に経済を注視すべきだと言う。

図２「財政均衡」の定義を見直す

何か経済の均衡が崩れるようなことが起これば、政府が税制や支出の方法を変えるなど財政政策を通じて対応する。減税を迅速に、そして適切な対象に向けて実施すれば、失業を抑えるのに役立つ可能性がある。適切な対象とは手元のお金が増えればすぐに支出し、経済に戻す可能性が高い人々だ。減税の効果を高めるには、新たな収入の支出性向が高い人を受益者とする必要がある。トランプ政権の個人所得税の減税に経済全体を押し上げる効果がほとんどなかったのは、その恩恵が所得階層の最も上のほうにいる人々にひどく偏っていたからだ。減税額の八〇％以上が、所得上位一％の手に渡った。低所得層や中所得層は手元のお金が増えればその大部分を支出にまわすのに対し、富裕層はお金を渡してもそれほど支出を増やさない。

適切な対象への減税には効果があるかもしれないが、総支出を維持したければ、もっと直接的な方法もある。政府自ら支出を増やすことだ。減税が適切な層を対象としたほうが不適切な層を対象とするより効果が高いのと同じように、政府支出も正しい対象を選んだほうが効果は高まる。経済学者は財政の乗数効果が高い事業に支出すべきだと言う。財政の乗数効果が高いとは、最初に政府が支出した資金が誰かの手に渡るたびにより多くの支出となり、経済に新たな需要が生まれることを意味する。政府支出の景気刺激効果を最大限引き出すには、財政支出の増加を、その「財源」となる増税と抱き合わせにしてはならない、とラーナーは強く主張した。ペイゴー原則のようなルールは設けず、インフレ圧力を抑える必要性が生じるまで増税をすべきではない、と。[21] インフレ率が徐々に上昇し始めたら、議会は増税や支出削減によって対応すればいい。そして失業率が突然上昇したら、議会は減税や支出拡大を検討する必要がある。

ラーナーの洞察はＭＭＴにおいても必要なものだが、十分ではない。ＭＭＴも経済を均衡させる手段として金利（金融政策）より税金や支出の調整（財政政策）を重視すべきだと考える。また財政赤字そのものは良くも悪くもない、という点についても同意見だ。重要なのは政府の財政が黒字か赤字かではなく、政府が経済全体に良い効果をもたらすために財政手段を活用しているかどうかだ。税金は購買力を抑える重要な手段である、責任ある財政運営をしているように見せかけるためだけに増税をすべきではない、という点も一致している。しかしラーナーの処方箋では、まだあまりに多くの人が失業を免れない。

　五三五人の議員が明日突然ラーナーの言うとおりに財政政策を実施することに合意したとしても、経済から非自発的失業を完全になくすことはできない。求職者が全員仕事を見つけられるようになるほど、議会が経済の環境変化に合わせて迅速に政策のハンドルを切ることは不可能だからだ。せいぜい完全雇用に近い状態は達成できても、常に相当な数の国民が雇用市場から締め出される。またインフレが加速し始めたとき、それを抑制する手段として議会の支出と税制の調整だけに頼るのでは力不足だ。MMTは政府の裁量的財政政策（ハンドルさばき）を補完するものとして、政府による就業保証プログラム（ＪＧＰ）を推奨する。いわば完全雇用と物価安定を促す、非裁量的な自動安定化装置だ。

未舗装の道路を思い浮かべてほしい。順調に運転していても、ときどき陥没やコブにも出くわす。なるべく危険を避けようと運転していても、ときにははまってしまう。そうなったら大変だ。車に高性能な衝撃吸収装置が付いていれば、衝撃は弱まり、それほどダメージを受けないかもしれない。しかし衝撃吸収装置が貧弱であれば、しっかりつかまっていないと危ない。ラーナーの言う財政政策というハンドルを、政府による就業保証という新しい強力な衝撃吸収装置で補強せよ、というのがＭＭＴの主張だ。

その仕組みはこうだ。

政府は希望する条件に合った仕事を見つけられないすべての求職者に、仕事と賃金と福利厚生のパッケージを提供する。複数のＭＭＴ派経済学者が、政府の提供する仕事はケアエコノミー関連が好ましいと主張している[22]。簡単に言えば政府が求職者に、人と地域社会、地球を大切に（ケア）するような仕事を必ず見つけると保証するわけだ。これは雇用市場にパブリック・オプション（公的雇用という選択肢）を設けることにほかならない。政府はこの制度の下で働く労働者の賃金を決定し、実際に就労する人の数は自由に変動させる[23]。失業者の市場価格はゼロである（現時点では買い手がいない）ため、政府が買い値を提示し、彼らのために市場を創るのだ。それが実現すれば、非自発的失業は消滅する。有給雇用を求める人は誰でも、政府の設定した賃金水準で就業機会を与えられる。

就業保証の起源は、雇用をすべての国民の経済的権利として政府が保証すべきと考えたフランクリン・D・ルーズベルト大統領にさかのぼる。それはマーチン・ルーサー・キング・ジュニア牧師、その妻であるコレッタ・スコット・キング、そしてフィリップ・ランドルフ牧師の公民権運動の柱でもあった。有力な経済学者であったハイマン・ミンスキーは反貧困に関する研究で、就業保証プログラムをその中核に位置づけた。重要なのは、就業保証を導入すれば、政策当局はNAIRUのような概念を使って雇用市場の余剰を推測する必要がなくなるという点だ。政府は単に賃金を設定し、仕事を求めてきた人を全員採用すればいいだけだ。パブリック・オプションを求める人がいなければ、経済はすでに完全雇用の状態にある。一方、一五〇〇万人が就業保証を求めれば、労働市場に相当な余剰があることになる。経済が活用できていない資源がどれだけあるかを正確に把握する方法は、これしかない。

なぜ就業保証を政府の資金で行う必要があるのか。理由は単純だ。政府の資金が尽きることはないからだ。州政府や自治体のような通貨の利用者が、求職者全員を採用すると約束するのはほぼ不可能だ。デトロイト市長が、地域で仕事を探しているのに見つからないという人を全員採用する、と宣言したらどうなるか。応募者が殺到するだろう。景気が比較的良いときでさえ、数万人から数十万人が仕事を求め、市の財政を圧迫するはずだ。不況のときはどうか。デトロイトの税収が急減する一方、求職者は倍増する。州政府や自治体が支出をまかなう財源は税金であることは、すでに述べたとおりだ。景気後退で税収が減少するなかで、むやみに支出を増やすわけにはいかない。しかし就業保証が最も求められるのは、まさにそういうときだ。

前章でモズラーが自分の名刺でしか払えない税金を課すことで、子供たちに家事を手伝わせることに成功した話を紹介した。このように税金は（少なくとも導入された時点から）人々が雇用を求める原因となる。政府は税金を課すことで国民に通貨を稼ぐ動機を与えている以上、その手段が常にある状態を確保する責任がある、とＭＭＴは考える。

就業保証プログラムがあれば、経済が不振に陥っても数百万人が失業する事態は免れる。景気後退は必然的に起こる。景気循環をなくす方法を見いだした資本主義国家は地球上に存在しない。経済は成長し、雇用を生み出し、最終的には何らかの原因で不況に陥る。景気循環を和らげるために、裁量的政策を活用することはできるし、またそうすべきだ。でこぼこ道を走るより、何もない道を走るほうがずっと良い。しかしあらゆる障害を回避する方法を身につけた国はない。アメリカでは過去六〇年の間に、一九六〇～六一年、六九～七〇年、七三～七五年、八〇年、八一～八二年、九〇～九一年、二〇〇一年、そして二〇〇七～〇九年にかけて景気後退に陥った。好況のあとには不況があり、それが次の好況につながっていく。

就業保証の大きなメリットは、経済が避けられない好況と不況の波をくぐりぬけるなかで、その衝撃を和らげられることだ。景気が悪化するたびに数百万人に失業を強いる代わりに、就業保証は労働者が一つの有給雇用から別の有給雇用へと移行できるようにする。民間の小売業で仕分けの仕事を失っても、すぐに公共部門で有意義な仕事に就くことができる。就業保証は労働者を失業者にせず、別の仕事に移行させ、景気が回復して彼らが民間部門の仕事に戻るまで賃金と技能を支えることで経済全体への衝撃を和らげる。また制度があれば労働者を採用するための支出は自動的に行われるので、不況を乗り切る手段として裁量的支出だけに頼る必要はなくなる。[24]

政府は財源を保証し、制度の対象となる仕事の条件を定め、法令順守と責任の所在を明確にするため監督業務を担う。それ以外の任務はすべて分散し、意思決定は新たに提供される労働によって直接恩恵を被《こうむ》る人や地域社会に近いところで行う。この制度の最大の特徴は、経済全体にとって新しい強力な自動安定化装置として機能することだ。

ＭＭＴの掲げる非自発的失業対策とは、それを完全になくすことだ。完全雇用を実現する最も効果的な政策は、失業者を直接対象とするものだ。インフラ建設に投資することで最終的に失業者に仕事が行き渡るのを期待するのではなく、バード大学の経済学者パヴリーナ・チャーネバの言うようなボトムアップ・アプローチを提言する。[25]労働者をそのまま、今いる場所で受け入れ、それぞれの能力や地域社会のニーズに合わせて雇用を提供する。どんな仕事でも与えればいいというわけではない。失業者に賃金を支払うことを正当化するために無理やりシャベルを渡すような、単純な雇用創出プログラムではない。就業保証は公共の利益を増進すると同時に、分散的統治の仕組みを通じてコミュニティを強くするための手段だ。ウィリアム・ヴィックリーの言葉を借りれば、このような公共事業を通じて、社会は「活用されていない労働力を、さまざまな公共のアメニティや施設に転換できる」[26]。制度の目的は求職者にコミュニティに役立つ有意義な仕事を与え、それに対してまっとうな賃金と福利厚生というかたちで報酬を支払うことだ。

二〇〇八年のように経済が一気に崩壊することがあっても、政府の就業保証があれば数十万人が失業せずに済むだろう。[27]民間部門が雇用を削減しても、公共部門がすぐに新たな雇用機会を提供する。この新たな雇用には政府が財源を保証しているため、財政赤字の拡大によって景気後退の衝撃を和らげることになる。それは経済を救うための財政刺激策をめぐる議会の審議や論争を待つことなく、自動的に行われる。就業保証は国民の収入を下支えするため、経済の安定化も早い。景気後退はそれほど深刻化せず、回復は早まる。そして就業保証は恒久的制度なので、景気が良いときも悪いときも経済を支え続ける。

就業保証が常に存在することで景気の波が抑えられ、それは物価の安定にも寄与する。就業保証がなければ、需要の減退がすぐに失業や所得の急減につながる。企業の在庫は積み上がり、売れ残りをさばくために値下げを急ぐ。最終的に景気が回復すれば、企業は再び値上げをして利益率を通常の水準に戻すことができるが、景気の振れ幅が大きいほど、それに応じて物価の振れ幅も大きくなる。就業保証は消費者の収入を安定させることで、消費支出の振れ幅を抑え、ひいては物価変動を抑えるのに役立つ。

就業保証が物価安定に寄与するのには、もう一つ理由がある。それは賃金という経済における重要な要素の価格を設定することだ。たとえば保証する仕事の時給を一五ドルとするなど、政府が最低賃金を設定するのだ。これがあらゆる雇用の対価を決定する基礎となる。現在、アメリカの最低賃金は実質的にゼロだ。もちろん政府は正式に時給七・二五ドルを最低賃金と定めているが、ハイマン・ミンスキーが指摘したように、失業者の得られる最低賃金はゼロである。そもそも雇用されていなければ政府の定める時給七・二五ドルすら稼ぐことはできず、今日数百万人の失業者がそのような状況にある。最低賃金を万人が得られるようにするには、労働の対価として常にゼロ以上の金額が提示されている必要がある。その最低価格を定めるのが就業保証で、制度の保証する賃金が経済全体の実質的な最低賃金となる。それが設定されれば、すべての雇用主がそれにプレミアム（上乗せ）を付けた金額をオファーせざるを得なくなる。[28] 金利については、すでに同様の仕組みがある。ＦＲＢが翌日物金利（金融機関同士で短期的に行う通貨取引の金利）を設定し、それが住宅ローン、クレジットカード、自動車ローンなどあらゆる融資の基準となる。FRBが短期金利を引き上げれば、他の金利も高くなる。[29] 就業保証は労働の対価の基準値を定めることで、経済全体の賃金や物価を安定させるのだ。

最後に、就業保証がインフレ抑制に寄与する理由がもう一つある。民間企業が生産を拡大しようという段階になったとき、いつでも採用できる「現役の人材」をプールしておく機能を果たすのだ。さまざまな調査から、雇用主が一番採用したくないのは、失業期間が長期に及ぶ人材であることがわかっている。直近の就業実績がない人を採用するのは、リスクが大きい。[30] 企業は採用する人材について、できるかぎり多くの情報を集めようとする。失業者を採用するのは相当なリスクをともなう。長期間失業していた人には、まじめに働く習慣が身についているのか、同僚とうまくやれるのか、といったさまざまな不安材料がある。優秀なタイピストや腕の良い職人でも、しばらく働いていなければ能力は落ちているかもしれない。比較的長期にわたって失業していた人を採用するのは、ある種の賭けである。だから企業は不安要素を避けるため、現在別の仕事に就いている人を採用しようとし、転職を促すために高い報酬をオファーする。あらゆる雇用主が同じような行動に出れば、すでに就業している人はより良い椅子に移り、今椅子のない人は永遠に座れない椅子取りゲームのような状況になる。このような人材の奪い合いはインフレ圧力を高める。企業に公共サービスに従事している人材のプールから採用するという選択肢があれば、その圧力を和らげることができる。就業保証プログラムがあれば、企業が採用するための人材プールは広がる。これは雇用主や制度がなければ失業してしまう労働者だけでなく、社会全体にとってプラスである。

就業保証プログラムは経済の安定化装置として自律的に機能し、財政支出を増やすこともあれば減らすこともある。景気が悪化すれば支出は増え、景気が回復すれば支出は減る。その結果、この事業の財政支出の赤字幅は景気循環と逆方向に動き、過剰な支出は抑えられる。言うまでもなく、議会は財政支出のうち「裁量的」部分についての権限を保持する。通貨の発行者であるアメリカ政府には財政権力があるので、インフラ、教育、あるいは防衛などへの支出をいつでも増やすことができる。政府が欲しい財やサービスがあれば、誰よりも高値を付けて手に入れることができる。資金的制約はない。通貨発行者には手元にない資金を使う能力があり、それでも破産することはない。それがMMTの描き出す現実である。

スタン・リーのコミック『スパイダーマン』に、「大いなる力には大いなる責任がともなう」という有名な言葉がある。エンツィ上院議員が過剰支出に懸念を表明したのも当然だ。しかし本当の危険を見誤っていた。国民共通の幸福を脅かすのは財政赤字ではない。過剰なインフレだ。ではどうすれば過剰支出のリスクを避けながら、主権通貨の潜在的力を活用して国民を幸福にできるのか。すでにアメリカには安全装置が備わっている、と思うかもしれない。デット・シーリング、バード・ルール、ペイゴー原則などは過剰支出への有効な歯止めではないか、と。だがそれは違う。議会が簡単にこうしたルールを迂回できてしまうためではない。現在の予算プロセスの下では議会は支出を増やそうとするとき、インフレリスクを考慮することを求められていないためだ。すでに述べたように、物価安定の責任を負っているのはFRBだ。このため議員は新たな支出が財政赤字を増やすかどうかしか考えない。インフレへの影響はおかまいなしだ。この姿勢は間違っている。

議会は大いなる支払能力にともなう「大いなる責任」を免れている。それをＭＭＴはあぶりだす。以下の例を考えてみよう。経済はすでに制限速度に近い状態にある。ほとんどの労働者や企業は、すでに能力の限界まで財やサービスを産出している。そんななか議会がアメリカのお粗末なインフラ（空港、病院、高速道路、橋梁、下水処理施設など）の近代化に二兆ドルを支出しようと考えた[31]。議会は通貨の発行者という視点を持ち合わせていないため、インフラ投資によって財政赤字が増えるか否かだけが重要だと思い込んでいる。赤字を増やさないように、純資産が五〇〇〇万ドルを超える富裕層に対象を絞ったわずかな税金を課し、二兆ドルの税収を確保することにする。その法案が連邦議会予算局（ＣＢＯ）に提出されれば、長期的に財政赤字を増やさないため、良い評価がもらえるはずだ。ＣＢＯからゴーサインが出れば、議会は投票によって支出を承認できる。結果は悲惨なことになるだろう。

運輸省がインフラ投資の仕事を発注しようとすると、政府の仕事を引き受けられる余剰資源が不足していることがすぐに明らかになる。原因は新たな税金が、もともとそのお金をあまり（というかまったく）使うつもりのなかった少数の国民（およそ七万五〇〇〇人）に課せられたためだ。これは富裕税への反対意見ではない。税制を恣意的に決めることへの反対意見である。富裕層に課税すべき理由は十分にあり、政府はそうすべきだ。だがそれは税収によって政府支出をまかなうためではない。今日の過剰な富の集中は、健全な民主主義と経済への脅威であり、資産と所得の配分を適正化するために富裕税は必要だ。それを踏まえたうえで、課税は戦略的に行うべきだ。

考えてみてほしい。アメリカ一の金持ちであるジェフ・ベゾス（アマゾン創業者・ＣＥＯ）の総資産は一一〇〇億ドルとされる。そこから二％の富裕税が引かれたところで、ベゾスが購入する車、プール、テニスコート、贅沢な旅行の数がどれだけ減るだろうか。おそらくさほど減らないだろう。富裕層の総資産にわずかな税を課したところで、その支出を抑制する効果はほとんどない。もともとベゾスは支出するより貯蓄するほうが多い。富裕層は金融資産、不動産、美術品、珍しいコインなどのかたちで資産を蓄える。新たな富裕税を導入することで、インフラ投資法案は財政的責任を満たしているように見えるかもしれないが、経済にほとんど余剰がない状態で政府が支出を増やそうとするときに、なんの役にも立たない。

深刻な不況下では、これは問題にはならない。企業は膨大な余剰能力を抱えており、政府が雇用できる失業者もたくさんいるはずで、「財政余地」は十分にある。しかし完全雇用に近づくと、このような実物資源は次第に希少になっていく。経済が現実的な生産能力を使い果たすと、政府が建設現場の働き手、建築家、技術者、鉄鋼、コンクリート、舗装用車両、クレーンなど必要な資源を確保するには、現在使っている企業などより高いお金を出して奪ってこなければならない。こうした入札プロセスによって物価が上昇し、インフレ圧力が高まる。このリスクを抑えるには、税金によって現在の支出を十分減らし、政府が雇用しようとしている実物資源を解放しなければならない。先に挙げた富裕税は限られた超富裕層のみを対象とするため、財政余地はさほど（というかまったく）増えない。

他の理由で富裕税を導入するのはまったく問題ない。ただ、インフレリスクを抑える手段としては有効ではなく、経済が制限速度の上限に近い状態にあるときにはインフレリスクへの目配りが特に重要である、というだけだ。

ＭＭＴが政府の予算決定プロセスを変えるよう提言するのはこのためだ。意思決定プロセスにインフレリスクの検討を含めることで、政治家が新たな支出を承認する前に、インフレを防ぐために必要な措置を講じたか、立ち止まって考えることを義務づけるのだ。インフレに対する最善の防御は、優れた攻撃にあることを示しているという意味で、ＭＭＴは従来のアプローチより「安全性が高い」と言える。過剰な支出によってインフレが起きてしまってから、事後的にインフレと戦うのは避けたい[32]。議会が新たなプログラムへの支出を決定する前に、ＣＢＯのような政府機関が、新たな法律にインフレリスクがないか評価することで、リスクを事前に抑えるのが好ましい。要するにＭＭＴは、財政支出に対する人工的制約（歳入）を、真の制約（インフレ）に置き換えることを目指している[33]。

実際のところ、政府が歳入という制約に縛られる必要はない。まず支出をして、あとから税金として通貨を回収すればいい。新たな歳出は新たな歳入によって完全に相殺しなければならないという前提を捨て、まず「税金としていくら回収すべきか」を考えるところから始めるべきだ、とＭＭＴは訴える。まさにペイゴー原則をひっくり返すわけだ。財政赤字を増やすことは絶対に避けるべきだという前提を受け入れるのではなく、まず議会が提案する新たな支出は、インフレリスクを抑えるために税金によって相殺する必要があるのか、というところからスタートするのだ。

先ほどの二兆ドルのインフラ投資の例に戻ろう。ＭＭＴ派経済学者はまず、議会が二兆ドルの新規支出を税金によって相殺せずに承認することは安全かどうかを考えるところから始める。経済の既存の（あるいは今後生じる）余剰能力を慎重に分析した結果が、判断を下すうえでの材料となる。ＣＢＯなどの独立した分析機関が、新たな支出はインフレ率を適正水準より押し上げるリスクがあるという結論を出したら、議員はそのリスクを抑えるのに最も効果的な方法を検討すればいい。支出のうち税金によって相殺すべき割合は三分の一、二分の一、あるいは四分の三なのか。相殺する必要性がまったくない可能性もある。反対に経済が完全雇用にきわめて近く、ペイゴー原則に従うべき場合もある。重要なのは、新たな支出は税金によって完全に相殺する必要があるという前提から出発するのではなく、逆方向から正解を探ることだ。それが国民を不要な増税やインフレから守ることにつながる。また新たな支出に対して常にチェック機能が働くことになる。インフレに対する最善の防御は、それが起こる前に封じることだ。

ある意味では、アメリカはこれまで運が良かった。議会はインフレリスクを評価することなく、しょっちゅう大規模な支出を決定する。防衛費を何千億ドルも増やしたり、長期的に財政赤字を何兆ドルも増やすような減税を実施したりしても、ことインフレに関してはほとんど問題はなかった。それはたいてい経済により大きな財政赤字を吸収するだけの余剰があったためだ。余剰能力があることが、インフレリスクをまったく顧みない議会に対する保険になってきたわけだ。しかし余剰資源を抱えていることには代償もある。そうした資源を上手に活用していれば生産されたはずのさまざまな財やサービスを失い、社会全体の幸福が損なわれている。ＭＭＴはそうした状況を変えようとしている。

ＭＭＴが目指すのは、国家の財政権力を活かして経済の潜在力を最大限引き出しつつ、財政権力に対する適切なチェック機能を働かせることだ。スパイダーマンが自らの力を、人々を守り、人々の役に立つために使わなければ、誰も彼をスーパーヒーローとは呼ばない。大いなる力には大いなる責任がともなう。国家の財政権力は、国民みんなのものだ。それを行使するのは民主的に選ばれた議員だが、その目的はすべての国民に奉仕することだ。過剰な支出は力の濫用だが、インフレリスクを抑えつつより良い暮らしを実現する方法があるにもかかわらず、それを実行しないこともまた力の濫用である。

第三章
国家の債務（という虚像）

神話3

国民はみな何らかのかたちで
国家の債務を負担しなければならない。

現実

国家の債務は国民に負担を課すものではない。

二〇一五年一月に私がワシントンDCにやってきたとき、上院予算委員会には私以外に通貨発行者の視点で世界を見ている者はいなかった。私には国の財政は家計や民間企業のそれとは違うことがわかっていた。政府の資金が尽きることは絶対にないこと、過剰支出の報いは破産ではなくインフレであることも。そしてそんな見方をするのが、自分だけであることもよくわかっていた。

私以外はみな、二つの陣営に分かれていた。財政赤字のタカ派とハト派だ。タカ派は強硬論者で共和党員が多く、赤字を財政運営の大失敗の証拠と見ていた。財政は均衡すべきである、以上。支出と税収のわずかな不均衡にもいらだち、迫りくる債務危機に警鐘を鳴らし、財政赤字の縮小に向けた迅速な行動を求めた。彼らをタカ派と呼ぶのは、少なくとも言葉の上では、財政均衡と債務の削減を強硬に求めていたからだ。タカ派は敵であるハト派を、膨れ上がる債務の脅威に対して安穏としすぎていると批判した。タカ派の批判の主な矛先は、社会保障、メディケア、メディケイドなどの給付金制度だ。一方ハト派は、富裕層に対する減税と数兆ドルもの戦争費用こそが政府債務の主な原因だと主張した。

政治評論家や政界関係者は、両者が対極であるかのように論じていたが、私から見れば同類だった。どちらも長期的な財政見通しには問題があり、改善する必要があると考えていた。主な違いは、このような悲惨な状態に陥った原因が誰（何）であり、ダメージの修復にどれだけ時間をかけるべきかにあった。共和党員の多くは公的給付の削減を求めていたのに対し、民主党員の多くは増税を求めていた。どちらも別のルートで、同じ目的地を目指していたのだ。

予算委員会の仕事に就く頃には、私はこの分野の異端児と見られるようになっていた。私が議会で民主党のアドバイザーに就任するという噂が広まると、「サンダース、『赤字のフクロウ』を採用」といった見出しがメディアに踊った。「赤字のフクロウ」はMMT派経済学者の視点と、赤字を懸念する他の学派との違いを明確にするために、私自身が二〇一〇年に造った言葉だ。フクロウは知恵のシンボルとされ、また頭を三六〇度近く回転させられるのも、財政赤字を異なる視点から見られるという比喩にぴったりだと思った。

予算委員会の上院議員のほとんどは、それまでMMTのことなど聞いたこともなかった。私を採用したバーニー・サンダース議員でさえ、当初はメディアの反応の大きさに驚いたほどだ。初めて委員会のメンバーと会ったとき、バージニア州選出のティム・ケイン議員から、《カンザスシティ・スター》紙で君の就任についての記事を読んだよ、と声をかけられた。失礼な態度をとられることはなかったが、鳥小屋に赤字容認派を受け入れることを警戒する空気は感じた。

新参者の立場は居心地のよいものではなかった。私の見解が他の人々とはまったく違うことはわかっていた。私がサポートするはずの民主党議員のなかにも、財政的保守派という評価を得ていた上院議員が何人もいた。とりわけ三人は財政赤字批判の急先鋒として悪評の高い「フィックス・ザ・デット（財政を正常化せよ）」という団体から、「財政の英雄」の称号まで得ていた。[1]

ワシントンでの仕事は、私にとってさまざまな面でストレスの溜まるものだった。財政問題については、サポートすべき予算委員会のメンバーと意見が一致しなかった。国家財政についての神話や誤解をこれ以上広めずに、委員会のメンバーの力になれる方法を考えた。論点をまとめたり、有力メンバーの発言の予定稿を作成したりするときには、慎重に言葉を選んだ。何を言わないかが、何を言うかと同じぐらい重要なこともある。さりげなく人々の考え方を変えるため、同僚にプレスリリースや新聞への寄稿から何行か削らせたこともあった。まだ教育者気質が残っていたので、新たなものの考え方を広めたいという欲求を抑えることはできなかった。しかも政治家の考え方が誤っていれば、誤った政策が生まれ、それがすべての国民に悪影響を及ぼす。

目が覚めるような思いをしたのは、委員会のメンバー（とそのスタッフ）と、あるゲームをしたときだ。何十回と繰り返したが、毎回同じ、驚くような反応が返ってきた。まず魔法の杖を手に入れたと想像してほしい、と相手に伝える。一振りするだけで、アメリカの債務をすべて帳消しにする力を持った杖だ。そして「杖を振ってみたいか」尋ねる。すると誰もが躊躇《ちゅうちょ》なく、杖を振って債務をなくしたいという。債務を帳消しにしたい、という強い思いが確認できたところで、一見まったく違う質問をする。「同じ杖が、世界中から米国債を消す力を持っているとしたら、振ってみたいか」と。すると相手は困惑した表情を浮かべ、眉をひそめ、考え込んでしまう。そして最後には「杖は振らない」と答える。

なんということだろう。国家の財政にかかわる問題を審議する委員会のメンバーが、誰ひとりとして二つの問いが同じものであることに気づかなかった。誰もが国家の債務に対して愛憎入り混じった感情を抱いていた。民間部門の金融「資産」としての米国債に魅力を感じるが、それが政府の「負債」になったとたん、忌み嫌う。残念ながら、魔法の杖を振って国家の債務を帳消しにしたら、その債務を体現する金融商品、つまり米国債も消えてしまう。両者は一心同体なのだ。最後に種明かしとして、私は二つは同じ質問であり、ただ聞き方を変えただけだ、と伝えた。華氏七七度と摂氏二五度のどちらが心地よいか、と聞くようなものだ、と。その結果、バツの悪い思いをすることもあった。杖を振れば米国債の市場そのものが消えてしまうことはわかるが、それでも国家の債務を帳消しにするほうがいい。なぜなら有権者が債務に怯《おび》えているからだ、と言う者もいた。

目もくらむような借金

もちろん有権者は怯えている。怯えないはずがあるだろうか。政治的議論には一切関心がない、という人を除けば、財政赤字や国家債務にかかわるある種のヒステリーを目にせずに一週間が過ぎることはないはずだ。新聞には、債務が記録的水準に達し、いまや危機が迫っている、といった見出しが躍る。ニューヨークシティの西四三番街では「債務時計」が歩行者を見下ろし、時々刻々と恐ろしい債務残高を伝えている。風刺漫画にはティラノサウルスに化けた米国債が街を破壊する場面、あるいは大きな風船が今にも破裂しそうになっている様子が描かれる。書店に行けば『最終局面』『財政赤字』『財政改革』といった不安を煽るようなタイトルが並ぶ。ソーシャルニュースには議会予算局（CBO）の陰鬱な予測が速報で流れる。ラジオのトーク番組は、ヒラリー・クリントン元国務長官の「債務水準の上昇は国家の安全保障上の危機だ」という発言を流す。自家用車のバンパーに文無しになったアンクル・サムのステッカーを貼っていた運転手のように、一般市民もこの世の終わりを感じとっている。

誰もがハルマゲドンに備えて地下壕に潜っていないのが不思議なくらいだ。この世の終わりは常に差し迫っている。

だが本当のところ、何も問題はないのだ。西四三番街の債務時計は、単に政府がこれまで国民から税金を回収する代わりに、どれだけのお金をそのポケットに入れてやったかを示す歴史的記録に過ぎない。このお金は米国債というかたちで保管されている。あなたも米国債を持っているなら、それはれっきとしたあなたの財産の一部だ。「債務時計」という呼び方が定着しているが、その実態は「貯蓄時計」なのだ。しかし議員の誰もそんなことは言わない。理由は想像がつくだろう。議員が地元に戻り、不安を抱く有権者に対して、「国家債務の膨張というこれまでずっと聞かされてきた話は、実はまったく根拠のないものだった」と言い聞かせたらどうだろう。他の権威筋がそろって逆のメッセージを伝えていたら、新たな予言者の声は誰の耳にも届かない。マーク・トウェインの表現を借りれば、「人々に騙されていたことを理解させるより、騙すほうがよほど簡単」なこともある。

議員自身の認識がそれほど誤っていなくても、国民にはいわゆる「債務」の真実に気づかないでほしい、と考える理由もある。第一章で述べたとおり、その実態は米国債と呼ばれる金利付きの「黄色いドル」に過ぎない。政治家のなかには、「債務」という言葉に大きな数字を付ければ演出効果が高まると思っている者もいる。「大きな数字恐怖症」は医学的症状としては認められていないかもしれないが、たしかに存在すると思っている政治家は相当な数にのぼるようだ。

上院予算委員会の会合で、それを目の当たりにしたことがある。ちょうどCBOが二〇一五年から二〇二五年までの財政見通しを発表したところで、委員会ではその内容を審議していた。[2]二〇二五年には財政赤字は一・一兆ドル、政府債務の総額は二七・三兆ドルに達する、とCBOは予測していた。マイク・エンツィ委員長はこの数字に衝撃を受けたが、衝撃がやや足りない、と感じたようだ。小数点を使って数字を縮めてしまうと、国民から適切な感情的反応を引き出せないのではないか、と懸念した。だから数字をできるだけ衝撃的に見せるために、CBOに「一、一〇〇、〇〇〇、〇〇〇、〇〇〇ドル」「二七、三〇〇、〇〇〇、〇〇〇、〇〇〇ドル」と表記するよう求めるべきだ、と主張した。

政界入りする前、エンツィ議員が靴の小売業を営んでいたことはすでに述べた。経営者として、優れたマーケティング・キャンペーンの要諦を学んでいたのだろう。「履き心地の良さ」「豊富な品揃え」「おしゃれなデザイン」といった正しいメッセージを送ることが、顧客獲得には不可欠だ。優れたマーケティングによって正しい感情的反応を引き出せば、通行人が店に入ってきてくれる。つまりエンツィ議員は、有権者から特定の感情的反応を引き出せるような、財政に関するマーケティング方法を探していたのだ。「債務」というレッテルを貼ったものに対して国民の不安が十分に高まれば、政治家はその不安をさまざまな方法で利用することができる。

この恐ろしい数字に対して何か手を打たなければならない、と有権者を説得することで、政治家は社会保障やメディケアのような国民の支持する給付制度への支出削減を正当化できる。[3]痛みをともなう支出削減に有権者の合意を取りつけるには、財政に対する国民の不安を煽る必要がある。社会保障やメディケアは、膨大な数の国民に恩恵をもたらしているので、国民はなんとかそれを守ろうとするだろう。だが、他に選択肢はない、手遅れになる前に「債務を適正化する」必要がある、と説得されれば仕方がない。

ＭＭＴは債務を適正化する必要などないことを示す。適正化すべきは私たちのものの考え方だ。数千万人の国民を支える公的給付を削減するという不合理な行動を防ぐだけでなく、これほど債務を恐れなければ実現できるはずのさまざまな改革について質の高い議論をするためにも、それが必要だ。私たちがさまざまな恩恵を享受できないのは、政府債務のためではない。原因は誤った考え方にある。誤った考え方を正すには、巨額債務への恐怖心を克服するだけではなく、私たちの足を引っぱる有害な神話をすべて退治する必要がある。

中国、ギリシャ、バーニー・マドフ

ＳＵＶにアンクル・サムのバンパーステッカーを貼っていた運転手は、単に米国債の市場規模、すなわち国家債務の規模に不安を感じていたわけではないだろう。心配は他にもあったはずだ。大統領選に出馬していたバラク・オバマ候補が、アメリカは中国から借金をしており「いずれ返済しなければならない国の債務が膨れ上がっている」と、渋い顔で語ったのを聞いたのかもしれない。ニューヨークの西四三番街の債務時計は、単に米国債の残高をリアルタイムに表示するだけではない。それを国民の頭数で割り、国家債務のうち「あなたの分」はいくらかも表示している。もしかすると運転手は子供を持つ母親で、ウィスコンシン州選出のポール・ライアン下院議員の「子供や孫たちを債務や税金の負担で苦しめることのないように債務問題を解決すべきだ」

という発言を聞いて、罪の意識を感じていたのかもしれない。あるいはアメリカが破産することを恐れていたのかもしれない。ギリシャの末路はみな知っている。だから国の行く末を憂《うれ》えたのかもしれない。オバマ候補は国家債務の存在を「無責任」で「非愛国的」と語っていた。

私自身、子供を持つ母親であり愛国者だが、こうした不安は一切感じない。それは私がMMT派の経済学者でもあり、こうした状況を根本的に違うレンズを通して見ているためだ。最新のCBOの報告書を読んでも、国家債務の増加見通しにパニックを起こすことはない。国家債務のうち「自分の分」がいくらか気を揉むこともないし、アメリカがギリシャのような末路をたどるとは決して思わない。中国がある日突然財布の紐を締め、アメリカが必要な支出をするための資金が不足するような事態にならないかという不安もない。そもそも政府による米国債の売り出しを「借り入れ」と称したり、この有価証券に「国債」というラベルを貼ることすら正しいとは思わない。それは問題を複雑にし、国民に要らぬ不安を抱かせるだけだ。しかも誤った不安はより良い公共政策の妨げとなり、全国民にダメージを与える。だから私たちの考え方を正そうではないか。

オバマ候補が「アメリカは中国人民銀行のクレジットカードに依存している」と発言したのは、遊説先のノースダコタ州ファーゴでのことだった。ここで注目すべきは、国民が抱く二つの重要な不安を刺激するような言葉を選んでいることだ。まず支出をまかなうために借金に頼っているという表現。誰もが経験上、借金が多すぎると破産につながりかねないことを知っている。家や車、あるいは食料品を買うための借金ですら将来の返済義務を増やすことになる。まもなく住宅ローン、自動車ローン、クレジットカードの請求書が届き、支払いのための金策に頭を悩ますことになる。アメリカが何兆ドルものクレジットカード債務を貯めこんでいると言われれば、誰もが不安になる。そのうえお金を借りている相手が敵対的とさえ言える外国なら、不安は高まるばかりだ。

貿易相手国について不安を抱く必要がまったくないわけではない。第五章「貿易の『勝者』」で見ていくとおり、懸念を抱くべき正当な理由はある。しかし中国のお金に依存しているというのは、それに当たらない。理由を説明するために、そもそもなぜ中国（および諸外国）が米国債を保有するのかを考えてみよう。[4]なぜ中国は二〇一九年五月時点で一・一一兆ドルに達する米国債を保有することになったのか。アンクル・サムがシルクハットを片手に北京を訪れ、借金を申し入れたのか？　もちろん、そうではない。

まず中国は自国の生産物の一部を、アメリカを含む海外で売りたいと考える。アメリカもそれは同じだが、アメリカの輸出額は他国からの輸入額を下回る。二〇一八年にはアメリカから中国への製品輸出は一二〇〇億ドルであったのに対し、中国からアメリカへの製品輸出は五四〇〇億ドルだった。この差分の四二〇〇億ドルが中国の貿易黒字だ（アメリカは逆に中国に対して四二〇〇億ドルの貿易赤字を抱える）。アメリカは中国製品の代金を米ドルで支払い、それは連邦準備銀行にある中国の口座に追加される。米ドルの保有者がみなそうであるように、中国もドルをそのまま持ち続けるか、それを使って別の何かを購入するかを選択できる。FRBの当座預金に預けているドルには金利が付かないので、たいていは事実上の「貯蓄口座」にその資金を移そうとする。その手段が米国債の購入だ。「中国からの借金」の実態は、FRBが中国の準備預金勘定（当座預金口座）から数字を引き、有価証券勘定（貯蓄口座）に数字を足す会計処理に過ぎない。中国が米ドルを保有していることに代わりはないが、その中身は緑のドルから黄色いドルに変わったのだ。ＦＲＢが中国に債務を返済しようと思えば、逆の会計処理をすればいいだけだ。有価証券勘定の残高を減らし、準備預金勘定の残高を増やす。ニューヨーク連銀でキーボードを叩くだけで済む話だ。

オバマ氏が見落としていたのは、ドルを発行するのは中国ではない、という事実だ。ドルの発行者はアメリカである。アメリカは中国から借金をしているというより、中国にドルを供給し、それを米国債に転換させているのだ。だから問題は、実際に起きている事態を描写する言葉にある。国家の「クレジットカード」など存在しない。「借り入れ」という言葉や、財務省証券を「米国債」と呼ぶのも誤解を招く表現だ。現実には債務は存在しない。ウォーレン・モズラーの表現を借りれば、「アメリカが中国に渡すべきものは、銀行の取引明細書ぐらいだ」。それでは中国（およびアメリカに対して貿易黒字のある国）が損をするだけではないか、という見方もあるかもしれない。労働者が貴重な時間とエネルギーを使って生産した財やサービスを、中国は自国民のために使っていない。貿易黒字は中国が生産した財やサービスを引き渡したのに対し、アメリカはその見返りとして受け取った財やサービスの会計記録しか渡していないことを意味する。しかし第五章で見ていくとおり、中国もアメリカとの貿易からさまざまな恩恵を享受している。

中国は海外における米国債の最大の保有者だが、その保有額は本書執筆時点で財務省が公表する残高の七％以下に過ぎない。それにもかかわらず、中国はいつでも保有する米国債を売却し、その価格を押し下げ、利回り（つまりは金利水準）を高めることができるので、アメリカに対して途方もない影響力を持っていると懸念する声がある。中国が米国債の購入を止めれば、アメリカは低コストで資金を調達できなくなってしまう、というのだ。この考えはいくつもの点で間違っている。第一に、アメリカに対する貿易黒字をゼロにしないかぎり、中国はドル資産を持たざるを得ない。アメリカへの輸出を削減すれば経済成長が減速するはずで、中国はそれを望まない。中国が現状の貿易黒字を維持したければ、ドル資産を持ち続けることになる。投資銀行出身の金融評論家エドワード・ハリソンの言うように、「中国に与えられた選択肢はどのドル資産（緑のドルか黄色いドルか）を保有するかであって、ドルそのものをボイコットするかどうかではない」[5]。またたとえ中国が保有資産のなかで米国債（黄色いドル）の割合を抑えようと決めたとしても、それによってアメリカが資金不足に陥ることはない。すでに述べたように、アメリカ政府は通貨発行者であり、それは絶対に手持ちのドルが尽きることはないことを意味する。テレビ番組の人気コメンテーターで『Making Sense of the Dollar（ドルを理解する）』という著書もあるマーク・チャンドラーが指摘するように、中国は二〇一六年六月から同年一一月にかけて米国債の保有高を一五％減らしたが、一〇年物米国債の利回りに「事実上変化はなかった」[6]。

　アメリカには起こりえないことだが、国家にも安価な資金調達ができなくなる可能性はある。二〇一〇年にギリシャで起きたのは、まさにそんな事態だ。ただしその原因は、ギリシャが二〇〇一年に自国通貨ドラクマを捨ててユーロを採用することで、通貨主権を失ったからだ。ユーロ採用によってすべてが変わった。ギリシャ政府の既存の債務は、政府が発行できないユーロ建てにそっくり変わった。この瞬間からギリシャ国債を購入する投資家は、デフォルトリスクという新たなリスクを背負うことになった。ギリシャに資金を貸すことは、ジョージア州やイリノイ州といったアメリカの個別州に資金を貸すのと変わらなくなった。第一章で見たように、個々の州は通貨の発行者ではなく、利用者である。支出をまかなうためには、本当に税収と借り入れに頼るしかない。もちろん資金調達のために債券を発行することはできるが、金融市場は通常、返済できなくなる可能性のある相手に融資するときには追加リスクに対してプレミアム（利子の上乗せ）を要求する。ギリシャは（アイルランド、ポルトガル、イタリア、スペインとともに）身をもってそれを学んだ。

二〇〇八年の金融危機がヨーロッパ全域に広がると、ギリシャは深刻な景気後退に陥った。雇用はみるみるうちに減少し、税収も一気に落ち込んだ。それと同時に政府は苦境にあえぐ経済を支えるため、大規模な財政出動をした。税収の急減と財政支出の増加という要因があいまって、ギリシャの財政赤字は二〇〇九年にはGDP比一五％を超えた。ユーロを導入したときのルールで、加盟国政府は財政赤字をGDPの三％を超えないようにすることが求められていた。しかし不況があまりに深刻だったため、ギリシャの財政赤字は三％という制限を大幅に上回ってしまった。赤字を埋めるためには、資金を借りなければならない。問題はユーロ体制の下で、ギリシャ政府は支払いをすべて処理してくれる中央銀行を失ったことだ。支出をまかなうためには、事前に資金を「手当て」しなければならなくなった。「（税金＋借金）→支出」モデルはアメリカのような通貨の発行者には当てはまらないが、中央銀行と議会との結びつきを断ち切り、通貨の利用者となったギリシャのような国には当てはまる。まもなくギリシャは問題に直面した。債務を返済できない可能性がある通貨の利用者に、数十億ユーロを融資するのには明らかなリスクがあり、貸し手は相当なプレミアムがなければギリシャ国債を買わなくなったのだ。二〇〇九年から二〇一二年にかけて、それまで六％を下回っていた一〇年物ギリシャ国債の利回りは三五％超に跳ね上がった。

これをアメリカやイギリスのような通貨主権国の状況と比較してみよう。両国では二〇〇七年から〇九年にかけて財政赤字が三倍以上に増えた。両国ともGDP比三％以下だった財政赤字が、二〇〇九年には一〇％近くまで膨れ上がった。それにもかかわらず、同時期に一〇年物国債の平均利率は米国債で三・三％から一・八％へ、英国債は五％から三・六％に低下した。それは両国には通貨の独占的供給者である政府の右腕となる中央銀行があるからだ。この安全装置が投資家に安心感を与える。中央銀行が短期金利をがっちりコントロールし、長期債の金利についても相当な影響力を持つことがわかっているからだ。[7]ギリシャはユーロを採用したことで、この安全装置を放棄した。ギリシャには金欠になる可能性があり、誰もがそれをわかっていた。だから「債券自警団」の襲来を防ぐことができなかった。債券自警団とは、政府債などの金融商品の価格を乱高下させ、金利に予想外の変動をもたらす金融市場（もっと具体的にいえば投資家）の力を指す。最終的には欧州中央銀行が債券自警団を抑え込むことに成功したが、そのためにギリシャ国民は厳しい緊縮財政を押しつけられることになった。[8]

二〇一〇年にはギリシャを含む多くの欧州諸国が本格的な債務危機に陥った。フィッチ、ムーディーズ、スタンダード・プアーズなどの信用格付け機関がギリシャ国債を格下げし、借入コストは制御不能になった。危機が深刻化するなか、ギリシャ政府はデフォルトに陥りかけた。アメリカの政治家はユーロ圏に吹き荒れる危機を見て、議会に財政赤字削減を促し始めた。さもなければギリシャのような債務危機がわが国でもすぐに起こりうるから、と。[9]投資会社バークシャー・ハサウェイのCEOで大富豪のウォーレン・バフェットのような目端の利く投資家は、そんな勘違いはしなかった。「アメリカが独自通貨を発行し続けているかぎり、債務危機とは一切無縁である」と語っている[10]。またバフェットは、ギリシャの債務危機は「ギリシャが貨幣を印刷する力を失ったために起こった。通貨ドラクマを印刷できれば、他の問題が生じていたかもしれないが、債務問題に悩まされることはなかったはずだ」とも語っている[11]。

そうは言っても、やはり何らかの限度はあるのではないか。アイザック・ニュートンの言葉にもある。「上がったものは、いつかは下がる」と。当然債務を永遠に増やし続けることはできないだろう。政府が債務を一切返済しないのであれば、新たに発行する分の買い手を常に探し続けなければならない[12]。そこにはリスクがありそうだ。マーガレット・サッチャーの有名な発言にもあるように「いずれ他人のお金も使い果たしてしまう」。増え続ける国債への新たな投資家を見つけるというと、伝説の詐欺師バーニー・マドフが手を染めたネズミ講を思い浮かべる人もいるのではないか[13]。だが両者は明らかに違う。

マドフは投資家を騙していた。アメリカ財務省は誰も騙してはいない。アラン・グリーンスパン元FRB議長がNBCの番組『ミート・ザ・プレス』で語ったように、こと米国債については「投資家のデフォルトリスクはゼロ」だ[14]。ここで重要なのが、自発的デフォルトと非自発的デフォルトを区別することだ。グリーンスパンの発言は後者に言及している。アメリカはギリシャのように、債券保有者に約束どおり支払いをしたいのに、中央銀行にその処理を命じる権限がないという事態にはならない、と言っているのだ。議会がデット・シーリングの上限引き上げを拒否するといった愚かな選択をすれば、自発的デフォルトが発生する可能性はある。しかしアメリカが債権者の圧力によってデフォルトに追い込まれるリスクはゼロだ。それは政府はこの黄色いドルを緑のドルに換えるという義務をいつでも履行できるからだ。連邦準備銀行のバランスシート上の必要な数字を書き換えればいいだけだ。「他人のお金を使い果たす」リスクも存在しない。サッチャー元首相の認識が誤っていることは、すでに述べたとおりだ。イギリス政府を一般家庭と同じようにとらえ、支出をまかなうには税金を集めるか、他人のお金を借りるしかないと考えていた。

ＭＭＴはこの発想を逆転させ、より適切な実態に即したモデルは「支出→（税金＋借金）」であることを示す。政府はまず支出をし、市中に税金の支払いや国債購入のための資金を供給する。たとえば支出が一〇〇ドルだとしよう。政府が国民経済に一〇〇ドルを支出する。一方、九〇ドルを国民から税金として徴収すれば、政府の赤字分一〇ドルが国民の手元に残ることになる。現在政府は財政赤字と同額の債券を発行している。つまりは「借金」だ。重要なのは、この債券を購入するのに必要な一〇ドルは、もともと政府が赤字支出によって供給したものである、ということだ。このように通貨発行者の支出は「自己調達」でまかなわれる。政府は資金が必要だから国債を発行しているわけではない。国債を発行するのは、準備預金（緑のドル）を保有する人々が、それを米国債に転換できるようにするためだ。目的は政府が資金を調達することではない。金利を維持することだ。

残念ながら政治家はまだＭＭＴの洞察を理解していないため、債務の返済によって財政負担が増えていくと考えている。それは誤りだ。現実には国債の利子を払うのは、政府の他の支払いを処理するのとまったく同じだ。連邦準備銀行が適切な相手の銀行口座の残高を増やせば利払いは完了する。現在、議会は政府予算をゼロサムゲームと考えている。国債の利払いが増えるのを、一般家庭のケーブルテレビ料金が上がるのと同じように考えている。他の支出に充てられるお金が減ってしまう、と。このためCBOの「二〇四六年には政府の利払いが、防衛費をはじめすべての国内事業を含む裁量的支出を上回るようになる」という指摘を受けて、多くの政治家がパニックを起こした。[15]他の優先課題に使えるお金が減ってしまうと思ったからだ。それは事実ではない。議会の予算に制限を課すのは議会だけだ。国民にとって重要な事業への支出を削減したくなければ、議会は単にそれに見合う分だけ大きな予算を承認すればいい。決まった金額しか予算がないわけではない。とはいえある国の経済において、安全に支出の増加を吸収できる余地は限られている。それこそが議会が注意すべき真の制約である。

第二章で見たように、真の制約とはインフレ率を上昇させずに経済が追加支出を吸収できる能力のことだ。利子として支払われるお金は、すべて債券保有者の「所得」になる。だから利払いの規模が大きくなりすぎると、総需要が経済の制限速度を上回るリスクがある。MMTは利子所得の増加が財政刺激策の一形態になりうることを指摘してきた。政府の金利支出は金利収入を上回っており、政府の支払う利子はすべて国債保有者が受け取る。少なくともその一部は新たに生産された財やサービスの購入に支出され、経済に還流するだろう。利子所得のうち、支出されて経済に還流する割合が増えれば、総支出が経済の潜在能力を上回り、インフレ圧力が高まるリスクがある。かつてジョー・バイデン副大統領のチーフエコノミストを務めたジャレッド・バーンスタインが指摘したように、「現在、米国債の四〇%以上は外国人が保有しており、利払いのうち国外へ流出する割合が徐々に高まっている」[16]こともあり、政府による利払いが近い将来、景気過熱を引き起こす可能性は低い。ただ債券保有者の支出増加によって（CPIのような）一般的な物価は上昇しないかもしれないが、利子所得によって一次産品、不動産、株などが買われて「資産インフレ」が起こるリスクはある。

国債の利払いによってインフレが発生するリスク、そして「格差」が悪化するリスクはあるものの、それが財政を圧迫することはない。政府は国債の金利を一切支払うべきではないという声もある。米国債はすでに余裕資金のある人だけが買える贅沢品であり、彼らの緑のドルを黄色いドル（国債）に転換することで政府は富裕層の懐を温め、所得分布の底辺と頂点の格差を広げている、というのがその理由だ。それも一つの見方だが、米国債はリスク分散に役立つ安全資産でもある。労働者階級の人々が年金や退職金を積み立てる際、その一部を国債に投資するのは安全策になる。格差の是非はともかく、政府は常に国債の利子をきちんと支払うからだ。

返済は明日にも可能

二〇一六年四月、《タイム》誌は巻頭特集でアメリカの国家債務問題を取り上げた。書き出しはこうだ。「読者の皆様。あなたには四万二九九八・一二ドルの借金があります。それは一三・九兆ドルの政府債務を帳消しにするために、子供を含めたすべての国民が負担すべき金額です」[17]。みなさんはどうかわからないが、私には四万三〇〇〇ドルもの手持ち資金はない。また、いつか政府債務の「私の分」の支払いを迫られたときのために、お金を貯めておこうとも思わない。そんなことは絶対に起こらないからだ。国民が個人として国家債務の一部を負担しなければならないというのはばかげた考えだ。それは政府を家計と同列に考え、政府の支出は最終的には納税者がまかなう必要があるという誤った認識に基づいている。この論理を通貨発行者に当てはめるのがなぜ誤っているか、ここまで読んでいただいた読者には明白だろう。なぜなら実際には国家債務は明日にでもそっくり返済することが可能であり、そのために国民は誰ひとりとして一セントも拠出する必要はないからだ。

しかし大方の経済学者の見方は違う。重要なのは経済規模に対する債務の割合（対GDP比）なので、経済の成長速度を高めれば「債務問題」は解消に向かうという説もある。分子（債務）が増えても、分母（GDP）がそれ以上の速さで増えれば債務比率は低下する。多くの経済学者にとっては、これが問題に対する正しい認識だ。こう考えると、債務比率が一貫して上昇するのを防ぐのがポイントになる。ある時点で債務比率が低下に転じなければ、債務は数学的に持続不可能になる。数十年にわたり、アメリカの債務は持続不可能な軌道にあるというのが常識だった。債務の軌道を評価するためのあらゆる正式なモデルが、債務の対GDP比が半永久的に一貫して上昇していくことを示しているからだ。[18]

今日、世界で最も影響力のある経済学者のなかにも、結局のところ国家債務は少なくとも当面は持続可能なのかもしれない、という見方が出てきている。こうした主流派経済学者は結論としてMMT派と同じようなパラダイムシフトに至るわけではないが、債務危機の懸念に対してはやや抑えた見方になっている。たとえば二〇一九年一月、世界的に有名な経済学者で国際通貨基金（IMF）のチーフエコノミストも務めたオリヴィエ・ブランシャールが、アメリカ経済学会の年次総会で会長として講演した際には、これが主な論点となった。[19]

ブランシャールはこのとき、アメリカを含む多くの国の債務は、少なくとも当面は持続可能な軌道にあるようだ、と語った。それは今後も近年と同じように債務の金利（r）が経済成長率（g）を下回る状況が続くと見ているためで、この条件（r＜g）が続けば債務の対GDP比が無限に大きくなることはない。ブランシャールの見方が正しければ、アメリカが近い将来債務危機に陥ることはないと予測できる。しかし将来危機が発生する可能性を完全に否定したわけではない。ブランシャールのモデルによれば、金融市場が金利を、経済成長率を上回る水準に押し上げる（r＞g）までは安泰ということだ。金利が経済成長率を上回れば、そしてそれまでに財政が黒字に転換していなければ、債務は持続不可能な軌道に逆戻りする。そうなるまでは安心安全に財政赤字を増やすことができる。

ブランシャールの見解は主流派（メディアおよび政界）のそれと真っ向から対立するものだったため、メディアから大きな注目を浴びた。講演からほんの数日後には、金融情報サイトの《マーケットウォッチ》が「有力経済学者が巨額の政府債務は『それほど問題ではないかもしれない』と発言」という見出しで記事を載せた。[20] その直後には《ウォールストリート・ジャーナル》紙も「債務が不安？　経済学者が早合点は禁物と指摘」という記事を載せた。[21] ブランシャールの発言が重要なものではあったのは間違いないが、その一三年前にMMT派経済学者のスコット・フルワイラーが同じような見解を述べていたことは指摘しておくべきだろう。[22]

フルワイラーの一三年前の研究とブランシャールの最近の研究の違いは、前者が債務の持続性の問題をMMTのレンズから分析していることだ。[23] ブランシャールと異なり、フルワイラーは自らが発行する主権通貨建てで借金をする政府は、債務の持続可能性に不可欠な条件（r＜g）を常に満たせることを指摘している。市場金利を受け入れる必要はない。フルワイラーから見れば

「ブランシャールの財政の持続性に関する考え方は、国債の金利という主要な変数が民間の金融市場で決定されると想定している点において誤っている」[24]。つまり債務の持続可能性に対してブランシャールのほうが慎重な見方をしているのは、金利が最終的に跳ね上がり、ギリシャやアルゼンチンで起きたような債務危機につながる可能性を想定しているからだ。しかしアメリカは（ユーロ建てで借り入れをしていた）ギリシャや、（米ドル建て債務をデフォルトした）アルゼンチンとは違う。アメリカが米国債の金利を自らコントロールできなくなることはあり得ない。フルワイラーの言葉を借りれば、国債の金利は「政治経済的要因」である。つまり政治家は常に市場心理に勝てるのだ[25]。経済学者のジェームズ・ガルブレイスはこれをユーモアたっぷりに「重要なのは金利だ、愚か者！」と表現している。国債金利が経済の成長率を上回らないようにするためのシンプルな方策として、ガルブレイスは中央銀行が「予想金利を低くしておけばいい」とアドバイスしている[26]。これは債務の持続可能性に関するMMTと従来の理論との違いを明確にする非常に重要な指摘だ。MMTの考えでは、重要なのは金利と成長率の関係ではなく、インフレだ。とはいえアメリカ（およびその他の通貨主権国）にとっては持続可能性に関する従来の基準を満たすのも容易なことだ。

たとえば日本の例を見てみよう。日本の債務の対GDP比は二四〇％と、先進国で最高だ。二〇一九年九月末時点で日本の債務残高は一三三五兆五〇〇〇億円と過去最高を記録した[27]。実に一〇〇〇兆円を超えているのだ。エンツィ上院議員が一〇〇〇兆という単位の借金を聞いたらなんと思うだろうか。恐ろしくたくさんのゼロが並んでいる。《タイム》誌が特集するとしたら、「あなたには一〇五〇万円（約九万六〇〇〇ドル）の借金があります」という書き出しになるだろう。しかしアメリカと同じように、日本も債務の持続可能性については何の問題もない。なぜなら日本は通貨主権国であり、日本政府の支払義務をすべて処理してくれる中央銀行があるからだ。金利が好ましくない動きを見せれば日本銀行が止められるので、金融市場が日本を債務危機に追い込むことはできない。日本も日銀のコンピュータのキーボードを叩くだけで、債務をそっくり返済することができる。

世界のほとんどの中央銀行は、たった一つの金利を設定することに注力する。翌日物と呼ばれる超短期金利だ。この金利を厳格に管理し、もっと期間の長い金利については短期政策金利の将来動向に対する市場心理を反映させる。つまり長期国債の金利は、中央銀行が定める翌日物金利と連動するのだ。フルワイラーは「長期金利は（中央銀行の）現在の行動と予測される将来の行動に基づいている」と説明する[28]。このような仕組みの下では、投資家はアメリカ政府が米国債に支払う金利、あるいはイギリス政府が英国債に支払う金利に「多少の」影響力を持つ。ただここがとても重要なのだが、政府はいつでも国債金利への市場の影響力を封じることができる。それこそFRBが第二次世界大戦中からその直後にかけて行ったことであり、日本銀行が今まさにしていることだ[29]。

第二次世界大戦中、FRBは金利上昇を防ぐため「短期米国債については金利を〇・三七五%という低水準に維持することを正式に表明し、長期債は二・五%を暗黙の上限とした[30]」。財政赤字が急拡大し、政府債務が一九四二年の七九〇億ドルから、戦争が終結した一九四五年には二六〇〇億ドルに膨れ上がったものの、連邦政府は長期債に対して二・五%しか金利を支払わなかった。金利をこの水準に維持するためにFRBが行ったのは、単に膨大な米国債を買い入れることだった。ＦＲＢとしては無制限の国債買い入れを約束したわけだが、それは単に売り手の口座の準備預金（緑のドル）の残高を増やすだけの処理であり、特段難しくはなかった。戦争終結後もＦＲＢは政府のために、長期金利を低水準に抑え続けた。財務省とＦＲＢの合意によって財政政策との協調が正式に終了したのは一九五一年のことで、その後ＦＲＢは独立して金融政策を運営できるようになった[31]。

他国の中央銀行は、財政政策と金融政策の明確な協調へと回帰しつつある[32]。日本銀行は三年以上にわたり、「イールドカーブ・コントロール」と呼ばれる政策を実施している。短期金利の固定化に加えて、一〇年物国債の金利をおおむねゼロ％で推移するようにしているのだ。この政策を遂行するため、日銀は膨大な量の国債を買い入れており、その額は二〇一九年六月だけで六・九兆円に達した[33]。この積極的な国債買い入れ制度の結果、現在日銀は国債残高の五〇％近くを保有している。日本は世界の先進国のなかで最も借金が多いとよく言われるが、その債務の半分はすでに中央銀行が実質的に回収（償還）しているわけだ。この割合を一気に一〇〇％に引き上げることも簡単だ。そうすれば日本は世界の先進国のなかで最も借金の少ない国になる。それも一夜のうちに。

ＭＭＴ派はこれを理解しているが、日本のような国（主権通貨の発行国）にとって債務をすべて返済するのがどれほど容易なことか、理解している人は多くない。実際には明日にでも、納税者から一銭も集めることなく実施できるのだが。

数少ない理解者の一人が経済学者のエリック・ロナガンで、二〇一二年に「日本が国債残高を一〇〇％マネタイズしたらどうなるか」という思考実験をしている[34]。日銀が国債をすべて償還したらどうなるか、を少ししゃれた表現にしただけだ。日銀がすでに保有している国債を手に入れた方法と同じで、売り手の銀行口座の残高を増やすだけだ。あくまでも思考実験なので、ロナガンは日銀が魔法の杖をひと振りして、それが実現したと想定する。「日銀が明日、準備預金（貨幣）を創造し、日本国債の残高をすべて買い入れたとしよう」。さあ、債務は消えた。「インフレ、経済成長、通貨に何が起こるだろう」とロナガンは問いかける。ロナガンの見立てでは「日本国債の残高を一〇〇％マネタイズしたところで何も変わらない」。

ばかげた考えだと思う人もいるかもしれない[35]。日銀がいきなり五〇〇兆円を新たに生み出したら、とんでもないインフレが起きるに決まっている、と。大方の経済学者は貨幣数量説（QTM）を何らかのかたちで刷り込まれている。フリードマン派などQTMを信奉する人々は「ジンバブエを見よ！」「ワイマール帝国だ」「ベネズエラ！」などと声高に叫ぶだろう[36]。それはQTMが「インフレはいついかなる場合も貨幣的現象である」と説くからだ[37]。こう考える人々は、国債購入のために新たな貨幣を五〇〇兆円創造すると聞けば、すぐにハイパーインフレが起こると考える。金融市場に身を置くロナガンは、もう少しものがわかっている。日本国債と現金を交換しても、民間部門の純資産には何の変化もない、と正しく指摘している。投資家は国債の代わりに「同じ価値の現金を保有する」ようになっただけである。日本国債の償還によって「純資産」は変わらないが、「収入」にはたしかに影響が出る。それは国債には利子が付くのに対し、現金には利子が付かないからだ。日銀が国債を現金と交換することで、民間部門はそれまで得ていた金利収入をすべて失う。このように国債の償還は民間部門から金利収入を吸い上げる効果がある。これを踏まえたうえで、ロナガンは問いかける。「総資産は変わらず、金利収入は減少し、物価は下落が続いてきた。そうしたなかで日本の家計部門が消費を増やす可能性はあるだろうか」と。ひと言でいえば、答えはノーだ。国債残高をすべて中央銀行のバランスシートで引き受ければ、物価は上がるどころか、むしろ下がるだろう。民間部門から政府の発行する利付債を一気にとりあげるかと聞かれれば私でも躊躇するだろうが、日本政府にその能力があるのは間違いない。アメリカも同じである。[38]

政府債務のない世界

政府債務のない世界を、ちょっと想像してみてほしい。デット・シーリングの上限を引き上げるかどうかを巡って、政治家が芝居がかった暴挙に出て、政府機能が止まることはなくなる。クレジットカードを使い込み、中国から借金をする浪費家とアメリカを比べる者もいなくなる。債券市場を利用できなくなり、ギリシャのようにデフォルトに追い込まれる恐れもない。国家債務を持続可能な軌道にとどめるため、金利を低い水準に抑えることができるか、経済学者が議論することもない。何よりすばらしいのは、国家債務の「自分の分」をどうやってまかなうか、頭を悩ます必要がなくなることだ。アンクル・サムのバンパーステッカーは今すぐ剝《は》がしていい。

実際、アメリカはかつてそれをやったことがある。[39] 一八三五年、アンドリュー・ジャクソンが大統領だった時代で、アメリカ史上、公的債務が完済されたのはこのときだけだ。FRBが設立されるはるか前の話なので、中央銀行が債務をすべて飲み込んだわけではない。[40] 昔ながらのやり方で、つまり赤字財政を転換し、債券保有者にお金を返済したのだ。ただ結果はそれほど芳《かんば》しいものではなかった。

債務をすべて返済するまでには一〇年以上かかった。それが実現したのは、政府の財政が一八二三年から三六年にかけて黒字だったからだ。この間、毎年政府支出を上回る税金を徴収していたため、新たな国債は発行しなかった。そして満期を迎えた国債は返済した[41]。一八三五年にはアメリカは無借金になった。ただ同時に、それまで経験したなかでも最悪の景気後退に突入しようとしていた。あとになってみれば、そうなったのも当然といえる。

財政黒字は経済から資金を吸い上げる。財政赤字はその逆だ。財政赤字は過剰にならないかぎり、民間の所得、売り上げ、利益を下支えし、景気を維持するのに役立つ[42]。必要不可欠とまでは言えないが、長期にわたって財政赤字がない状態が続くと経済は行き詰まる[43]。ピッツバーグ大学の公共問題・国際問題教授で、その研究成果を活発に発表しているフレデリック・セイアーは一九九六年にこう書いている。「アメリカはこれまでに六度の深刻な不況を経験したが、いずれも長期にわたって財政均衡が続いた後に起きている」[44]。表1にセイアーの研究成果を示す。

政府が債務を大幅に減らすたびに、経済は不況に陥ってきた。歴史はそれをはっきりと伝えている。これは驚くべき偶然だろうか。セイアーはそうは思わなかった。政治家を財政黒字化に駆り立てた「経済的神話」、すなわち債務を返済することが道徳的かつ財政的に責任ある行為だという誤った考えこそが元凶であると考えた[45]。MMTの研究から明らかなとおり、政府の黒字は非政府部門に「赤字」を押しつける[46]。問題は、通貨の利用者は赤字を際限なく増やせないことだ。最終的に民間部門は蓄積した債務を処理しきれなくなる。そうなったとき支出は急激に落ち込み、経済は不況に陥る。

表1　アメリカにおける財政黒字と債務削減の歴史

政府債務が返済された期間	債務の減少率（%）	景気後退が始まった年
1817-1821	29%	1819
1823-1836	100%	1837
1852-1857	59%	1857
1867-1873	27%	1873
1880-1893	57%	1893
1920-1930	36%	1929

セイアーが研究成果を発表した後、アメリカでごく短期間（一九九八年～二〇〇一年）財政が黒字化した時期がある。ビル・クリントン大統領の時代で、今でもこれをすばらしい偉業と振り返る民主党員は多い。財政赤字は消滅し、アメリカ政府は数十年ぶりに黒字化した。黒字は一九九八年に始まり、九九年にはホワイトハウスは意気軒高だった。翌年、ホワイトハウスのエコノミストは『債務後の世界』と題したレポートの作成を始めた。二〇一二年には国家債務を完済する、という喜ばしいニュースを伝えるために。

国家債務の完済は、当初は国をあげてのパレードに値するほどの偉業と思われた。ホワイトハウスは当初、毎年発表する『大統領経済報告』でこのニュースを大々的に取り上げるつもりでいた。だがその後、怖気づき、結局報告書のこの章はひっそりと削除された。それが明らかになったのは、ナショナル・パブリック・ラジオ（NPR）の経済番組『プラネットマネー』が、政府の秘密の報告書を入手したからだ。そこには政府が債務をすべて返済するという、恐ろしいシナリオが描かれていた。[47]

ホワイトハウスはそれを全国民に発表せず、ひっそりと隠した。なぜか。それは米国債市場そのものを消し去ることの影響を懸念したからだ。政府高官の多くが国家債務に抱く、愛憎入り混じった感情がまたも頭をもたげたのだ。ホワイトハウスは国家債務の消滅を願いつつ、米国債をすべて消滅させるようなリスクは負えなかった。

政策当局が最も懸念していたのは、FRBから金融政策運営の中心的手段である国債を奪ってしまうことだった。当時FRBは国債を使って短期金利をコントロールしていた。金利を引き上げたいときには、国債を売った。買い手は準備預金の一部でそれを買う。準備預金を減らすことによって、FRBは金利を引き上げることができた[48]。金利を下げたいときはその逆で、国債を買い入れ、その費用は新たな準備預金でまかなう。国債がなくなったら、FRBは金利操作のために別の方法を探さなければならなくなる[49]。

最終的に、問題は自然と解消した。二〇〇二年には財政黒字はなくなり、アメリカは国家債務の完済はおろか、減らすことすらおぼつかなくなった。二〇〇一年に消費支出を支えていた株式市場のバブルが弾け、財政は再び赤字に戻った。二〇〇一年には景気後退が始まった。比較的軽微な景気後退ではあったが、傷跡は残った[50]。次章で見ていくとおり、クリントン政権時代の財政黒字は民間部門のバランスシートを弱め、それは二〇〇七年に始まった大不況によるダメージを深刻化させることになった。

大不況によってFRBの金融政策の運営方法は変わった。二〇〇八年一一月、FRBは量的緩和と呼ばれる大規模な国債購入プログラムを開始し、三度にわたって実施した[51]。目的の一つは、長期金利の引き下げによって景気を刺激することだった。プログラムが終了するまでに、FRB

は約三兆ドルの国債を含む、四・五兆ドルもの債券を買い込んだ。[52]「長期」金利を下げるために量的緩和を実施したことに加えて、「短期」金利を管理する方法も変えた。国債の売買を通じて準備預金を増やしたり減らしたりする代わりに、「より直接的で効率的な金利管理手法」に転換したのだ。[53] 準備預金に金利を払い始めたのである。今日ＦＲＢは準備預金に支払う新たな金利を発表するだけで、その気になればいつでも短期金利を修正できるようになった。

つまり時代は変わった、ということだ。ドルはもはや金《きん》と連動してはいない。アメリカ政府が発行するのは変動相場制の下での不換通貨なので、支出前に徴税や借り入れをする必要はない。第一章で見たとおり、「支出→（税金＋借金）」モデルこそが経済の実態を反映している。税金が重要なのは、政府が支出をまかなうのに必要なためではない。政府支出によってインフレという問題が発生するのを防ぐのに役立つからだ。同じように国債の売り出しが重要なのは、政府の財政赤字をまかなうためではない。過剰な準備預金を除去することで、ＦＲＢが金利目標を達成するのに役立つからだ。しかし準備預金に利子を支払うようになった今、ＦＲＢは金利目標を達成する手段として国債に頼ってはいない。[54]

ならばなぜ、今も国債を発行し続けるのか。私たちは国債を愛すべきなのか、それとも捨てるべきなのか。国家の債務はアレクサンダー・ハミルトンが言うように「国家の宝」なのか。それともバラク・オバマの言うように「無責任」で「非愛国的」な存在なのか。国家債務は大切にすべきなのか、それとも切り捨てるべきか。

ひとつ確かなことがある。誤った方法で国債を減らすのは避けたいということだ。一八三五年のやり方。クリントン時代のやり方。限界のある民間部門の赤字を前提とした財政黒字。次章で見ていくように、それが経済に負の影響を及ぼすことは火を見るより明らかだ。本当に国家債務をなくしたいなら、そんな苦痛をともなわない方法がある。もっともわかりやすいのは、ロナガンが説明した方法だ。中央銀行が準備預金と引き換えに国債を買い入れるのだ。黄色いドルを緑のドルに転換する、なんの痛みもともなわない取引だ。連邦準備銀行でキーボードを操作するだけで実行できる。もう一つの選択肢が、時間をかけて米国債の発行を徐々に減らしていく、というものだ。赤字支出から生まれる準備預金を除去するために国債を売り出すのをやめ、準備預金をそのまま市中にとどめておくのだ[55]。それによってＦＲＢが金融政策を運営する能力が損なわれることはない。ＦＲＢはもはや短期金利目標を達成するために国債を使う必要がないからだ。現在流通している国債は徐々に満期を迎え、徐々に消えていくだろう[56]。

選択肢はもう一つある。私たちが債務と共生するすべを身につけるのだ。ドルを保有する手段として、安全で金利収入が得られる金融商品を提供する行為は、本来なんの危険もともなわない[57]。債務と共生する道を選ぶなら、国家債務と呼ばれるものは過去の記録に過ぎないという事実を受け入れる必要がある。それは私たちを待ち受ける未来ではなく、これまでの歩みだ。そこには一七八九年の誕生以来、アメリカ政府が生み出してきたさまざまな赤字の歴史が刻まれている[58]。おぞましい世界大戦、数多くの不況、そして議員に選ばれた何千人という人々の意思決定の記録である。重要なのは債務の規模（あるいはその保有者）ではない。私たちが過去を振り返ったとき、この国債の山は民主主義を守るために数多くの優れた政策が実施された結果であると、誇りを感じられるかどうかだ。

国債を捨てないのであれば、国家債務と折り合いをつける方法を見つけなければならない。まずは名前を変えるところから始めるのがよいかもしれない。国家の債務は家計の債務とはまるで違うので、「債務」という言葉は誤解や不要な不安を招く。純粋なマネーサプライの一部と見なせばいいのではないか。「黄色いドル」という呼称はしっくりこないかもしれないが、試してみる価値はあるかもしれない。シェークスピアの戯曲『ロミオとジュリエット』に、「名前がなんだというの」という有名なセリフがある。ロミオがモンタギュー家の一員だと知っても、ジュリエットの気持ちは変わらなかった。「バラをなんと呼ぼうと、同じようにかぐわしいわ」と。恋は盲目と言うが、政治の舞台では名前は重要だ。利子の付くドルに、新しい名前を与えるべき時期が来ている。

第四章 あちらの赤字はこちらの黒字

神話4　政府の赤字は民間投資のクラウディングアウトにつながり、国民を貧しくする。

現実　財政赤字は国民の富と貯蓄を増やす。

私たちがよく耳にするのは、比較的単純な財政赤字の神話だ。国の財政は家計と同じようなもので（第一章）、政府は無責任に過剰な支出をしており（第二章）、国家のクレジットカードを使い込んでいる（第三章）、と。これはいずれも大衆向けの神話だ。わかりやすいので、テレビ用のインパクトのあるニュース映像や政治家の街頭演説にはうってつけだ。経済学（およびその他の学問）の専門知識がなくても、メッセージはすんなりと入ってくる。一方、効果的なメッセージに仕立てるのが難しい神話もある。主流派経済学の専門用語を多用するこの手の神話をよく口にするのは、主に学者や政策の専門家といわれる人々だ。一般人が耳にすることはめったにないが、だからといって危険性が低いわけではない。この手の神話の代表格が、クラウディングアウト（押し出し）効果と呼ばれるものだ。

クラウディングアウト神話は通常、次のようなストーリーとして伝えられる。財政赤字は政府に借金を強いるので、その結果政府は民間の借り手と競争することになる。借り入れの原資となる貯蓄には限度があり、誰もがそれを欲しがれば借入コストは上昇する。金利が上昇すれば、民間企業を中心に一部の借り手は事業に必要な資金を確保できなくなる。その結果、民間投資は減少し、将来的に工場、機械設備などのストックは減少する。資本財のストックが減れば、労働者の生産性は低くなり、賃金の伸びは鈍化し、経済の成長力も衰える。たしかにぞっとする話だ。

これはいくつもの理論的前提に基づく複雑なストーリーだ。耳にする機会があるとすればフォックスニュースやMSNBCではなく、政治ニュースを専門に扱うC‐SPANのようなメディアだろう。政治ニュースをよく観る人でも、クラウディングアウト神話の詳しい解説を一度も聞いたことがない可能性もある。しかしワシントンDCでは誰もがこの話題を口にする。

毎年発表され、大きな注目を集める議会予算局（CBO）の『長期財政見通し』では、必ずと言ってよいほど言及される。どの年の報告書をとっても、クラウディングアウト理論に関するセクションが見つかるはずだ。二〇一九年版は財政赤字のリスクについて、次のように述べている。「政府の借り入れが予想どおりに推移すれば、長期的に生産は減少する。政府が個人や企業から借り入れる資金は、本来ならば民間の工場やコンピュータなどの生産財に投資されたはずのものだ[1]」

財政の専門家や学者、政界関係者などプロと呼ばれる人々は、これを金科玉条のごとく掲げる。専門用語を使い、大量の図表やデータとともに提示されることでクラウディングアウト説の信頼性は高まり、厳格に検証された「IF‐THEN条件文」のように機械的に起こる必然的事象という印象を与える。「**もしも**財政赤字によって政府の債務が増えたら、民間投資にまわる資金は**必ず**減少する」「**もしも**貯蓄の供給が減れば、金利は**必ず**上昇する」「**もしも**金利が上昇すれば、民間投資は**必ず**減少する」「**もしも**民間投資が減少すれば、長期的な経済成長は**必ず**鈍化する」。最初のドミノを倒せば、あとは次々と倒れていく。

こうしたストーリーそのものが、影響力の大きい主流派経済学に根差している。リベラル派の代表格であるポール・クルーグマンの《ニューヨーク・タイムズ》紙への寄稿[2]、あるいは保守派の論客であるジョージ・ウィルの《ワシントン・ポスト》紙のコラムなどで[3]目にすることもあるだろう。C‐SPANの視聴者なら、ハーバード大学出身の経済学者で、オバマ政権で経済諮問委員会委員長を務めたジェイソン・ファーマンの議会証言で聞いたことがあるかもしれない。たとえば二〇〇七年一月三一日に上院予算委員会に呼ばれたファーマンは「赤字を垂れ流すのをやめるべきだ」と訴えた。財政の見通しは「国家の貯蓄を食いつぶす重大な問題を示している」。そして経済の安寧を脅かす連鎖反応は「ゆっくりと漸進的に、しかし容赦なく不可避的に進行する」と警告した[4]。

クラウディングアウト説は、財政赤字を社会の進歩を阻む敵のように描き出す。一方、貯蓄は社会を豊かにする民間投資の原資となるので美徳である。財政赤字はこの原資を吸い上げ、経済の繁栄を損なう。財政赤字と民間投資は敵対関係にあり、政府が借り入れをすれば民間企業の投資ニーズを支える貯蓄は必然的に減る[5]。主流派経済学者の間では、これが常識とされてきた。わかりやすく説得力のある話だが、ドミノ倒し的な神話の連鎖と見るべきだろう。

二つのバケツ

ファーマンが二〇〇七年、議員を前に「赤字を垂れ流すのをやめるべきだ」と訴えたのは、財政赤字が一九八〇億ドル、対GDP比一・五％になるとの見通しを憂慮したためだ。議会にはペイゴー原則を立て直し、赤字がそれ以上膨らむのを防ぐよう促した。また「民間貯蓄が一九三九年以来最低の水準である」ことにも懸念を示した。ファーマンは「国家の貯蓄を減らしているのは財政赤字だ」と見ていたが、それはまったく逆である。

二つのバケツを想像してみてほしい。一つは政府のもの。もう一つは政府以外のすべての経済主体の集合的バケツだ。政府部門と非政府部門という経済の二つの部門の間で、ドルがどのように行き来するかを理解するためのわかりやすい方法だ。

この考え方が非常に有効であることを、私はウェイン・ゴドリーから学んだ。セクターバランス分析のフレームワークを提唱したイギリスの経済学者である。一九九七年、私は一年間の研究フェローシップを得てニューヨーク州のハドソンバレーにあるシンクタンク、レヴィ経済研究所に移った。そこでゴドリーと出会ったのだ。私はまだ大学院生だったが、ゴドリーの隣のオフィスを与えられたので、よく一緒に座って何時間も話をした。

ゴドリーは穏やかな、それでいて強い情熱を秘めた人だった。オーボエを演奏し（オフィスで吹くこともあった）、プロの音楽家としての教育も受けていた。人生のほとんどを過ごしたのはイギリスで、ＢＢＣウェルシュ・オーケストラの主席オーボエ奏者を務めたあと、ロイヤルオペラの監督に就任した（一九七六～八七年）。もう一つ、ゴドリーが愛したのが経済学だ。長年イギリス財務省に勤めた後、乞われてケンブリッジ大学に移り、応用経済学部長となった。財務大臣の「七賢人」の一人でもあり、イギリス経済界で高く評価されている。経済の先行きを常に正確に予想することができ、《タイムズ》紙は「マクロ経済予測にかけては当代随一、ただし反逆者であることも多い」と評している。[6] 亡くなった三年後、《ニューヨーク・タイムズ》紙は「危機をモデル化した経済学者、ウェイン・ゴドリー」と題した特集記事を掲載、その功績に敬意を表した。[7]

私はゴドリーがニューヨークに移った二年後にレヴィ経済研究所に入るという幸運に恵まれた。長身痩軀で、論文の推敲中に納得のいく表現が見つからないときには、いらだって、薄くなった白髪をかきむしっていた。ゴドリーは私と同じようにマクロ経済学を専門としていたが、その経済の見方はどこまでも独創的だった。自らマクロ経済モデルをつくっては、それを使ってアメリカ経済を分析した。ある朝私を呼んで、自らのモデルで政府支出の増加の影響をシミュレーションするところを見せてくれた。「いいかい、すべての支出には出どころと行き先があるんだ」

ゴドリーは何ひとつ取りこぼしのないモデルの構築に情熱を傾けていた。経済のすべての変数を含めるために、壮大なマトリクスを作り上げた。すべての金銭的支出が経済システムを移動していく様子を確実に捕捉するにはそれしか方法がない、と言っていた。経済において誰かが支払いをするたびに、必ず誰かが受け取る。「すべての支出には出どころと行き先がある」とはそういう意味だ。かなり複雑なモデルも作っていたが、最も有効だと思っていたのは「世界を表すたった一つの等式」だ。それは私が大学院で学んでいたマクロ経済モデルとは似ても似つかないものだった。何らかの命題に基づくものでもなければ、行動学的前提が忍ばせてあるわけでもなかった。そもそも経済モデルと呼べるかも疑問だった。あらゆる状況に当てはまる、シンプルな会計等式に過ぎなかったからだ。

ゴドリーのどこまでもシンプルなモデルを理解するのに、複雑なマトリクスは要らない。変数は二つしかないからだ。政府の収支と非政府部門の収支である。このゲームにはプレーヤーが二組（政府とそれ以外）しかいないので、政府のすべての支出の行き先は当然一つしかない。同じ理屈から、政府が受け取る支出の出どころは一つしかない。政府の収支（黒字か赤字か）が私たちにどのような影響を及ぼすかを理解するための、シンプルだが非常に説得力のあるモデルだ。またここからは、クラウディングアウトというストーリーが、最初のドミノから完全に間違っていることがわかる。

ゴドリーの言うたった一つの等式とは、次のようなものだ。

政府部門の収支＋非政府部門の収支＝ゼロ

これは理論ではないので、現実世界には当てはまらないようないくつもの前提条件があるわけではない。確固たる会計等式であり、常に真である。アイザック・ニュートンの運動の第三法則「物体が他の物体に力を及ぼすとき、他の物体から同じ大きさの逆向きの力を受ける（作用・反作用の法則）」を少しひねったものと考えてもいい。ゴドリーのモデルからは、経済の片側で赤字が出れば、反対側にちょうど同じだけの黒字が出ることがわかる。否定のしようがない。経済の片側の支払いが受け取る分より多ければ、もう一方はまったく同じだけ受け取る分のほうが多いはずだ。マイナスの反対側には常に同じだけのプラスがある。この等式をゴドリーは次のように書き換えている。

政府部門の赤字＝非政府部門の黒字

これは非常に説得力のある指摘であり、単純なクラウディングアウト説に致命的打撃を与える。それを説明するために、ゴドリーのモデルをさらにわかりやすい言葉に置き換えてみよう。必要なのは二つのバケツだけだ。目的はクラウディングアウト説のなかで、政府の赤字は私たちの貯蓄の一部を侵食する、というくだりを検証することだ。まず経済を構成する二つの部門の間で、金銭的支出がどのように移動するか、例を使って見ていこう。政府が大統領の車列用の新たな車両を調達するのに一〇〇ドルを支出するとしよう。車両を生産するのは、非政府部門の労働者や企業だ。政府の支出の行く先は一つ。非政府部門のバケツだ。また非政府部門が全体として政府に税金として九〇ドルを納めたとしよう。

政府による支出と政府への支出がこれですべてであれば、ＣＢＯは政府の財政赤字は一〇ドル、と報告書に記載し、年次予算報告書に「マイナス一〇ドル」と記録する。だが、これがすべてではない。財政赤字は、経済の非政府部門にとって同額の黒字である。政府の赤字は私たちの黒字だ。お金の流れを追ってみよう。一〇〇ドルが私たちのバケツに入り、九〇ドルが税金の支払いで出ていく。私たちのバケツには一〇ドルが残っている。財政赤字はそっくりそのまま、非政府部門のバケツに「お金を足すこと」だ（図3）。

ゴドリーは細部にこだわった。ゴドリーのモデルには、ストックとフローの一貫性がある。つまり私たちのバケツに「フロー」として入ってくる資金の合計は、最終的に「ストック」として蓄積する資産と完全に一致するということだ。片方から流出した資金はもう一方の流入となり、時間の経過とともにそれぞれの金融資産のストックとなる。どういうことか理解するために、湯船を思い浮かべてみよう。蛇口をひねれば湯船にお湯が入り、栓を抜けばお湯は流れ出ていく。

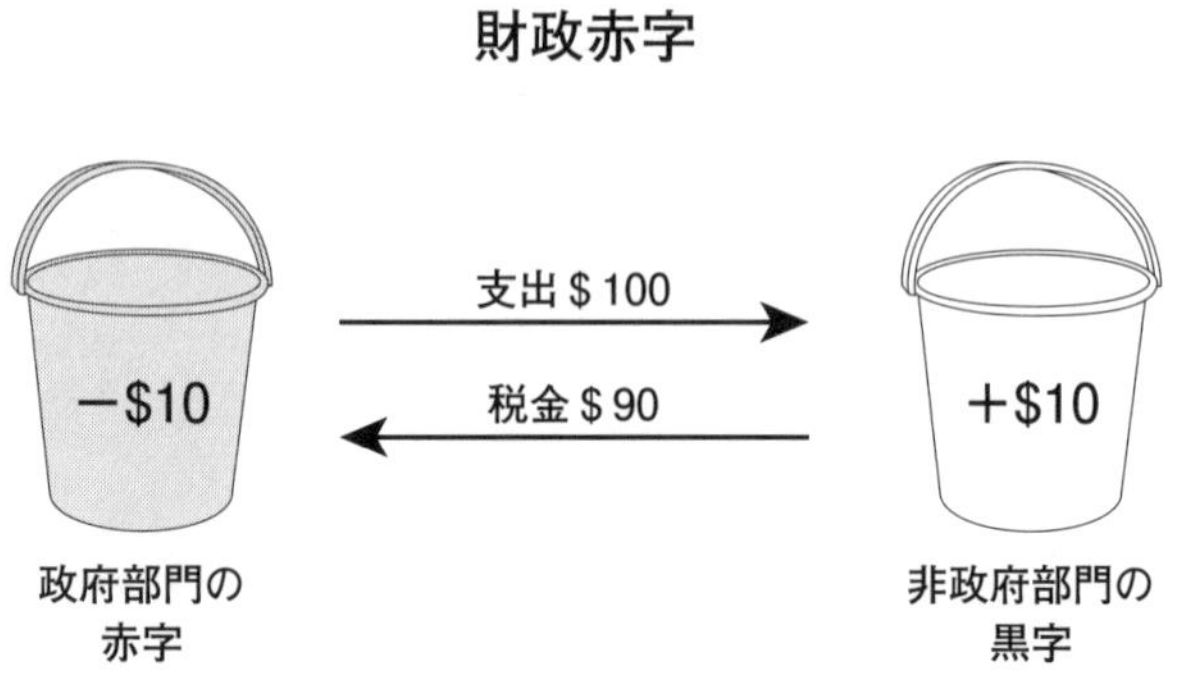

図3　政府の収支が赤字になる

流出量が少なくとも流入量と同じなら、湯船にお湯がたまることはない。しかし入ってくるお湯の量が出ていく量より多ければ、徐々に湯船の水位は上昇していく。それこそ図3の例で起きていることだ。政府は一〇〇ドルを私たちのバケツに流し入れる一方、抜き去るのは九〇ドルだけだ。ファーマンが嘆いた政府の赤字は、私たちのバケツにドルを注ぎ込む。財政赤字は国民の貯蓄を食いつぶすのではない。むしろ増やすのだ。

　政府がこのペースで赤字支出を続ければ、毎年一〇ドルずつ私たちのバケツに貯まっていく。時間が経つにつれて、それが積み重なり、私たちの金融資産となる。このペースが続けば一〇年後にはバケツに一〇〇ドルが蓄積されるだろう。借り入れの話はこの後にするとして、まず議会がファーマンのアドバイスに従い、赤字をなくしてペイゴー原則で財政運営したらどうなるかを見てみよう（図4）。

　支出を税収の範囲内にとどめることで、恐ろしい財政赤字は消滅する。だがどうしたことか。非政府部門のバケツから黒字が消えてしまった。これが好ましい結果の

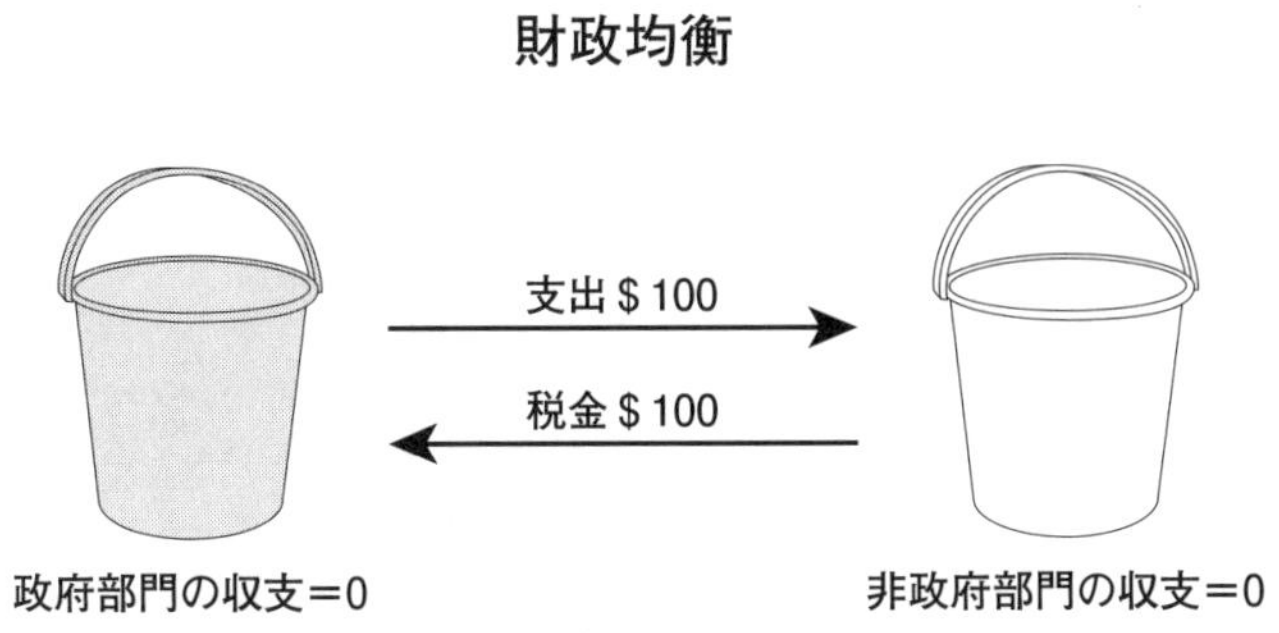

図４　政府の収支が均衡する

可能性もある。「財政上の結果」ではなく、「経済的結果」に注目せよ、というのがＭＭＴの主張だ。財政均衡によって経済全体の状況が良くなれば、すなわち完全雇用や物価安定が実現すれば、財政均衡に文句を言う筋合いはない。しかし通常、経済の均衡を保つには、財政赤字による支援が必要だ。重要なのは財政赤字が大きくなりすぎる、あるいは小さくなりすぎるのを防ぐことだ。

　第二章では財政支出が多すぎたり、徴税が少なすぎたりすると問題を引き起こすことを見てきた。政府が一切税金を徴収せず、支出した金額をすべて非政府部門のバケツに残す、という極端なシナリオを考えてみよう。それは湯船の栓を閉じるようなもので、私たちのバケツには政府支出がすべて残る。まもなく湯船はあふれ、経済は過熱する。バケツにはお金があふれ、すぐに物価が上昇し始める。適正な赤字の規模とは、経済がインフレ率の上昇をともなわず順調に推移するのを支えるのにちょうど良い量だ。

　赤字は大きすぎることもあれば、小さすぎることもある。最後にもう一度、二つのバケツを使って、高く評価

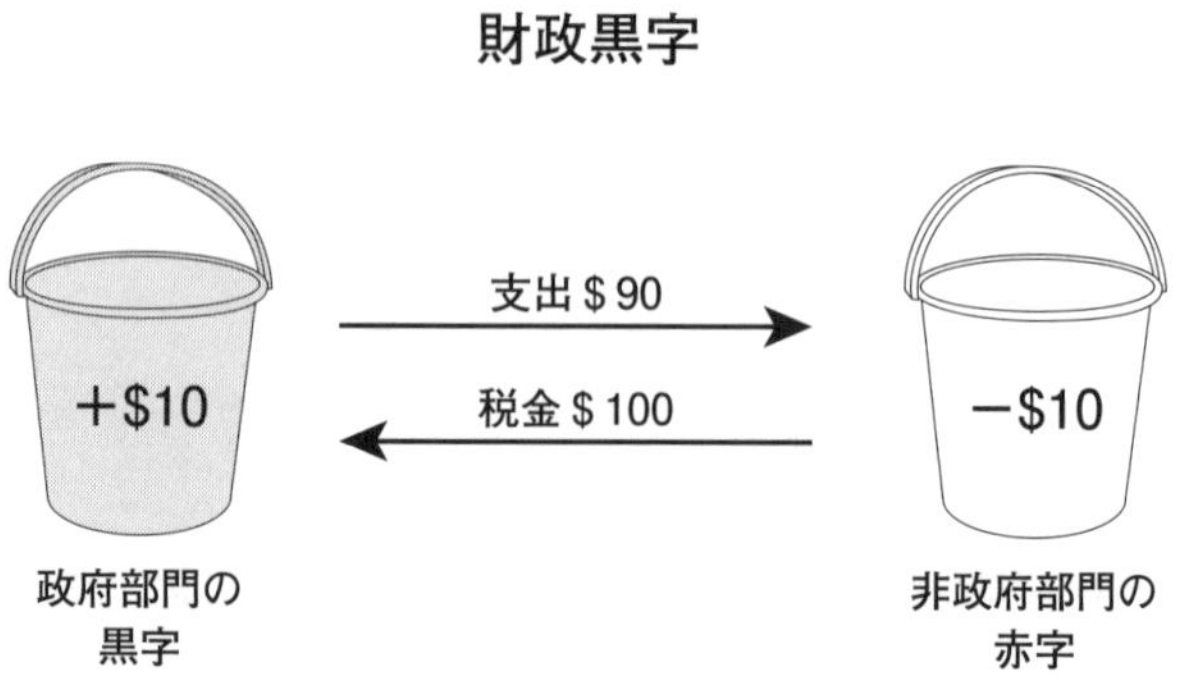

図５　政府の収支が黒字になる

されているクリントン政権時代の財政黒字（一九九八年〜二〇〇一年）を振り返ってみよう（図５）。一九九八年以前の政府は一貫して赤字を出していた。だが突然、状況は逆転した。政府のバケツから私たちのバケツにドルが流れ込んでくるのではなく、逆方向に流れ出したのだ。政府の側にプラスサインが付き、私たちのほうにマイナスが付いた。簡単な数字を使って説明しよう。一九九八年に政府は黒字化するため、私たちのバケツに支出する額（九〇ドル）より税金として回収する額（一〇〇ドル）を多くした。「現在」の支出よりも回収する金額を多くするには、「過去」に私たちに提供した資金の一部を回収するしかない。

翌年も政府のバランスシートから赤字は消えた。政府はいまや黒字化したのだ。だがシャンパンを開けるのはまだ早い。財政黒字の反対には、常に同額の赤字がある。つまり政府の黒字は、民間部門の赤字になるのだ。クリントン時代の黒字によって、私たちはそれまでバケツに蓄えてきた貯蓄の一部を手放すことになった。クラウディングアウト説の認識はあべこべである。民間の貯蓄を食いつぶすのは、財政赤字ではなく財政黒字なのだ。

なぜこの事実を指摘する経済学者がほとんどいないのか。ＣＢＯは毎年財政見通しを発表するとき、話の半分しか伝えていない。政府の現在（および将来）の財政収支を報告しつつ、それが反対側にある私たちのバケツにどのような影響を及ぼすかには一切触れない。政治家や評論家が国民を脅かすのに使えるデータ（巨額の恐ろしい財政赤字）を提供する一方、その赤字が民間部門の収支に「必然的に」及ぼす影響を説明しようとしない。だから国民の目には、片方から見た財政赤字に関する偏った報道しか映らない。たとえば二〇一九年七月、《ニューヨーク・ポスト》紙は「財政赤字一兆ドルの未来が確定」という見出しで論説記事を載せた。[8] その一年前には《ウォールストリート・ジャーナル》紙が同じような見出しで記事を書いている。「一兆ドルの財政赤字が『ニューノーマル』になる理由」。問題は誰も読者に全体像を示そうとしないことだ。政府の財政見通しだけがすべてであるかのように伝える。だがそれは違う。

このような論調を正すには、赤字のフクロウの視点が必要だ。第三章で紹介した財政赤字のタカ派やハト派は、政府の赤字について騒ぎ立てる一方、それが国民にとって何を意味するかを説明しようとしない。全体像を理解するには、支出の流れを別の角度から見なければならない。だからこそフクロウのほうがタカやハトより有利なのだ。フクロウの頭は可動域が広いので、他の鳥たちが見落としているものが見える。全体像を知りたいときには、フクロウに頼るべきだ。

ゴドリーは赤字のフクロウだった。だから財政が一九九八年に黒字転換したとき、他の人々には見えなかったものが見えたのだ。民主党の政治家や大方の経済学者がクリントン政権の黒字を称賛するなかで、ゴドリーは警鐘を鳴らした。[9] ゴドリーのモデルは何ひとつ漏らさないため、政府の黒字が国民の貯蓄の一部を吸い上げていることがわかっていた。大統領経済諮問委員会が『債務後の世界』という筋の悪い報告書の作成にいそしんでいる間に[10]、ゴドリーは誰も触れようとしない「民間部門の赤字」を指摘するレポートを発表し続けた。クリントン政権下の財政黒字が景気回復を阻み、最終的に赤字に逆戻りすることを予測したのは、事実上ゴドリーただ一人だった[11]。その原因は財政黒字によって国民の金銭的な富が減少し、購買力は低下し、経済を支えるだけの支出ができなくなるためだ。

ゴドリーのアプローチは、「純粋に金銭面だけを見れば」財政赤字は必ず誰かにとってプラスであることを示している。それは政府の赤字は常に、一セント単位で正確に、非政府部門のバケツの黒字と一致するからだ。マクロレベルで見れば、政府の赤字は常に民間の黒字なのだ。政府の支出が税金で回収する金額を上回れば、私たちはそれを金銭的な富として蓄えることができる。しかし「私たち」とはいったい誰なのか。

高度三万フィートの上空から見れば、政府から流れ出るドルは、政府以外の全員を含む巨大なバケツに吸い込まれていくことしかわからない。あなたも私も、この巨大なバケツのなかにいる。ボーイングやキャタピラーのような大企業も、一緒にいる。中国、メキシコ、日本などの貿易相手国も。ジョン・F・ケネディ大統領は「上げ潮はすべての船を持ち上げる」とよく口にした。経済が上向けば、全員が恩恵を被るという意味だ。ゴドリーのモデルは、財政赤字は「必ず」非政府部門の全体としての（金銭的）船を持ち上げることを示している。しかし大きなバケツの中で浮いている、たくさんの個別の船はどうなのか。

財政赤字には何百万という小さな船を持ち上げる「潜在力」はあるが、政府の赤字は経済全体に十分行き渡らないことがあまりに多い。大企業や社会の最富裕層に偏った減税は富を彼らのバケツに注ぎ込む一方、何百万という家族は船が沈まないようにするだけで精一杯だ。豊かさをより幅広い層に行き渡らせることが目的であれば、資源を公平に分配するような財政赤字が必要だ。たとえば医療、教育、公共インフラへの投資は、実際にそこで働く医療従事者や教師や建設作業員に恩恵をもたらすだけではない。患者、生徒、運転手など優れた公共サービスを利用するすべての人が恩恵を被る。[12] そして財政赤字が低所得層や中所得層の家族の手に渡れば、そのお金は海外の銀行口座に死蔵されることはない。支出されて経済に還流し、同じような家族の船を持ち上げるのに役立つ。

つまり、あらゆる財政赤字が幅広い国民の利益になるわけではない。財政赤字は毒にも薬にもなる。ほんのひと握りの層を富ませ、お金と権力のある人々の豪華ヨットを新たな高みに浮上させる一方、数百万人を置き去りにすることもある。世界を不安定化させ、数百万人の命を奪う不当な戦争の資金をまかなうこともある。その一方で、命を守り、ひと握りではなく多くの国民を幸福にするまっとうな経済の構築に役立つこともできる。ただひとつ、財政赤字にできないのは、非政府部門の貯蓄を食いつぶすことだ。[13]

金利は政策の変数

クラウディングアウト説は、第一章で見た「(税金＋借金)→支出」というモデルに依拠している。このモデルは政府を自らの支出を税金か借金でまかなわなければならない通貨の利用者として扱っている。税金として集めた金額以上を支出したければ、不足（赤字）は借金で埋めなければならない。従来の経済学者はタカ派もハト派も同じように、「もしも」政府が赤字を埋め合わせるために借金をすれば、「必ず」企業など民間の借り手が入手できたはずの貯蓄が使われる、と考えてきた。この話には続きがあり、「もしも」貯蓄の供給が減少すれば、わずかな資金をめぐって借り手が競争するため「必ず」金利は上昇し、借入コストは高くなる、という。

政府の赤字支出が、非政府部門全体としての貯蓄を増やすことはすでに見たとおりだ。では政府が赤字になり借金をした場合、何が起こるのか。本当に非政府部門の貯蓄を食いつぶし、金利上昇を招くのか。答えは「ノー」である。

資金のクラウディングアウト説は、借金のニーズに対する貯蓄の供給は「一定である」という想定に基づいている。世界のどこかにドル紙幣が山積みされている様子を想像してみてほしい。お金はあるが、すべてを使ってしまいたくないと思っている貯蓄者が置いていったものだ。これが借り手に提供されるわけだが、それには対価が求められる。貯蓄者は貸したお金に対して利子を稼ぎ、一方借り手はこの資金を使う対価として貯蓄者に利子を支払う。シンプルな需要と供給の話で、金利が資金の需要と供給を均衡させる役割を果たす。政府の財政赤字がなければ、民間の借り手の需要しかないことになる。それでも貸付資金をめぐる競争はあるが、企業の競争相手は民間部門の他の借り手に限定される。[14] 政府との競争がなければ、貯蓄のすべてが民間投資をまかなうのに使われる。しかし財政が赤字になると、政府もこの貯蓄の一部を手に入れようとする。その結果、民間投資のための資金の供給が細り、借入コストは上昇し、事業活動の資金を調達できない企業も出てくる。金利上昇によるクラウディングアウトを招くとされるのは、財政赤字そのものではなく、赤字をまかなうための借り入れだ。

　ＭＭＴはこの「借り入れは希少な金融資源によって制約される」という貸付資金説を否定する。ＭＭＴ派経済学者のスコット・フルワイラーの言うように、「従来の分析は、現代金融システムの実態とまったく合致しない」[15]。これを説明するために、政府が赤字支出にともなって国債を発行するとき、実際に何が起こるかじっくり見ていこう。ＭＭＴは政府の財政は家計とは違うことを理解しているため、「（税金＋借金）→支出」モデルを否定し、その代わりに通貨発行者の「支出→（税金＋借金）」モデルを採る。このモデルでは（一般家庭と違って）政府は収入に制約されないので、まず支出をしてから課税や借り入れを行う。議会が新たな支出一〇〇ドルを承認したとしよう。政府が支出を開始すると、お金は非政府部門のバケツに入る。ここでまた九〇ドルが税金の支払いに使われたとする。

　図3ですでに見たとおり、政府の赤字によって一〇ドルが私たちの手元に残る。これは今、非政府部門のバケツに入っている。もしこれですべてであれば、ドルはデジタル通貨か物理的通貨、すなわち緑のドル（第一章で説明した緑のドルの定義を思い出してほしい。緑のドルは準備預金か紙幣か硬貨のかたちで存在している）として私たちの手元にある。政府がそのまま私たちに緑のドルを持たせておくとすれば、財政赤字であっても国債を発行せず、私たちが（不幸にも）国家債務と呼ぶものの残高を増やさずに済む。しかし現状は違う。現在の取り決めの下では、政府は財政赤字を出すたびに国債を発行する。これは通常「借り入れ」と称されるが、第三章で見たとおり、実はかなり的外れな名前である。というのも政府自身が赤字を出すことによって、国債購入に必要な資金を提供しているからだ。政府が一〇ドルの赤字に見合う国債を発行するのは、

私たちのバケツから緑の一〇ドルを回収し、それを国債という名の黄色い一〇ドルに変えるだけのことだ。図6は、政府が非政府部門のバケツから緑のドルを取り出し、金利の付く国債と交換する様子を示している。

このプロセスが一巡すると、政府は一〇〇ドルを支出して私たちのバケツに入れ、税金として九〇ドルを引き出し、残った一〇ドルを国債と呼ばれる黄色いドルに交換している。この国債はいまや国内と世界中の貯蓄者が保有する資産の一部となった。ゴドリーのモデルから明らかなとおり、政府の赤字は非政府部門のバケツにぴったり同じ金額の資産の「増加」をもたらす[16]。これは仮説でもなければ主観でもない。ストックとフローの会計的一貫性という観点から、動かしようのない事実だ。

このように財政赤字はたとえ政府による借り入れをともなうとしても、貯蓄の供給を細らせることはない。そうだとすれば貯蓄プールの縮小が原因となって、借入コストが上昇することもあり得ない。これは明らかに、政府の支出と民間の投資が「有限の」貯蓄プールを奪い合うとする、従来のクラウディングアウト説に問題があることを示している。

貸付資金説が現実と合致しないのは、政府を通貨の「利用者」のように扱っているからだ。この浮世離れしたレンズを外せば、アメリカのような国は資金を借り入れに依存していないこと、そして国債を発行するときに民間投資家の温情にすがっているわけではないことがわかる[17]。政府は必要な支出をまかなうため、帽子を片手に施しを求める物乞いではない。堂々たる通貨の発行者だ。借り入れをする（しない）は自らの選択であり、議会は発行する国債の金利を常に決定することができる。これはあらゆる国について言えることではないが、通貨主権を持つ国の場合は

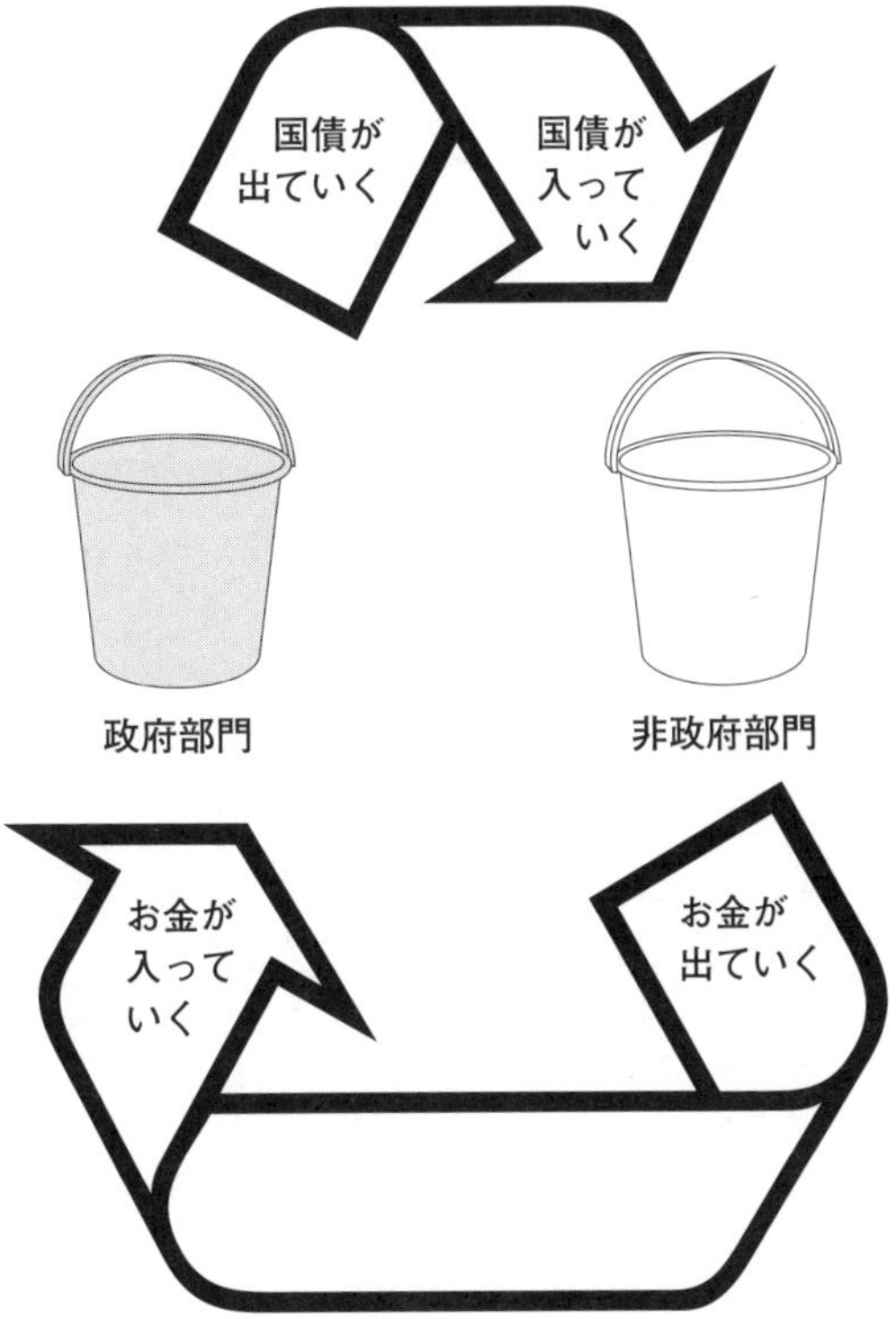

図6　政府の「借り入れ」

常に真である。[18]

この区別はきわめて重要だ。というのも財政赤字は金利上昇を招く場合もある、という従来の説には一面の真理があるからだ。しかしその伝え方には慎重を期すべきだ。ＭＭＴは通貨制度と赤字財政の関係に目を向け、金利上昇のメカニズムについて過度に単純化した見方を否定する。何より重要なのは、その国の「通貨体制」だ。ギリシャ、ベネズエラ、アルゼンチンと異なり、通貨主権を持つ国は金融市場に振りまわされることはない。それを説明するために、アメリカのような通貨主権国が財政赤字を出すとき、実際に何が起こるかを見てみよう。

ＭＭＴによると、アメリカ政府は支出するとき、民間銀行の準備預金残高を増やす。それを受けて民間銀行は、政府から支払いを受ける個人や企業の銀行口座の残高を増やす。たとえばあなたが政府から一〇〇〇ドルの小切手を受け取り、それを銀行に預けると、銀行が連邦準備銀行に持つ準備預金口座の残高が一〇〇〇ドル増え、あなた自身の銀行口座にも一〇〇〇ドルが追加される。一方、あなたが政府に支払いをする場合、それと逆のことが起こる。たとえば連邦所得税を支払うために五〇〇〇ドルの小切手を切ると、銀行はその金額をあなたの口座から差し引き、連銀はあなたの銀行の準備預金残高から同じ金額を引く。政府が税収を上回る支出をしているとき、銀行システムの準備預金残高は増える。要するに財政赤字は、準備預金の「総供給量」を増やすのだ。

その次に何をするかは、完全な政策判断だ。アメリカ政府が現在行っているように、借金をするというのがひとつの選択肢だ。新たに増えた準備預金を、国債に置き換えるのだ。このとき銀行システムの準備預金残高は変わらない。ＭＭＴの視点から見れば、国債発行の目的は政府の支出を「まかなう」ことではない（支出はすでに行われているのだから）。市中に大量に流れ込んだ準備預金が翌日物金利を、ＦＲＢの目標水準以下に押し下げるのを防ぐことだ[19]。議会はいつでも国債を発行しないことを選択できるという意味で、国債発行は完全に任意の政策行動である[20]。

アメリカには通貨主権があるので、借り入れやそれにかかる金利の管理については、たくさんの選択肢がある。短期金利は厳格に管理する一方、長期金利についてはある程度市場に任せる、というのがそのひとつで、現在アメリカが実践している方法だ。あるいは第二次世界大戦中と戦後に実施したように、そして現在日本銀行が行っているように、長期金利を管理することもできる。国債を一掃することさえ可能だ。そうすれば政府の「借り入れ」が金利上昇をもたらす、というクラウディングアウト説を唱えること自体が不可能になる。要するに、財政赤字そのものにクラウディングアウトのリスクはまったくない。貸付資金説は、明らかな間違いだ。財政赤字は国債発行をともなうか否かにかかわらず、必然的に金利上昇を引き起こすものではない。

その理由を説明するために、現在の国債発行の仕組みを簡単に見ていこう。今日、財政が赤字になるたびに、財務省はリスクフリーの有価証券を発行する。この有価証券にリスクがないとされるのは、通貨発行能力のある政府は、債券が自国通貨建てで発行されているかぎり必ず償還できるからだ。日本は常に円を返済できるし、アメリカも米ドルをいつでも返済できる。イギリス政府は英ポンド建て債券を必ず償還できる。ここに挙げたどの国の政府も（他の通貨主権国も同様に）、国債を民間の買い手に売却する際には特定の手続きを踏む。

アメリカは民間市場で国債を販売する際、入札を実施する。財政赤字が見込まれる場合、財務省は予定される赤字と同額の国債発行を計画する。財務省が発行する国債の数量を決定し、市場参加者（投資家）は限りある供給を奪い合うことになる。最初に国債が売却されるのはプライマリーマーケット（一次市場）で、そこではプライマリーディーラー（政府証券公認ディーラー）と呼ばれる特定の買い手だけが入札できる。プライマリーディーラーはニューヨーク連邦準備銀行の取引相手と定義されている。現在はウェルズファーゴ、モルガンスタンレー、バンクオブアメリカ、シティグループなど二〇社強のプライマリーディーラーが存在する。プライマリーマーケットで売却された後は、セカンダリーマーケット（二次市場）で流通し、年金基金、ヘッジファンド、州政府や自治体、保険会社、海外の投資家などが購入する。国債の金利は競争入札の過程で決定される。プライマリーディーラーが入札のたびに国債の買い値を提示し、「値付け」するのだ。[21]

政府が二〇〇〇億ドルの財政赤字になると見込まれる場合、財務省はそれと同額の入札を実施する。[22]入札のたびに財務省は入札日、発行量、額面価格、満期を決定する。[23]二〇〇〇億ドルの入札の一部として、財務省が額面一〇〇〇ドルの一〇年債を発行するとしよう。入札が始まると、プライマリーディーラーはそれぞれ一部を獲得しようとする。あるディーラーは一〇〇〇ドルあたり年二〇ドルの利子が得られるなら、一定量の国債を購入するという意思を示す。別のディーラーは年一八ドル、また別のディーラーは年二二ドルの利子を求める。それぞれが異なるリターンを念頭に置いているわけだ。この例では最初のディーラーは年二％、次が一・八％、最後が二・二％の利率を要求している。年二〇ドルを求めるディーラーが国債の一部を落札すると、FRBはそれに応じた金額をそのディーラーの準備預金口座から減額する。同時に、それから一〇年にわたって毎年二％の利子を支払う国債を貸方に記入する。[24]一〇年後までに、一〇〇〇ドルの国債に対して合計二〇〇ドルの利子を払うことになる。[25]

プライマリーディーラーは合理的な利率で入札することを求められるが、同一条件で入札する必要はない。年利二％では低すぎると思えば、入札価格を低くして、高い利回りを狙うこともできる。しかし入札価格が低ければ、落札できる見込みは低くなる。ここで債券の利回り（金利）と債券価格の関係を理解しておこう。投資家からの需要が旺盛《おうせい》なら、債券価格は「上がる」。だが債券価格と利回りは逆方向に動くので、債券価格が上がれば金利は「下がる」。プライマリーディーラーが低金利でも国債を買う意欲を示せば、政府の借り入れコストは低くなる。一方ディーラーが低い価格で入札するのは、高い利回りを求めているということだ。全般的に入札価格が低ければ、財務省は入札発表時に想定していたより高い金利を支払うことになる。

現実には米国債の入札では、常に募集を上回る需要がある。つまり発行量を上回る入札があるのだ。元財務省副長官のフランク・ニューマンは、かつて私にこう言った。「毎回の入札では決まって、限られた発行量を上回る需要がある。入札の勝者は、米ドル建ての金融商品のなかで最も安全で流動性が高いものに資金を換えられる。敗者は資金を準備預金のまま置いておくことになり、銀行の破綻リスクを負うことになる」[26]。常に需要が供給を上回ることから、比較的低い価格で入札すれば落札できずに終わる可能性が高い。誰よりも積極的に入札した者は、準備預金の一部を国債に交換できる。勝者と敗者を分けるため、政府は入札価格を最高額から最低額までランク付けする。最高値（最低金利）で入札したディーラーは、常に勝者となる。次は二番目に入札価格が高かったディーラーという具合に、発行量がすべてなくなるまで割り当てられていく。

まるでクラウディングアウト説が想定する、貸付資金の市場のようだと思うかもしれない。だがそうではない。プライマリーマーケットは政府が自らの新発債の取引のためだけに設置した、実在する市場である。[27]つまり財政運営の一環として、国債を民間の手に渡すためだけに政府が創った市場である。政府は他の借り手もいる市場で競争するわけではない。国債を落札しようと競争するのは、二〇数社のプライマリーディーラー（貸し手）だ。すべての入札は、財務省とＦＲＢが調整したうえで実施する。つまりたとえ予想を上回るような大規模な財政赤字が出たとしても、資金調達に一切問題は発生しないのだ。それはＦＲＢがプライマリーディーラーを支えるためだ。「支える」とは要するに、国債入札プロセスに支障が生じるようなことがあれば、プライマリーディーラーが利益を確保しつつ妥当な価格ですべての発行量に見合うだけの入札をできるように、ＦＲＢが必要なだけ資金を供給するということだ。このような取り決めがある以上、国債の金利は政策的に決定され、政府が貸し手から押しつけられるものではないことは明白だ。

　それでは財政赤字と金利との「本当の」関係とは、どのようなものか。ひとつ、確かな答えがある。財政赤字は翌日物金利を「低下」させる。もし国債発行や中央銀行による何らかの防衛策がなければ、財政赤字によって短期金利はゼロまで下がる。それは赤字支出によって銀行システムには過剰な準備預金があふれ、準備預金の過剰な供給によってフェデラル・ファンド（ＦＦ）金利がゼロになるからだ。[28]中央銀行がゼロ金利を容認したくなければ、金利をプラス方向に動かすために手を打たなければならない。過去（二〇〇八年以前）には、金利がＦＲＢの目標に達するまで国債を売り、準備預金を除去するという公開市場操作によってそれを行っていた。現在は金利目標を「宣言」することで、それを達成している。金利を修正したければ、単に新たな目標を発表するだけで、金利は新たな水準（高いこともあれば低いこともある）になる。重要なのは、何らかの明確な介入がなければ、財政赤字は自然と短期金利をゼロに押し下げるということだ。[29]

他の金利はどうか。プライマリーディーラーであるというのは、金の卵を産む「金のガチョウ」を飼っているようなものだ。財務省の財政運営を支える金融システムに指定席を確保するだけで、利益を保証されるのだから。このような特権的地位を危険にさらそうとするプライマリーディーラーなどいない。地位を守るために必要なのは、入札のたびに適度に国債を買えるように、合理的な価格で入札することだけだ。キーワードは「合理的」だ。これはディーラーがＦＲＢがほぼ牛耳っている現在の金利にきわめて近い水準で入札しなければならないことを意味する。このためプライマリーディーラーが正式に提出する入札価格は、それぞれの希望するリターンを反映しているとされるが、最終的に受け入れなければならないリターンは彼らのコントロールの及ばないものだ。世界の国債市場のほぼ三分の一で（名目）金利がマイナス水準にあることからも、それは明白だ。それは日本銀行、欧州中央銀行、スウェーデンのリクスバンク、デンマーク国立銀行、スイス国立銀行がそろって短期金利をゼロ以下に設定しているためだ。

民間投資家に国債を売却するというと、政府は資金を貯蓄者に依存しており、金融市場は民間の貸し手が決めた金利を政府に押しつけることができるような印象（幻想）を与える。それは現実とは異なる。通貨主権国の政府は、支出をするために誰からも自国通貨を借りる必要はない。またたとえ借り入れをするにしても、国債に支払う金利には相当な影響力を行使できる。プライマリーディーラーは「希望する」金利を伝えることはできるが、ＦＲＢが望めばいつでも金利水準を低くできる。

敏腕投資家がよく口にする言葉に「ＦＲＢとは戦うな」というものがある。ＦＲＢが金利を下げる意思を示したら、金利の低下に備えるのが賢明だ。断固たる意思を持った中央銀行と逆方向に相場をはった投資家は、ほぼ必ず損をする。（大失敗として）最も有名な例の一つが、カイル・バスという投資家のそれだ。日本国債は持続不可能な水準にあると確信したバスは、日本国債でショート（売り）ポジションをとった。国債をショートするとは、国債の価格がいずれ下がり、利回りが上昇することに賭けたわけだ。バスは（同じポジションを取った他の投資家と同じように）この取引戦略によって莫大な損失を被った。日本国債をショートして生き残った投資家はほとんどいないため、これは致命的な悪手として知られるようになった。

大方の経済学者の主張に反して、財政赤字と金利の間には宿命的な関係などない。中央銀行が金利を維持する、あるいは下げると決めたら、従来型のクラウディングアウト説が想定するような財政赤字による金利上昇は起きない。少し歴史を調べればわかることだ。

一九四二年から四七年にかけて、FRBは財務省の命を受けて政府の借入コストを徹底的に管理した。第二次世界大戦のための支出によって、一九四三年には財政赤字が対GDP比二五％に達したものの、金利は低下傾向をたどった。それはFRBが短期国債の金利を〇・三七五％に、二五年債の金利を二・五％に固定したためである。MMT派経済学者のL・ランダル・レイはこう指摘する。「政府は中央銀行が決定した金利で『借り入れ』（国債の発行）をすることができる。中央銀行が短期国債の金利を固定するのは比較的容易で、決まった価格で無制限に買い入れる姿勢を見せればいい。これはまさにFRBが一九五一年まで実施したことで、銀行は過剰な準備預金を利付債に転換することができたが、金利はきわめて低かった」[30]

財務省とFRBの一九五一年合意によって、FRBが財務省のために金利を管理する役割は正式には終わった。だがそれによって金利を管理するFRBの能力が失われたわけではない。FRBはたとえ財政赤字が急増しても金利を下げる能力を今も持っている。ここ一〇年のFRBの政策を多少なりとも見てきた者には明白だろう。二〇〇八年に経済が深刻な状況に陥ったとき、財政赤字は対GDP比一〇％以上に急増した。赤字が拡大するなか、FRBは翌日物金利をゼロに切り下げ、そのまま七年にわたって維持した。それに加えて三回にわたって量的緩和を実施し、国債と住宅ローン担保証券を買い入れることで長期金利も引き下げた。財政赤字は常に金利上昇を招くと主張する人は、第二次世界大戦の歴史を完全に忘れたうえに、近年の出来事を無視しているのだろう。しかも、これはアメリカに限った話ではない。

二〇一六年以来、日本銀行はイールドカーブの目標を明確に表明してきた[31]。つまり日銀は（FRBのように）翌日物金利を管理するだけでなく、長期金利も実質的に設定しているのだ。この方法が「イールドカーブ・コントロール」と呼ばれるのは、一〇年債のイールド（利回り）をコントロールするからだ。現在日銀は一〇年物国債の金利を、ゼロ％近くに維持すると決めている。その方法は利回りがゼロ％より高くなるのを防ぐため、必要なだけ国債を購入するというものだ。金利引き下げを目的とするという点では、量的緩和に似ている。しかしイールドカーブ・コントロールのほうが思い切った政策と言える。というのも日銀が一定期間内に購入する国債の数量があらかじめ決められていないためだ。イールドカーブ・コントロールは一定額（量）の債券購入ではなく、一定の金利（価格）を維持することにコミットする。日銀の政策は、たとえ政府の借り入れが増加しているときでも中央銀行は短期金利と長期金利の両方をコントロールできることを明確に示している。日本は主権通貨の発行者としての能力を行使することで、貸付資金説が想定していたような金利への圧力を常に防ぐことができる。

あらゆる国がこのような力を持っているわけではない。フルワイラーが説明するように、「このような力は通貨主権国の経済政策のパラダイムを変えてしまう」。簡単に言えば、クラウディングアウト説は自国の主権通貨建てで借り入れをする国々には当てはまらない[32]。アメリカ、日本、イギリスをはじめとする通貨主権国にとって、国債の金利は政策変数だ。通貨発行者である以上、支出するために自国通貨を借りる必要はない。国債発行は完全に任意であり、発行する場合の金利は常に政策判断で決まる[33]。これは通貨主権を持たない国には当てはまらない。

ギリシャ、イタリア、そしてあと一七カ国のユーロ圏諸国は、通貨ユーロを使うために主権通貨を放棄した。加盟国政府は勝手にユーロを発行することはできないため、財政赤字は債券を発行することで埋め合わせなければならない。つまり国債と引き換えにユーロを提供してくれる投資家を見つける必要がある。問題は、自らが発行しない通貨で借金をすることになった時点で、こうした国々への融資は非常に大きなリスクをともなうようになったことだ。

二〇〇八年の金融危機ではそれが残酷なまでに明らかになった。世界的な景気後退によってギリシャなどユーロ圏諸国の財政赤字は膨らんだ。各国は赤字をまかなうため市場での資金調達を余儀なくされたが、それはクラウディングアウト説が想定していた市場を彷彿とさせるものだった。政府は民間の金融市場を頼らざるを得ず、必要な資金を確保するには市場の言うなりの金利を支払うしかなかった。投資家は当然ながら、返済を保証できない政府に融資することに不安を抱いた。そして増大したリスクに見合うだけの高い金利を要求するようになった。まもなく本格的な債務危機が始まった。危機の代名詞となったギリシャでは、一〇年債の金利が二〇〇八年九月の四・五％から、二〇一二年二月には三〇％近くに跳ね上がった。最終的に通貨発行者である欧州中央銀行が救いの手を差し伸べ、金利は一気に下がった。[34]

自ら発行できない通貨で借金をするようになったユーロ圏諸国は、従来のクラウディングアウト説が想定していたような金利圧力にさらされるようになった。国内通貨の価値を金《きん》と結びつけたり、他の通貨と連動させたり（固定相場制）した国でも、同じような状況が起きた。たとえばロシアとアルゼンチンは、かつて自国通貨（ルーブルとペソ）を固定レートで米ドルと交換すると約束していた。問題は、固定レートを維持するためには、政府による金利のコントロールを放棄しなければならなかったことだ。

ロシアで何が起きたか。当時のロシアでルーブルを持っている人は、そのまま保有するか、中央銀行に別の通貨に換えてもらうことができた。米ドルには固定レートで交換できる。あるいはロシア国債を買うという選択肢もあった。フォーステイターとモズラーが指摘するように「ロシア国債は米ドルへの交換という選択肢と『競合』していた」[35]。多くの国民がルーブルやロシア国債を進んで保有していた間は、何も問題はなかった。ロシア政府はどちらも発行することができた。しかし一九九八年、突然誰もが米ドルを求めるようになり、ロシアは大混乱に陥った。ロシア国債への需要は消滅し、国債価格は暴落、利回りは急上昇した。ギリシャ政府に借入コストの急上昇を防ぐことができなかったのと同じように、自国通貨と別の通貨との為替レートを固定すると、政府は金利をコントロールできなくなる。これをＭＭＴの視点から説明すると「固定相場制をとる国はデフォルトリスクが高いと見られ、政府はきわめて高い金利を要求されるようになる。一方、日本のような変動相場制の国は、固定相場制の国なら崩壊するほどの財政赤字を出していても、容易にゼロ金利を維持できる」ということになる。[36]

ここから学ぶべき教訓は単純だ。重要なのは通貨体制である。単純なクラウディングアウト説は、もはや存在しない世界を前提として作られたものだ。それにもかかわらず従来の経済理論は、財政赤字は必然的にドミノ倒し的な悪影響をもたらすと脅かしてきた。実際にはクラウディングアウト説が有効なケースは限られている。経済学者のティモシー・シャープが指摘するように、「資金のクラウディングアウト説は兌換紙幣の時代（一九四六～七一年）、すなわち金本位制とブレトンウッズ協定の下での固定相場制という文脈のなかで提唱され、分析されてきた」。異なる通貨体制の下ではすべてが異なる。シャープはそれを包括的な実証分析を通じて明らかにした。MMTモデルの当てはまる通貨主権を持つ国と、固定相場制あるいは外国通貨建てで借り入れをする国の違いを明確にしたのだ。そしてMMTの主張するとおり、「実証的エビデンスは、通貨主権を持たない国にはクラウディングアウト効果が見られるものの、通貨主権国には見られないことを示している」と結論づけている。[37]要するに、クラウディングアウト説をアメリカ、日本、イギリス、オーストラリアなどの通貨主権国に当てはめるのは誤りだ。

政府の赤字は社会の進歩を阻む敵ではない。これが真実だ。財政赤字によって民間部門の借り入れや投資が制約されることはない。ほとんどのケースで、財政赤字はむしろ借り入れや投資を容易にする。それはアメリカ政府の赤字は、私たち非政府部門のバケツに流れ込むドルを増やすからだ。その手段が減税なのか、あるいは支出増加であるかにかかわらず、非政府部門の誰かの支出の余力が高まる。支出は資本主義の活力源だ。支出がなければ企業の顧客も、売り上げも、存続に不可欠な利益も消える。ノーベル賞経済学者のウィリアム・ヴィックリーの言うように、

「適切な対象に向けた財政赤字は、可処分所得を増やし、産業界の生産物に対する需要を増やし、民間投資の収益性を高める」[38]。要するに、財政赤字を増やすという選択を含めて、優れた財政政策は民間投資を促す。そして民間投資を締め出すどころか新たな投資を呼び込み、好循環を生み出すのだ。

第五章

貿易の「勝者」

神話5　貿易赤字は国家の敗北を意味する。

現実　貿易赤字は「モノ」の黒字を意味する。

二〇一五年。私は当時九歳だった息子のブラッドリーと、共和党の予備選挙で討論会に臨むドナルド・トランプを見ていた。トランプは貿易問題について、メキシコ、中国、日本のような国々がアメリカ相手に暴利をむさぼっており、有権者が自分をホワイトハウス入りさせてくれたら、こんな泥棒のような行為をやめさせる、とがなり立てた。「アメリカは外国との貿易戦争で敗北を喫している」というのは、トランプの選挙運動の中心テーマだった。予備選挙中の二〇一五年、オハイオ州クリーブランドで行われた討論会では「われわれはもはや勝者ではない。貿易では中国に負けている。日本からも何百万台という自動車がわが国に入ってきており、貿易ではわれわれが負けている」と語った。[1] このメッセージは何百万人ものアメリカ国民の心に響いた。とりわけオハイオ、ミシガン、ペンシルベニア、ノースカロライナ、ウィスコンシンなど、有権者が輸入品との競争や貿易赤字の拡大によって、コミュニティの空洞化や給料の良い仕事が失われていくのを実感していた州ではそうだった。

大統領に就任してからも、トランプは輸入と輸出のギャップ、すなわち諸外国に対する貿易赤字にこだわった。トランプにとって貿易赤字は、アメリカが貿易で敗北していることを示す揺るがぬ証拠だった。まず金銭的損失については、こんな具合にツイートしている。「アメリカは長年、年六〇〇〇億〜八〇〇〇億ドルの貿易赤字を出してきた。中国には対しては五〇〇〇億ドルの負けだ。悪いが、こんなことはやめさせてもらう！」[2]。トランプは外国の連中がわれわれのカネを持ち逃げしていると思っているようだった。また貿易の「実物的」側面、すなわち諸外国と取引する物品についても、アメリカが割を食っていると考えていた。二〇一九年八月には、日本は何百万台もの自動車をアメリカに送りつけているのに対し、「われわれが送っているのは小麦だ。こんな取引はばかげている」と語っている[3]。このとき一三歳になっていたブラッドリーは、困惑した顔で振り返り、こう尋ねた。「要するに、ぼくらは車をもらって、相手に渡すのは小麦だけってことだよね。ぼくがイアンにどうでもいいトレーディングカードを二枚あげて、最高のカードを一〇枚もらうようなものでしょ。そんな取引なら、ぼくは大満足だ」

このように考えれば、もらうもの（輸入）を最大化して、出ていくもの（輸出）を最小化した国が「勝者」と言える。だがそうだとすると七〇〇〇億ドル近い貿易赤字は直観に反して、アメリカがすでに貿易で勝者となっている証となる。そんなはずがあるだろうか。トランプの理解はまったくあべこべなのか。中国などからの輸入を減らすために関税を使った貿易戦争を仕掛けるより、アメリカは貿易赤字のさらなる拡大を目指すべきなのか。それによって貿易における圧倒的勝者となれるのか。これから見ていくように、貿易の勝敗はそれほどはっきり白黒つけられるものではない。

ではなぜこれほど多くのアメリカ人が、貿易に関しては外国に「負けている」と感じているのか。理由をひと言でいえば、雇用だ。主要な労働組合連合を率いるリチャード・トルムカは、大統領就任をわずか一週間後に控えたトランプに、誤った貿易協定はアメリカの数百万人の労働組合員からまっとうな賃金の仕事を奪う、と言い含めた。「コミュニティそのものが存在理由とアイデンティティを失ったケースがごまんとある。そんな状況は正さなければならない」と。[4] そして北米自由貿易協定（ＮＡＦＴＡ）など貿易協定の再交渉を約束したトランプを支持すると誓い、「労働者は貿易政策の方向転換を望んでいる」と語った。

アメリカの勘違い

アメリカの労働者がそうであるように、中国、日本、そしてあらゆる国の労働者は生きていくために仕事を必要としている。彼らが製造に携わっているモノの需要が突然なくなったら、仕事そのものもなくなる。だからこそ政治家や労働組合は、消費者にアメリカ製品の購入を呼びかけ、フォードやアップルのような会社には国内での製造を増やすよう圧力をかけるのだ。海外で製造された製品を買うのは、国内の雇用ではなく他国の雇用を支える行為だ、と。

ビル・クリントン大統領がＮＡＦＴＡに署名し、「自由貿易の新時代」が始まった一九九四年以降、アメリカの数百万人の労働者の暮らし向きは着実に悪化してきた。製造業が拠点をメキシコへ、その後は賃金水準がさらに低い北米以外の国々へと移転させていくなか、労働組合に属する労働者にまっとうな賃金を支払う仕事は消えていった。二〇〇一年に中国が世界貿易機関（ＷＴＯ）に完全に加盟したことも、アメリカの労働者階級に同じような大打撃をもたらした。

経済政策研究所の経済学者らは、二〇〇一年から二〇一一年にかけてアメリカの輸出品に対する中国の需要は、アメリカ国内で五三万八〇〇〇人の雇用を支えたが、反対に中国からの輸入品によってアメリカ国内で三二〇万人の雇用が失われたと結論づけた。差し引き二七〇万人の雇用喪失である。[5]それに加えて、仕事を失った労働者が新たな就職先を見つけられた場合でも、報酬は前職より平均二二・六％少なくなっていた。

このような貿易に起因する失業によって、製造業を経済の柱とするコミュニティが多かった地域は衰退した。さらに多くのアメリカ人が非自発的失業の泥沼、あるいは低賃金のサービス業の仕事を転々とする境遇に追い込まれた。その一〇年前には農業ビジネスの統合が進み、地域や町のコミュニティは根本から揺らいでいた。そうしたなかで発生したのが、中国のWTO加盟による貿易ショックである。中国との貿易拡大は消費者に恩恵をもたらすとされたが、中国との新たな競争にさらされる産業が集中していた地域の労働市場は大きなしわ寄せを受けた。その後二〇〇八年の大不況によって、再び深刻な失業の波が襲った。

二〇一六年にトランプが登場する頃には、移民や貿易赤字への恐怖心を煽るそのレトリックは、度重なる経済的厄災に見舞われてきた労働者たちにすんなりと受け入れられるようになっていた。彼らから見れば、貿易の勝者となれ、国内に雇用を取り戻せ、「アメリカを再び偉大な国にしよう」というトランプの呼びかけに応じることで失うものは何もなかったのだ。

一方、労働者階級への民主党の対応はまるでピント外れだった。ヒラリー・クリントン陣営の選挙運動では、「アメリカはすでに偉大だ」と書かれた青い野球帽が使われていた。[6]選挙陣営は打つ手がなかったのか、貿易相手国から散々な目に遭わされている有権者と彼らの鬱積した不満をほぼ無視する戦略を採った。民主党幹部はまっとうな給料の得られる雇用の数を回復させ、苦境にあえぐコミュニティを支援するための説得力のある計画を提示するのではなく、労働者階級の有権者から支持を得ることをすっぱり諦めたのだ。たとえば上院少数党院内総務のチャック・シューマーはこう語っている。「ペンシルベニア州西部でブルーカラーの民主党員を一人失うごとに、フィラデルフィア郊外の穏健派共和党員を二人獲得すればいい。それをオハイオ、イリノイ、ウィスコンシンで繰り返すのだ」。どう見ても勝ち目のない戦略だった。

二〇一六年の大統領選で勝利したトランプは、アメリカは貿易において敗北必至の戦いを強いられているというメッセージを発し続けた。トランプの対立候補と目される人々までが、同じような見解を語っている。たとえばバーニー・サンダース上院議員はこんなツイートをしている。「中国が経済におけるわが国の主要な競争相手ではないかのようなふりをするのは間違っている。われわれがホワイトハウス入りしたら貿易政策を見直して、この競争に勝利する」。もちろんサンダース議員は、労働者や環境の保護と貿易政策の是正を両立させることを目指していた（今もそうだ）。しかし進歩主義者と保守主義者は、同じ不安を共有している。貿易赤字そのものに対する不安だ。

現実には、貿易赤字自体は恐ろしいものではないし、また恐れる必要もない。アメリカが雇用を守り、コミュニティを再建するために、貿易赤字をゼロにする必要などない。政府に完全雇用を維持するために、持てる財政権力を存分に活かす意思さえあれば、貿易戦争に打って出る必要などない。それどころか安価な労働力を搾取し、規制を逃れようとする大企業だけを利するのではなく、ＮＡＦＴＡ以降の「自由貿易」によって割を食ってきた何百万人もの労働者に恩恵をもたらすような新たな世界貿易秩序を構築することができる。貿易のあり方を見直すことは、発展途上国や地球環境にとっても望ましい政策につながっていくだろう。

三つのバケツ

貿易不均衡とはどういうことかを理解するため、前章で使ったバケツのモデルにもうひとつ、三つめのバケツを加えてみよう。前章では政府のバケツと、それ以外の全員が共有する非政府部門のバケツしかなかった。政府が支出をすると、お金の行き先はひとつしかなかった。非政府部門のバケツだ。これは政府が赤字を出せば、非政府部門のバケツにお金が流れ込んでくるという事実を表す、きわめてわかりやすいモデルだった。ここからは非政府部門のバケツをもう少し詳しく見ていこう。本章のテーマは国際貿易なので、アメリカとそれ以外の国々との間の資金の流れを見ていきたい。そのためには非政府部門のバケツを二つに分ける必要がある。そうすると、バケツが三つのモデルになるわけだ。政府のバケツはそのままで、それに加えてアメリカのすべての家計と企業（つまりアメリカの民間部門）のバケツと、それ以外の全世界（海外部門）のバケツがある。

これまでと同じように、すべてのバケツが同時に黒字（あるいは赤字）ということはあり得ない。ひとつのバケツが赤字なら、黒字のバケツが少なくともひとつはあるはずだ。ゴドリーが私に語ったとおり「すべての支出には出どころと行き先がある」。ひとつのバケツから「出ていく」支出があれば、同じ金額の支出が少なくともひとつのバケツに「入っていく」。会計の原則として、三つのバケツすべての残高を足し合わせると、常にゼロになる。図7はこの関係を示している。

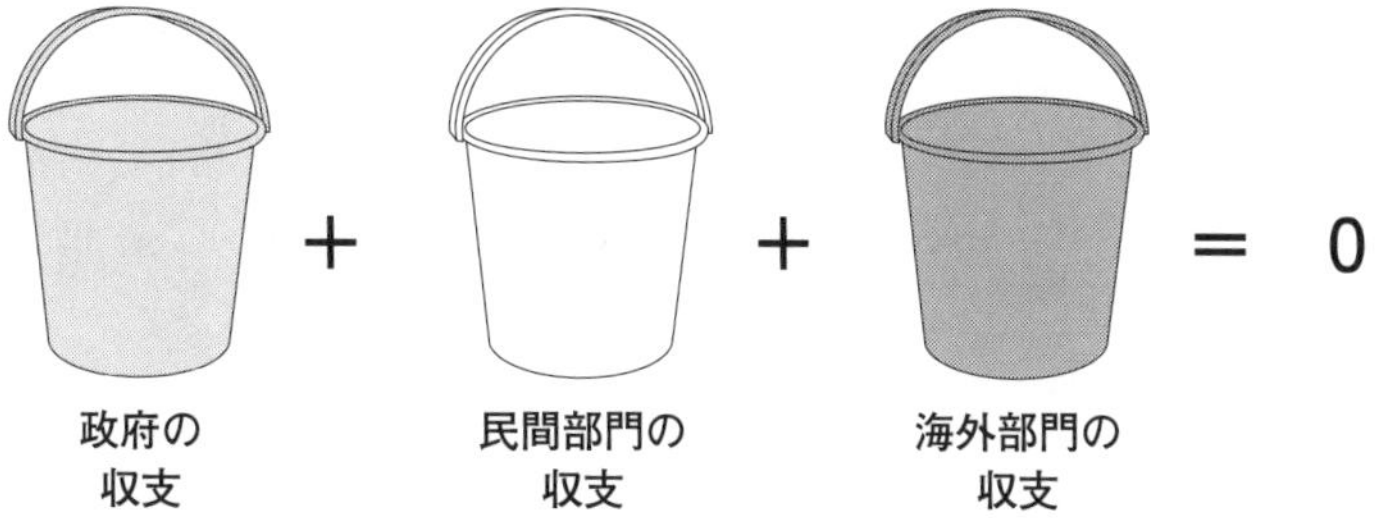

図７　三部門の会計等式

現実の世界では、資金は日々、三つのバケツの間を移動する。政府がキャタピラー社からブルドーザーを購入したり、橋を建設するために国内で労働者を雇い、対価を支払ったりすれば、お金はアメリカの民間部門のバケツに流れ込んでくる。労働者と（ほとんどの）企業は連邦税を支払うので、政府は民間部門のバケツからその一部を回収することになる。

これまでと同じように話を単純化するため、アメリカ政府が一〇〇ドルを支出し、税金として九〇ドルを回収し、民間部門のバケツに一〇ドルの黒字を残したとしよう。市民が散髪に行ったり、映画のチケットを買ったり、大学の学費を支払ったりするたびに、民間部門のお金の所有者は変わっていく。アメリカが海外から製品を輸入すると、三つめのバケツに移る。たとえばアメリカが外国から五ドルの財やサービスを購入し、外国人がアメリカ製品を三ドル分しか買わなかったとする。輸入が輸出を上回れば、アメリカは貿易赤字になる。最終的に二ドルが海外部門のバケツに移るわけだ。図８はこうしたやりとりの最終結果として、政府の財政赤字（一〇ドルの

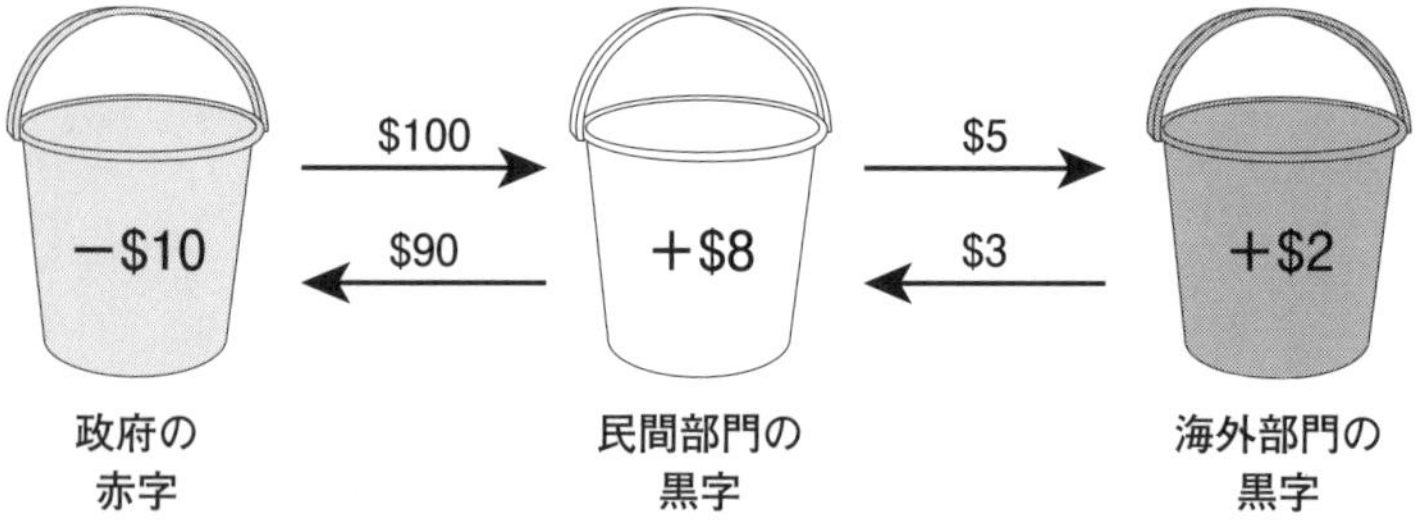

図８　アメリカの財政赤字+アメリカの貿易赤字（双子の赤字）

マイナス）は、他の二つのバケツの黒字（八ドルと二ドル）とぴったり一致することを示している。アメリカが完全雇用を維持しているかぎり、この結果そのものに何ら問題はない。

　アメリカ政府はドルの「発行者」なので、資金が枯渇する心配はまったくない。そのバケツは好きなだけドルを生み出すことができる。しかし他の人々はどこかからドルを調達してこなければならない。そしてアメリカの民間部門は通常、使う金額より貯める金額を多くしようとする。つまり黒字を維持しようとする。民間部門が赤字を出せないということではない。一九九〇年代末から二〇〇〇年代初頭は実際に赤字だった。しかしゴドリーが警告したとおり、そうした状態を持続することはできない。そんなことをすれば民間部門は過剰債務を抱えてしまう[8]（民間部門は通貨の発行者ではないため、政府のように赤字を出し続けるわけにはいかない）。民間部門が赤字に陥るのを防ぐには、「誰かが」そのバケツに十分な資金を注ぎ、黒字を維持できるようにしてやらなければならない。現在、その「誰か」とは政府である。と

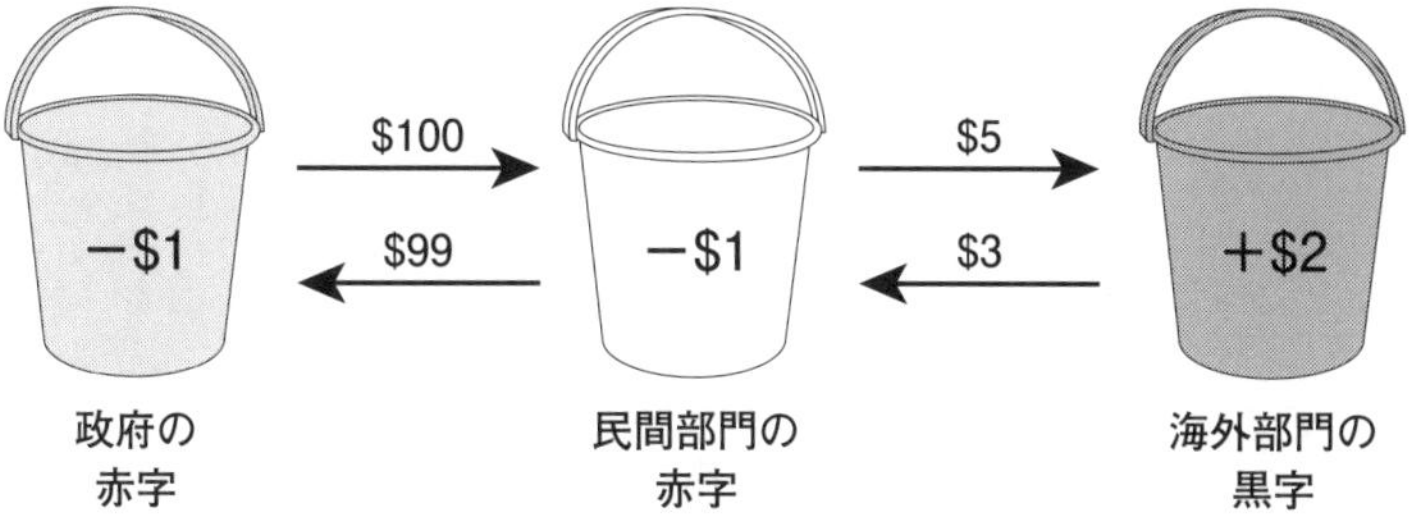

図9　アメリカの財政赤字が貿易赤字より少ないとき

いうのもアメリカは恒常的に貿易赤字（つまり「モノ」の黒字）を出し、ドルは民間部門のバケツから海外部門のバケツに流出しているからだ。そうした状況が続くかぎり、民間部門が黒字を維持するために十分な資金を供給することができるのは政府だけだ。そのためには政府は貿易赤字を「上回る」財政赤字を出さなければならない。[9] 図9は政府の財政赤字が貿易赤字を下回るとき、何が起こるかを示している。

この例では、国の財政は「ほぼ」均衡している。しかし、ぴったりではない。政府は支出によって経済に一〇〇ドルを送り出す一方、税金として九九ドルを回収し、わずかな赤字を出している。[10] 結果として、政府の赤字は民間部門のバケツに一ドルを入れることになる。しかしアメリカはその一ドルに加え、さらに四ドルを海外部門に送り出す一方、海外からは三ドルしか入ってこない。つまり貿易赤字を出している。海外で製造された財やサービスに五ドルを支出する一方、自らが海外へ売った財やサービスの代金として三ドルしか回収していない。すべてのやりとりを合計すると、海外部門が二ドルの黒字を蓄える一方、アメリカ政府と民間部門はそれぞれ一ドルずつ赤字になっている。民間部門が赤字なのは、政府の赤字が貿易赤字より少ないことの必然的結果なのだ。

では、民間部門を黒字という正常な状態に戻すにはどうすればいいのか。ひとつの選択肢は、政府が民間部門のバケツにもっと多くの資金を入れてやることだ。経済への支出をもっと増やすか、税金として回収する金額を減らせばいい。財政赤字が貿易赤字より大きくなったとたん、民間部門の収支は黒字に戻る。民間部門の赤字を消すもうひとつの方法は、貿易赤字を縮小する（あるいは黒字にする）ことだ。その方法はいくつもある。たとえば通貨の価値を抑え、自国の財やサービスの競争力を高めようとする国もある。トランプ大統領は中国政府が人民元の価値を操作し、アメリカ企業より優位に立とうとしている、とたびたび批判してきた。二〇一九年一二月にはブラジルとアルゼンチンが「意図的に通貨を切り下げており、わが国の農業にとってマイナスだ」と批判した[11]。通貨切り下げという選択肢のない国もある。たとえばヨーロッパの一九カ国は通貨連合（経済通貨同盟、EMU）を組織し、それぞれの通貨の価値を変えられないようにした（一ユーロの価値はユーロ圏のどこに行っても一ユーロだ）。「対外的」（通貨）切り下げという選択肢がない国は、貿易に「勝つ」ために「国内的」切り下げを模索することが多い。この戦略を新自由主義的に言うと「構造改革」となる。製造コストを引き下げて競争力を高めるため、労働コスト（賃金や年金）を下げることをやんわりと表現しているのだ。要は通貨の価値を下げる代わりに、労働の価値を下げるのだ。ヨーロッパでそれを実践している代表格がドイツだ。二〇〇〇年代初頭にドイツ政府がこの戦略に取り組み始めて以降、長年の貿易赤字は巨額の貿易黒字へと転換した[12]。

トランプの政策の根幹にあるのは、関税（輸入品への課税）によってアメリカの貿易赤字を削減するという発想だ。特定の外国製品の価格を割高にすることが、消費者が輸入品の購入を減らし、代わりに国内製品の購入を増やすよう促す「アメリカ・ファースト」戦略だと考えている。それはアメリカの民間部門のバケツから出ていって、海外部門のバケツに入るお金が減ることを意味する。トランプがこれを「勝利」と見るのは、その世界観の軸がキャッシュフローだからだ。そこでは一番大きなバケツを持っている者が勝者となる。

ＭＭＴは経済全体として健全な収支を維持することの重要性を認めているものの、関税の多くは非生産的だと考えている。それは輸入品を実物的な便益と見なすためだ。このように考えると、トランプの関税の実態は、アメリカの便益に税金を課す行為だ。これから見ていくとおり、民間部門の収支を健全に保ち、さらにはアメリカの雇用を守るためには、もっと良い方法がある。

完全雇用なくして公正な貿易なし

単純なお金の流れが理解できたところで、再び貿易が人々と経済に及ぼす影響について考えてみよう。アメリカは世界に対して資金の流れだけでなく、雇用面でも敗北している。すでに述べたとおり、貿易赤字について国民が不安を感じる最大の原因は、アメリカ企業が国内工場を閉め、雇用を海外に移すことによる失業の痛みである。ＭＭＴ派経済学者のパヴリーナ・チャーネバが指摘するように、失業は感染症に似ている。ウイルスのように周囲の人に影響を与える。また所得減少だけでなく死亡率や自殺率の上昇につながり、幸福度は恒久的に低下する。[13] しかし移民労働者、外国の為替操作、世界的な技術進歩を批判するより、失業は政策の産物であるという事実を受け入れるべきだ。

「海外に雇用を奪われた」という不満への最善の返しは「ならば全員に雇用を与えよう」だ。非自発的失業に対するMMTの解決策は、まっとうな賃金、まっとうな福利厚生の得られるまっとうな雇用を法的権利として認め、政府による「就業保証プログラム（JGP）」を制度化することだ。これによって海外との競争でコミュニティ全体が失業の打撃を被るという、国際貿易の最大の弊害を解決できる。海外との競争によって仕事を失った労働者に対し、職業訓練や一時的な支援を提供するだけでは不十分だ。政府による貿易調整支援制度（TAA）[14]のような事業も重要だが、それ以上の手立てが必要だ。

それが政府による就業保証だ。この制度によってあらゆる問題が解決すると言うつもりはないが、（失業の影響を緩和するための補助金と比べて）少なくとも失業という問題を直接解決する第一歩となる。アメリカでは景気が良いときも悪いときも、それが政治的、経済的、社会的に合理的だという判断の下で、数千万人が失業状態に置かれる。私が一七年間教鞭をとったミズーリ州カンザスシティにあったハーレー・ダビッドソンの工場が閉鎖された例を見てみよう。会社の発表を聞いて、八〇〇人の従業員は衝撃を受けた。最終的に三五〇人が解雇された[15]。同時期に会社が株主配当を増額するとともに、一五〇〇万株の自社株の購入に数百万ドルをつぎ込む方針を発表したことも追い打ちをかけた。政府の就業保証があれば、工場閉鎖の打撃を緩和することができただろう。少なくとも仕事を失った労働者に、地域で働き続ける道を提供できる。しかし恩恵はそれだけではない。

政府による就業保証の恩恵は、財やサービスや所得を生み出すことだけではない。オン・ザ・ジョブ・トレーニングや能力開発の機会、貧困の緩和、コミュニティと社会的ネットワークの構築、社会と政治と経済の安定、社会的乗数効果（社会経済的恩恵の好循環を生み出す正のフィードバック・ループと強化のダイナミクス）など数々のプラス効果がある。このような制度があれば、賃金水準の高い製造業の雇用を失った地域のダメージを和らげることができただろう。

数百万人が失業者となることを許容しない経済を、想像するのは難しいかもしれない。だがそれは、アメリカがこれまで真の完全雇用と呼べる状態を一度も達成したことがないからだ。完全雇用は戦時以外、ほぼ達成されていない。就業保証プログラムの最も重要な特徴のひとつが、失業した人に直ちに公共サービスの仕事を与え、ある種の完全雇用を維持することだ。所得を与え、さらに貿易ショックによって失業した人には必要な再教育も実施する。このように就業保証は、「自由貿易」と「貿易戦争」のどちらにも有効な解となる。就業保証があれば、自由貿易はもはや完全雇用の脅威とはならず、失業を防ぐために貿易戦争を仕掛ける必要もなくなる。

貿易交渉の焦点は労働基準や環境の持続可能性に移る。アメリカは市場への影響力を活かし、世界に適切な労働環境や環境基準を広めていくことができる。[16]今日、中国企業はアメリカの家庭に環境にやさしくない製品を大量に販売している。それに加えてアメリカに「モノ」の黒字を届けるために、世界中で多くの人が危険で不衛生な環境で働いている。世界中の労働者やコミュニティの幸福、そして地球環境を保護するためには、世界貿易のあり方を見直す必要がある。

とりわけ世界の気候が危機的状況にある今、貿易の「勝者」と「敗者」という単純化されたレトリックに騙されるのは禁物だ。貿易の「質」は少なくともその「量」と同じぐらい重要だ。アメリカの貿易は何のため、誰のために役立っているのか。財政赤字と同じように、巨額の貿易赤字という恐ろしい数字は、実はそれほど注目に値しない。MMTは貿易政策において重要なのは、実物資源、社会の本当のニーズ、環境への本質的効果だと主張している。

ここでアメリカの貿易相手国について、また他国にはないアメリカだけが持つ特権について、もう少し理解を深めておこう。ここまで世界貿易がアメリカに及ぼす影響、そしてMMTの考え方を取り入れることによって貿易をより生産的で人間味のあるものにできることを見てきた。ではイギリス、フランス、サウジアラビア、トルコ、ベネズエラなど、他の国々はどうか。

米ドルの特別な地位

一九七〇年代以降、金融システムのあり方は根本的に変化した。それはマクロ経済について、また独自通貨を発行する国の政府の役割についての考え方の見直しを迫るものだ。残念ながら貿易問題など多くの事柄をめぐり、政策当局は過ぎ去った金本位制時代の古い考え方にとらわれている。

一九世紀半ばに始まり、一九七〇年代初頭に「ニクソン・ショック」で米ドルと金との固定比率での交換が停止されるまでは、(形態はさまざまだったが)金本位制が国内経済や国際貿易を規制する共通の通貨的枠組みだった。この枠組みの下での制約は徐々に緩められていったが、土台となる原則は変わらなかった。あらゆる国の通貨当局は、国際貿易から生じる需要あるいは供給の不均衡を補うため、いつでも金(あるいは米ドル)を売買する準備を整え、自国通貨の価値を実質的に金と結びつけていた。介入を実施するため、中央銀行（あるいは当時の中央銀行に相当する組織）は流通している通貨を固定のレートで交換するのに十分な金（あるいは米ドル）を保持しておく必要があった。

金本位制が信頼性を持ちうるのは、政府が通貨を固定相場で金と交換するという約束を果たせる間だけである。十分な金を保有することが決定的に重要だ。貿易黒字を維持することは、自国の金準備を増やす最も確実な方法だった。反対に各国は輸入品の代金の支払いに金を使っていたため、貿易赤字は金の流出につながった。金準備の減少を防ぐため、金利がたびたび引き上げられた。金利を引き上げれば、内需が十分抑えられる（輸入が減り、その結果金の流出が減る）だけでなく、高いリターンに魅力を感じて金の流入も増える、という論理だ。しかし金の流出を逆転させるために金利を引き上げれば、政府は国内経済を支援するため金利を低水準に維持できなくなる。高金利によって金準備を守ることはできても、こうした政策は往々にして惨憺《さんたん》たる結果につながった。多くのケースで金利上昇は景気後退を引き起こし、国民の多くが不況と長期にわたる失業に苦しむことになった。このように金本位制は、貿易赤字が出ている国に景気後退バイアスを生じさせる。制度の硬直性ゆえに、政府は完全雇用の実現に力を注ぐことができなかった。

金本位制は第一次、第二次世界大戦中は一時停止されていた。アメリカが（他の国々も）世界大戦を戦うために、政策余地を拡大して巨額の赤字を出す（大量の「緑のドル」を発行する）必要があったためだ。「戦間期」には再び金本位制が復活し、大恐慌に陥った世界経済の大きな重《おも》石《し》となった。この制度が今も存在していたら、貿易赤字を消し去りたいというドナルド・トランプの望みは今よりはるかに理にかなったものだったはずだ。

第二次世界大戦が終結すると、新たな国際通貨制度が誕生した。従来の金本位制を金為替本位制に置き換えることで、交換性を復活させたのだ。新たな制度は通貨を一定の価格の金と直接固定するのではなく、世界貿易におけるアメリカの支配的地位（そして連合国が世界大戦に勝利したという事実）を反映し、米ドルと交換可能とした。ブレトンウッズ体制と呼ばれるこの新体制の下では、米ドルの価値を金の価値にペッグ（固定）しておく必要があった。そのうえで他のすべての通貨は米ドルの価値にペッグされた。当時設定された交換レートは、金一オンスあたり三五ドルだった。

ブレトンウッズ体制は金から一段階距離を置き、代わりに米ドルを通貨の連鎖の中心とすることで、実質的に金本位制を再構築したのだ。各国政府はいまやアメリカ財務省に対して金一オンスを三五ドルで売れるようになり、財務省はこの交換条件を守らなければならなくなった。ベトナム戦争の負担もあってアメリカの貿易赤字が膨らみ続けたことから、一九七一年には他の国々がアメリカは流通しているドルと固定レートで交換するだけの金をもはや保有していないのではないか、と不安を抱くようになっていた。ドルへの圧力を排除するため、リチャード・ニクソン大統領はドルの金との兌換の一時停止を発表し、世界に衝撃を与えた。一九七三年には「一時的」だったはずの兌換停止を恒久措置とすることを発表し、二度目の衝撃を与えた。ニクソンの決定は、アメリカはブレトンウッズ体制が許容する以上の政策余地を必要としているという認識から生まれた。

政策の変更を、ニクソンはこう発表した。「われわれはより多くの、そしてより良い雇用を創出しなければならない。生活コストの上昇を止めなければならない。ドルが国際的な通貨投機の標的となるのを防がなければならない」[17]。最初の二つの目的を果たすため減税と九〇日間の物価と賃金の凍結を、そして三つめを果たすためにドルと金の兌換の一時停止を指示した。

ニクソン・ショックの結果として世界が不安定化し、最終的に金本位制度は崩壊した。実際には一九六〇年代から、相次ぐ「競争的通貨切り下げ」によって国際通貨制度は圧力にさらされていた。貿易不均衡に起因する慢性的失業に悩まされていたイギリスその他の国々が、貿易分野での競争力を高めようと自国通貨を弱めたのだ。ニクソンの一九七一年の宣言が最後の一撃となり、金本位制に終止符が打たれた。この時点から、ほとんどの主要通貨は固定相場制を離れた。固定相場を捨てて変動相場制へと移行したことで、アメリカをはじめ通貨主権国の政府にとって完全雇用を維持するための財政余地は広がった。

固定相場制のブレトンウッズ体制が崩壊したにもかかわらず、金本位制的「思考」は依然として貿易政策に関する議論を支配している。だからこそこれほど多くの政治家が今も貿易赤字は本来的に危険だと考えているのだ。金本位制の下では、赤字が続けば政府の金は不足するリスクがあった。

しかし金本位制と世界的な固定相場制が終わった今、この手の思考はもはや妥当性を失った。ブレトンウッズ体制の唯一の名残は、ドルが今も世界経済で中心的役割を果たしていることぐらいだ。世界中の企業や政府が互いに取引をするときには、契約の大部分をドル建てにする。契約の買い手も売り手も、ドルを国内通貨として使用していないケースでもそうだ。ユーロなどドル以外の主要通貨もこうした用途に使われることはある。しかしどの通貨も市場支配力ではアメリカドルの足元にも及ばない。通貨取引の九〇％近くがドルの絡む取引だ[18]。ドルは世界の支配的通貨だと言われるのは、こうした状況を指している[19]。そうした状況が変わる可能性はあるのかといえば、もちろんある。何事も永遠ではない。MMT派経済学者のランダル・レイは、こう表現している。「ドルの支配は永遠ではないが、ポートフォリオに含めるべき最良の資産としての寿命はまだたっぷり残っている[20]」

通貨主権のスペクトラム

通貨主権はMMTを理解するカギとなる。政府が自律的に政策を運営するためには、すなわち金融市場や為替市場からの痛烈なしっぺ返しを恐れずに財政政策や金融政策を運営するためには、相当な通貨主権が必要だ。多くの国が通貨主権を持っているが、それを存分に活かしていない。アメリカ以外にも、イギリス、日本、カナダ、オーストラリアなどは相当な通貨主権を持っている（他にもそのような国はたくさんある）。いずれも不換通貨を発行し、自国通貨以外での借入れをほとんどしていない。一般論として、これらの基準を満たす国は通貨主権が大きく、結果として自らの経済的命運を左右する政策の自律性が高い。財政赤字や貿易赤字に頭を悩ませる必要はなく、国内の政策運営においては完全雇用や物価の安定といったマクロ経済目標の実現に好きなだけ力を注げる。あらゆる国の政府がこれほどの政策の自由度を持ち合わせているわけではない。

自国通貨の為替レートを固定する（バミューダ、ベネズエラ、ニジェールなど）、自国の通貨を放棄する（ユーロ圏の一九カ国、エクアドル、パナマなど）、あるいはドルなど外国通貨建てで巨額の債務を背負う（ウクライナ、アルゼンチン、トルコ、ブラジルなど）ことで、通貨主権を弱めた国もある。ここに挙げた行為は、いずれも国家の通貨主権を弱め、政策の自由度を低下させる。

途上国のほとんどは、通貨主権のスペクトラムの弱いほうの極に近い。兌換性のない不換通貨を発行できる国でも、通常は財務や貿易の不均衡を無視することはできない。比較的貧しい途上国のほとんどは、輸入によって社会に必要不可欠なニーズ（食料、石油、医薬品、技術など）を満たしているからだ。つまりこうした国々は輸入品の支払いをするために十分な外国通貨（通常はドル）の確保に頭を悩ませている。多くが結局ドル建てで借り入れをして、その返済に苦しむことになる。このようにさまざまな理由から、世界には自国通貨の発行能力を活かして国民のために強靭な経済を構築することができない国が多い。途上国は国際社会からの援助や、国際通貨基金（ＩＭＦ）のような国際機関から融資を受けることもあるが、外国通貨に頼らなければ生きていけないという罠から抜け出すには決して十分ではない。

アメリカは貿易赤字を出し続けることで、こうした国々がドルの保有高を増やすことを可能にしている。ドルは途上国にとって、食料、医薬品など必要不可欠な輸入品を得るためのライフラインだ。またアメリカの赤字は、債務国がＩＭＦをはじめとする海外の貸し手に返済するための通貨を得るのにも役立っている。非常に重要な意味において、アメリカの貿易赤字は「不要」ではない。世界の多くの国々は、アメリカに対して貿易黒字を出す「必要」があるのだ。

先進国さえも、結局ドルを貯めこんでおり（韓国、台湾、日本など）、通常は米国債のかたちで保有している。外国がアメリカに対して貿易黒字になるのは、アメリカがドルを海外部門のバケツに注ぎ込むことを意味する。緑のドルの保有者がみなそうであるように、外国もそれを米国債と呼ばれる黄色いドルに交換することができる。それをアメリカが弱みを握られていると解釈し、脅威を感じる人もいる。アメリカが必要な支出をまかなうために、海外の貸し手に依存しているように見えるのだ（アメリカは「中国人民銀行のクレジットカード」を使っているようだ、と語ったのはオバマ大統領だった）。

だが実態は違う。米国債の主要な保有国を調べてみれば、そのほとんどがアメリカへの「純輸出国」だとわかる（中国、日本、台湾、香港、そして世界の主要産油国など）[21]。アメリカ政府がこうした黄色いドルに金利を支払っているのは事実だが、すでに見てきたとおりアメリカのような国にとって、債券を売るかどうかは常に任意の選択だ。外国に米国債の購入を認めるというのは、緑のドルの保有者なら誰でも持っている選択肢を与えることに過ぎない。そして外国が米国債を保有しようと思うのは、私たちが資金の一部を当座預金に、また別の一部を貯蓄預金に入れようとするのと同じ理由からだ。重要なのは、多くの人が不安に思うような意味で、アメリカは外国に依存してはいないということだ。

要するに、アメリカの財政赤字が余剰のドルを貯めたいという企業や家計のニーズに応えるために生じているのと同じように、貿易赤字は世界各国の米ドルを貯めたいというニーズから生じている。世界にドルへの渇望があるというのが、アメリカが何十年も貿易赤字を出し続ける主な理由だ。この点において、アメリカは良くも悪くも、他の国々に対して強い立場にある。

国際的な準備通貨というドルの独特な役割のおかげで、アメリカは自国通貨以外で借り入れをする必要がまったくない（そもそも借り入れが必要なわけでもない）。これはアメリカにとって強みだが、だからといってアメリカだけが国内の政策目標を自由に追求する能力を持っているわけではない。強力な通貨主権を持つ国は、経済が完全雇用を実現するように国内政策を運営する能力がある。これから見ていくように、途上国でも通貨主権を高め、国内で完全雇用を実現するのに十分な政策余地を確保することはできる。

多くの先進国には強い通貨主権がある。国内には高付加価値の製造部門が多い（この点については後で詳しく述べる）。また自国に投資しようとする人々の受け皿となる、株や不動産などの投資機会がふんだんにある。投資するにはまずその国の通貨を手に入れる必要があるため、世界全体には先進国通貨への強い需要がある（経済用語でいえば「資本市場に厚みがある」）。ドルへの国内需要は連邦税を支払うというニーズに支えられており、この需要がドルの価値を支えている、というのがＭＭＴの主張だ。同じようにドルや他の主要通貨への需要は、その発行国の投資資産への国際的ニーズに支えられており、だからこそ通貨の価値は安定する。またアメリカと同じように、他の先進国の通貨も変動相場制を採っている。つまり通貨の価値を他の何かと固定していない。だから自らのコントロールできない通貨を売買あるいは借りることで、固定相場を維持する必要もない。これが先進国が強力な通貨主権を持つもうひとつの理由である。

多くの国が自国通貨のドルペッグ制を継続したり（サウジアラビア、レバノン、ヨルダンなど）、あるいはドルを公式な国内通貨に採用したり（エクアドル、パナマ、エルサルバドルなど）することで、通貨主権を弱めている。どちらのやり方も、ドルを蓄積する努力が必要になる。[22] 自国通貨を他の通貨（ドルなど）とペッグすると、長期的に通貨主権はますます弱まっていく。同時に政府自体民間部門でペッグした通貨建てで借り入れをすることが当たり前になるからだ。同時に政府自体のドル建て債務も増え続け、通貨主権はさらに弱まっていく。

スペクトラムのさらに下に目を向けると、通貨主権を弱めるもうひとつの選択が、通貨統合に参加することだ。フランス、スペイン、イタリアはいずれも資本市場に厚みのある先進国だが、通貨発行者としてふるまうことはできない。いずれもユーロ加盟国として、欧州中央銀行のみに発行権のある通貨を使用しているためだ。ユーロ加盟国は、通貨使用者に過ぎない。これはギリシャの底なしの債務危機を理解するうえで非常に重要な点だ。

最後に、通貨主権のスペクトラムでアメリカの対極にあるのが、アフリカ、アジア、南米などのとりわけ貧しい途上国だ。本章の最後に、こうした国々の置かれた状況を詳しく見ていきたい。というのもアメリカの労働者階級は貿易政策によって大きなダメージを受けてきたとはいえ、現代の国際貿易秩序の最大の被害者はアメリカではないからだ。

ブレトンウッズから自由貿易という戦場へ

発展途上国はその名が示すとおり、先進国のように多様かつ成熟した産業を持ち合わせていない。バングラデシュ、ベトナム、ガーナなどが世界に提供できるものは通常、安価な労働力か石油、金属、鉱物などの天然資源しかなく、こうした産業が国内経済を支配している。コンピュータ、自動車、医薬品、あるいはロボットなど、ハイテクの高付加価値製品を手に入れるためには先進国から輸入するしかない。途上国の多くは、国内需要を満たすのに十分な食料、電力、医薬品を生産する能力がない、あるいは「ない」と言われ続けてきた。このため先進国からの食料、電力、医薬品の輸入に頼っている。そしてすでに見てきたとおり、こうした必要不可欠な輸入品の代金を支払うにはたいていドルが必要だ。

MMT派経済学者のファデル・カブーが主張するように、このグローバル・サプライチェーンの底辺という立場が根深い経済問題の原因であり、その多くが植民地時代の歴史的名残だ[23]。安価な労働力や一次産品を輸出する一方、高価な高付加価値品を輸入することで、途上国は終わりのない貿易赤字に陥る傾向がある。問題は途上国の金融資産や不動産には、確かな需要がないことだ。経済学風にいえば、資本市場に厚みがないのだ。投資家は新興国の通貨建て金融資産を買い漁るなど投機の対象とはするものの、こうした国々がドルのような外貨を安定的に稼げるような長期的投資はしない。途上国が必要不可欠な物資を輸入する対価を自国通貨で支払うことを世界が認めないかぎり、こうした国々はドルなど自らがコントロールできない通貨を借り入れざるを得ない。これは通貨主権を損なうだけでない。自国通貨を売って外国通貨を買う→国内通貨の価値が下がる→必要不可欠な輸入品がより高価になるという悪循環に陥ってしまう。これが輸入主導のインフレ、さらには政治的混乱へと容易に発展してしまうことは、ベネズエラ、アルゼンチン、そしてカブー教授の出身地であるチュニジアなどの例から明らかだ[24]。

発展途上の国々には先進的な産業も、厚みのある資本市場も存在しないので、予想のできないさまざまな外部リスクに対して脆弱になる。たとえばドルを喉《のど》から手が出るほど欲しがっている国に、欧米の投機家がどっと押し寄せてくることがある。猛烈な勢いで投資をし、その国の通貨の価値を押し上げた後、突然怖気づいて資金を回収する。結局、その国の通貨は暴落する[25]。あるいは、ある国の主要な輸出品への国際的な需要が急減し、輸入品の支払いをするために外貨を必死でかき集めなければならなくなる。アメリカで天然ガス（シェールガス）の開発ブームが沸き起こって原油価格が暴落したとき、ベネズエラやロシアはまさにそのような状況に陥った。大豆価格が暴落したときには、アルゼンチンがドル獲得の主要な手段を失った。投資家のパニック、一次産品市場の暴落のどちらのケースにおいても、途上国通貨の価値は暴落し、インフレと社会的混乱を引き起こす。

このような外的事象が発生すると、理屈の上では持続可能な経済政策を営んでいた国々でさえ財政難に陥り、外貨建ての債務の再交渉を余儀なくされたり、ＩＭＦのような貸し手に支援を求めたり、あるいはなすすべもなくデフォルトに陥ったりする。[26] 多くの途上国が貿易赤字であったり、あるいはドル（その他の外貨）建て債務を背負っていたりするため、輸入品の代金や外貨建て債務の返済に充てられる外貨を稼ぐ（あるいは手ごろな金利で借り入れをする）能力が何らかの理由で毀損《きそん》されると、深刻なトラブルに陥る。アメリカ、イギリス、オーストラリアなど強い通貨主権を持つ国にはそうしたリスクはない。

実際ドルが覇権通貨の役割を持つということは、全世界の命運がアメリカのドル金利をコントロールする能力にかかっていることを意味する。ＦＲＢの意思決定は途上国に重大な影響を及ぼす可能性があるが、そうした国々には自らの身を守るすべがほとんどないことが多い。たとえば一九七九年以降、元ＦＲＢ議長のポール・ボルカーは大幅な利上げを繰り返した。アメリカ経済を混乱させていた二桁のインフレ率を抑える方法はそれしかない、と考えたためだ。その結果、アメリカから借金をしていた南米諸国、そしてかつての宗主国から借金をしていたサブサハラ・アフリカ諸国の借入コストは突然急増した。こうした国々はすでに多くの低付加価値製品を輸出する一方、高付加価値製品は富裕国からの輸入に頼っていた。またドルの金利上昇によって、アメリカの投資資産への需要が高まり、ドルの交換レートが上昇した。これは途上国にとって自国通貨の価値が大幅に下落するだけでなく、外貨建て債務が急増して借入コストの増大を招くというダブルパンチとなった。最終的にボルカーによる金利引き上げは多くの途上国を危機に陥れ、そのときの急激な経済の悪化からいまだに完全に回復できていない国もある。[27]

まだブレトンウッズ体制が存在していた頃、IMF、世界銀行、関税及び貿易に関する一般協定（GATT、現在のWTO）などいくつもの国際機関が設立された。こうした組織はブレトンウッズ体制の下で、国際貿易の条件を積極的に整備しようとした。関税や資本規制などさまざまな手段を通じて、貿易の流れを安定させ、各国の経済が他国の悪影響から多少は防護されるようにした。

ブレトンウッズ体制が崩壊したとき、体制下で生まれた国際機関は生き残った。だが次第にその運営哲学は変化していった。自由貿易信仰が勝り、関税や資本規制は貿易自由化の名の下に緩和された。欧米のエリート層は、途上国をグローバル貿易や投資資金の激しい流れの波にさらすことは、経済に規律を与え、改善することにつながると考えた。「保護主義」と「政府による介入」は忌むべき言葉となった。この新たな枠組みの支持者たちは、自由貿易は最終的に完全雇用を実現し、すべての参加国に調和的貿易関係をもたらすと主張した。[28]

だがもちろん、そうはならなかった。IMF、WTO、世界銀行の経営を牛耳る豊かな国出身の銀行家や外交官たちは、世界中で完全雇用を実現しようと本気で思ってはいなかった。その代わりに、危機に見舞われた途上国にワンパターンの経済再建策を推奨し続けた。政府支出を大胆に削減し（緊縮財政）、通貨価値を引き上げて投資家を呼び込むため金融引き締め政策（超高金利）を実施する。そしてもちろん自由貿易の推進だ。さらに途上国が通貨をユーロ、人民元、米ドルなど強い通貨とペッグすることも推奨された。総合すると、途上国に通貨主権の強化を完全に諦めさせるような政策ミックスだ。

　どのような意図があったにせよ、こうした政策パッケージの結果は悲惨なものだった。通貨主権を犠牲にしたものの、目標とする為替レートを維持するのに十分な外貨を獲得できなかった国では、通貨ペッグが崩壊し、下方スパイラルを引き起こした。政府、企業、さらには家計も、外貨建て債務を返済しようにも自国通貨を好条件で外国通貨に交換できなくなった[29]。為替レートが急落し、必要不可欠な輸入品のコストが急上昇すると、ハイパーインフレが始まった。さらには国際機関から推奨された緊縮財政と金融引き締め政策によって国内経済は悪化し、失業率と貧困率が上昇した。すべて欧米からの投資を呼び込むためとされていたが、呼び込んだところで同じことの繰り返しだった。

　それだけではない。歴史的に（ＩＭＦなどの）国際機関は、第二次世界大戦後に宗主国から独立した国を中心とする途上国に対し、限られた製品を豊かな国々に輸出することに専念するよう勧めてきた[30]。これは一九世紀のイギリスの経済学者、デビッド・リカードが提唱した「比較優位」という概念に基づいていた。リカードは基本的に各国が最も得意とし、最も効率的に製造できる財やサービスに特化することが望ましいと考えていた。しかし有力な経済学者のなかには、比較優位を極端に追求しようとする者が多い。たとえば途上国は、長期的に通貨主権の強化につながる新たな産業の育成よりも、短期的に最も安価に製造できるものに特化すべきだと主張する。

要するに国際機関を治める欧米のエリート層は貧しい国々に対し、雇用創出やエネルギー自給などの開発目標にうつつを抜かさず、ひたすら特定の製造分野に特化するよう求めてきた。これは実質的に、途上国を永遠に「発展途上」の状態にとどめ、現代の欧米諸国のような先進的で多様性のある経済を実現できないようにする提案だ。それはアメリカ、日本など世界の主要国が歩んできた道筋の「真逆」である。主要国の多くは主要な財を海外からの輸入に頼るのではなく、国内で製造することに力を注いできた。たとえばアメリカと同じように多様な資源を持つ巨大国家の中国は、数百年にわたってただひたすら国内の通商を増やすことで相当な発展を遂げてきた。そして中国政府は産業化のプロセスにおいて金融、保険、不動産業の活動を厳しく制限してきた[31]。

さらば貿易戦争——貿易和平は実現するか

ＭＭＴがすべての問題を解決できるわけではないが、アメリカ、欧米先進国、そして途上国も含めた世界中がとらわれている誤解を解くのに役立つのは確かだ。

世界の貿易秩序を改革するために、最も力を尽くすべきはアメリカだ。さまざまな面で最も大きな変化を求められている。問題は貿易戦争に勝つか、負けるかではない。本章を通じて、貿易で重要なのは国と国との競争ではなく、国内の異なる利害を持つ人々のパワーバランスであることを明らかにしてきた[32]。一般市民と地球を大切にする世界を実現したいのであれば、貿易戦争ではなく貿易和平を目指すべきだ。

まず、貿易黒字を出すことで他国に「勝つ」必要があるという認識を捨てなければならない。

ある国の貿易黒字は別の国の貿易赤字なので、そういう意味では全員が同時に勝者になれるわけではない。しかし貿易赤字を出したとしても、正しい政策を実行すれば必ずしも実質的な経済損失を被るわけではない。貿易に対するトランプ流のアプローチは対立を生み、世界的に不足している雇用をめぐる不毛なゼロサムゲームを引き起こす。トランプが導入した関税はアメリカの製造業の回復につながらず、消費者物価を引き上げ、中国からの報復を招き、世界経済の減速につながっている。すべてが貿易赤字をめぐる神話を信じたためだ。

アメリカ政府は国内の民間部門が完全雇用を達成するのに必要な資金をすべてまかない、それと同時に世界の国々がドル準備を増やし、スムーズに貿易を行うために必要なドルを供給できることを、私たちは理解する必要がある。アメリカは通貨覇権国としての立場を利用して、自らの国益の追求のためだけに世界の資源を利用するのではなく、世界的にグリーン・ニューディール（環境保護と格差是正を目指す経済対策）を推進するために旗振り役となって資源を動員したり、世界経済の平穏を保つために低金利を維持すべきだ。

言うまでもなく、アメリカをはじめ強い通貨主権を持つ先進国は、独自の就業保証プログラムをつくることができる。しかし途上国や中所得国はどうだろう。たとえばメキシコは就業保証プログラムを導入し、国民の窮状に終止符を打つことができるだろうか。可能性はある。過去を振り返ると、途上国において直接雇用を生み出そうとする試みは、国際エリート層が警告していたほど大きな障害にはぶつからなかった。

たとえばアルゼンチンは財政問題を抱える国の代表格だ。しかし二〇〇一年のインフレ危機の際、政府は国内重視の成長戦略に劇的に舵を切った[33]。まず為替レートのペッグをやめ、米ドルをため込むのもやめた。そうではなく、政策当局は対外債務をデフォルトし、代わりに国民のために投資することを選択した。それから貧困世帯の世帯主を対象とする、大規模な直接雇用創出プログラムを立ち上げた。ＭＭＴ派経済学者のＬ・ランダル・レイとパヴリーナ・チャーネバが報告しているように、この「Plan Jefes y Jefas de Hogar Desocupados（失業世帯主プログラム）」は、労働者の約一三％に相当する二〇〇万人分の雇用を創出した。参加者のほとんどは女性で、植栽の世話、社会福祉拠点の改装、フードキッチンの運営、公衆衛生に関する講義など、地域社会に役立つ活動に従事した。[34] アルゼンチンが外国資本への依存とその弊害から脱するのに役立ったこのプログラムは、地球規模でさらなる繁栄、持続可能性、平和を追求していく方法を示しているのかもしれない。

最終的には、チャーネバが提案するような世界的就業保証のような制度が必要になるだろう。[35] 本書執筆時点で、国際労働機関（ＩＬＯ）の推計では世界中で約二億人が非自発的失業の状態にある。[36] 輸出主導型の成長は多くの国で雇用を増やすための政策と見なされているが、それが成功することはめったにない。しかも本当に必要なのは予防的な完全雇用政策、つまり失業を必要悪として許容しない仕組みである。雇用はグローバルな市場の力に翻弄されるべきものではない。国連の世界人権宣言の定める人権のひとつと見なすべきだ。

アメリカには諸外国の政府に代わってその国内政策を運営することはできないが、あらゆる国が完全雇用を実現できるように覇権通貨を運営することはできる。あらゆる人に適切な雇用を保証する制度があれば、労働者は政府主導の産業政策の下で、持続可能なインフラや幅広い公共サービスを生み出す戦力となる。

アメリカの周囲を見渡しても、メキシコとアメリカの生活水準を比較して、トランプの主張するようにメキシコが両国の貿易でうまい汁を吸っているとはとても思えない[37]。中国や日本と違い、メキシコはアメリカや国際機関が求める新自由主義的な経済改革に果敢に取り組んできた。たとえばNAFTAのメンバーとして、アメリカとカナダの資本に門戸を開いた。それ以上に重要なのは農業製品への障壁を下げたことだ。多くのアメリカ企業が製造業の雇用をメキシコに持ち込んだが、反対にトウモロコシを中心にアメリカの農産物が大量にメキシコに流れ込んだことで、数百万人のメキシコの農業労働者が仕事を失った。その多くが雇用を求め、国境を越えてアメリカへと移ってきた[38]。

これは自由貿易協定と呼ばれるものの弊害と、それをゼロから見直す必要性を浮き彫りにしている。

現在、このような協定は世界中の豊かな投資家を優遇する一方、労働者を（そしてもちろん地球環境も）置き去りにしている。たとえば現行の貿易協定の多くには、「投資家対国家紛争解決（ＩＳＤＳ）」と呼ばれる仕組みがある。どこかの国の民主的に選ばれた政府が採択した制約や規制などの保護措置を、民間企業が自らの利益に反すると判断した場合、提訴できる制度だ。ＩＳＤＳを使えば、企業はこうした紛争を国内の裁判所ではなく、企業活動に理解のある国際機関での非公開の調停で解決することができる。もうひとつが国際的な知的財産保護制度だ。たとえばこの制度を使えば、企業は途上国にジェネリック（後発）医薬品の製造を許可するのに法外な対価や手数料を請求することができる。最貧国のエイズ患者にとって、環太平洋パートナーシップ協定（ＴＰＰ）のような自由貿易協定のなかの特許条項は、死刑宣告に等しい。

このような「自由貿易」協定は、世界的な富める者と貧しい者の分断を広げる。貧しい国々を化石燃料の採掘に駆り立て、気候変動を加速させる。途上国に輸出主導型の成長戦略を押しつけるが、その実態は搾取的労働によって豊かな先進国のために安価な財を製造させることにほかならない。貧困国の犠牲のもとで、豊かな国々の通貨主権は一段と強まる。

アメリカは自らが参画する貿易協定の基準を改めることによって、貿易協定改革の世界的リーダーの役割を果たすことができる。貿易相手国に厳格な環境保護基準と、就業保証のような労働者保護の仕組みを求め、貧困国の食料とエネルギー主権の確立を後押しすべきだ。また貿易相手国にはグリーン・テクノロジー（太陽光発電など、環境への負荷が少ない技術）や知的財産を他国と共有するよう求め、あらゆる国が恩恵を享受できるようにすべきだ。ＷＴＯを改革し、今のように影響力の大きい多国籍企業の既得権益を守るのではなく、貿易協定を適正化する役割を担わせることもできる。

一方、ファデル・カブーが推奨するように、南南貿易協定は途上国が相互補完的な産業を育成するのに役立つ。それによってそれぞれが安価な中間財を輸出して高付加価値の最終製品を輸入するという、グローバルな製造チェーンにおける不利な立場から脱却するのだ。あるいは先進国から途上国に、生産に必要な資源や技術的ノウハウを移転するシステムが必要だ[39]。それによって貧困国は（再生可能な）エネルギーと（持続可能な）食料の自給に必要な産業を育成することができ、本章で見てきた必要不可欠な物資を輸入に頼らざるを得ないという罠から抜け出すことができる。

途上国が食料とエネルギーの主権を手に入れることは、理論的にも現実的にも可能である。国土の大半が砂漠気候で、食料の大部分を輸入に頼っている国々も、水の利用効率を高めた水耕栽培農法やアクアポニック農法（魚と植物を同時に育てる循環農法）に投資することで、持続可能な農業を実践できる。石油や天然ガス資源の乏しい国々でも、太陽光や風力発電設備を設置したり、住宅や交通機関の省エネ化に投資するなど、再生可能エネルギー中心の経済を構築することができる。また世界的な気候変動対策の一環として、途上国の脱炭素化を政策的に支援するべきだ。それによって途上国が化石燃料を輸入するためにドルを確保する必要性は抑えられ、地球の長期的存続を脅かす有害な二酸化炭素の排出も減る。

途上国が基本的な必需品を輸入に頼り続けるかぎり、いつまでも途上国として豊かな国々の通貨の獲得に追われることになる。世界中の企業は今後も株主価値最大化の名の下に、希少な天然資源を採掘し、貴重な生態系を汚染し、生活苦にあえぐ人々を無慈悲に解雇しながら、短期的利益を追求し続けるだろう。そのような状況を放置すれば、トランプのようなデマゴーグ（扇動政治家）が登場し、「外国人」を非難し、世界の緊張を高める余地が生まれる。

南南貿易協定に加えて、途上国は改めて国境を超える資金取引の規制を強化するべきだ。ブレトンウッズ体制下で主流であった、国際協力を前提とする昔ながらの資本規制を実施することは難しいかもしれないが、今より状況を改善することは十分可能だ。海外投資家による途上国の資産への投資や売却を制限し、それが為替市場で通貨の下方圧力を生むことがないようにする必要がある。そうすればドル準備を積み上げておく必要性は薄れ、途上国は変動相場制の恩恵を享受できるようになるだろう。言葉を換えれば、国際的な資本規制は、問題が起きたときの短期的な応急措置ではなく、各国が通貨主権を徐々に引き上げていくための恒久的措置ととらえるべきだ。

私たちはたったひとつの地球という惑星を共有している。現在の貿易体制では世界的貧困や失業という社会経済的問題をとても解決できない。また気候変動に対処するためには、あらゆる国が一丸となって協力する必要がある。貿易和平は実現可能というだけでなく、どうしても実現しなければならない目標である。

第六章

公的給付を受ける権利

神話6

社会保障や医療保険のような
「給付制度」は財政的に持続不可能だ。
もはや国にそんな余裕はない。

現実

政府に給付を続ける意思さえあれば、
給付制度を支える余裕は常にある。
重要なのは、国民が必要とする
実物的な財やサービスを生み出す、
経済の長期的能力だ。

何十年も前から、私たちは社会保障や医療保険などの公的給付制度の費用に危機感を持つべきだ、と言われてきた。「公的給付の費用は急激に拡大している。政府の予算を食いつぶし、持続不可能になっている。劇的な改革をしなければ、いずれ国の財政もろとも制度は破綻するだろう」と。

大方の人は、問題は明白だと思っている。遅かれ早かれ、給付制度の費用は政府の手に負えなくなる。財源不足が避けられないなか、唯一の現実的解決策は制度を縮小し、「身の丈にあった」規模にすることだという声は多い。一方、支払能力を維持するため、財源を拡充する必要があると主張する人々もいる。

どちらも間違っている。社会保障も公的医療保険も資金を出しているのは政府だ。つまり、資金が不足することは決してない。

財政赤字の神話は、あらゆる政府支出に関する私たちの認識を歪めてきたが、とりわけ目の敵にされてきたのが公的給付制度だ。その一因は、本来は制度を守ることを目的としていた発足当初の判断にある。フランクリン・D・ルーズベルト大統領は社会保障制度を創ったとき、財源について特別なルールを設けることで制度の基盤を固めようとした。だが結果として、それが失敗だった。政治的議論の焦点は本来、国家の価値観、優先すべきこと、実物的な生産能力であるべきなのに、制度の財源ばかりが注目されるようになった。

給付制度が直面するとされる財政危機について検討する前に、まずは制度に関する基本的問いに答えていこう。給付の対象者は誰か、その根拠は何か、だ。

給付を受ける権利があるのは誰か

「給付制度」とは、高齢者、障害者、貧困層など特定の社会集団に給付を保証する政府の制度すべてを指す。議会上院のウェブサイトでは、次のように定義されている。[1]

給付制度：法律の定める資格基準を満たすあらゆる個人あるいは管理単位に対して、支給を義務づける連邦政府の制度あるいは法の規定。給付は連邦政府にとって拘束力のある義務であり、義務が履行されなかった場合、資格基準を満たす受給者は法的措置をとることができる。社会保障、退役軍人補償、年金はいずれも給付制度の例である。

要するに、基準さえ満たせば誰でも対象者となる。制度が手を差し伸べようとしている集団のどれかに所属していれば、受給資格が生じる。単純な話だ。法的に給付を受ける権利があり、誰もそれを否定することはできない。誰かが基準を満たした時点で自動的に、政府は給付金を支払うことになる。

遅かれ早かれ、私たちのほとんどは給付制度の世話になる。ほとんどのアメリカ人は退職したら、社会保障やメディケアの恩恵を受けるようになる。現在こうした給付を受けているのは、読者のみなさんの祖父母、両親、隣人、あるいはみなさん自身かもしれない。

社会保障制度には、障害保険も含まれている。在職中に障害者となった人を保護する仕組みだ。二〇一八年時点でアメリカでは一〇〇〇万人近くが社会保障制度から障害給付を受け取っている。[2]非営利団体「パラライズド・ベテランズ・オブ・アメリカ」の副代表を務めるショーン・キャッスルもその一人で、社会保障のおかげでホームレスになるのを免れた経験を持つ。キャッスルは憲兵として働いていたときに脊髄を損傷し、除隊後は麻痺《まひ》状態になった。さまざまなインタビュー[3]や議会証言[4]で、軍からの給付が承認されるまでの生活を支えてくれたのは障害給付であったと語っている。

社会保障は現役世代が死亡したとき、その扶養家族を支える役割も果たす。私がそれを改めて認識したのは、数年前に友人が若くして亡くなったときだ。友人は働いていたので、その収入を失ったことは家族にとって痛手だった。残された夫は二人の子供を一人で育てていくことになった。とりわけ子供たちにはつらい経験だったが、少なくとも社会保障からの毎月の給付によって亡き友人の収入を一部でも埋め合わせることができたのは、家計にとって大きかった。給付は子供たちが一八歳になるまで続き、父子家庭の生活を支えた。

貧困対策に支えられる人も多い。アメリカでは一〇人に六人が、二〇歳から六五歳までの間に少なくとも一年は貧困状態を経験する。[5]子供のほぼ五人に一人がすでに貧困状態にある。給付制度の対象となることは、道徳的落ち度でもなければ、弱さの表れでもない。そもそも経済的安定は、万一に備えて相当な蓄えのできる人だけの特権ではないはずだ。もちろん貯蓄をするのは良いことだ。しかし生活していくだけで精一杯で、将来に備えて貯金ができない人は何百万人もいる。必要なときにいつでも医療を受けられ、高齢になったり障害を負ったりしたときにも経済的安定を得られ、失業したり財政的に厳しい状況に陥ったりしたときには支えてもらえるという安心感を、あらゆる人が持てるようにすべきだ。

少なくとも給付制度にはそういう目的があったはずだ。しかし給付制度（社会保障、メディケアとメディケイド、食料支援、住宅バウチャー、税還付など）は、何十年も厳しい批判にさらされてきた。なかには利己的な動機に基づく批判もある。資産家や企業は、増税につながるような社会制度に抵抗することが多い。イデオロギーに基づく批判もある。給付制度は優遇されるべき富裕層から、優遇される資格のない貧困層や低所得層へと所得を移転するのでおかしい、という主張だ。

悪意に満ちた批判もある。歳をとる、障害を負う、経済的苦境に陥るのは誰の身にも起こり得ることだが、給付制度に批判的な人のなかには受給者の人格を攻撃する者もいる。オバマ大統領が財政赤字委員会の共同議長に任命したアラン・シンプソン上院議員は、退職者を「強欲な年寄り」と呼び、制度への世論の不満を煽り、若年世代と高齢世代の分断を深めようとしているように見えた。また社会保障制度を支持するフェミニスト活動家を「ピンクパンサーズ」と嘲笑し、活動家の一人であるアシュレー・B・カーソンに「社会保障制度は三億一〇〇〇万個の乳房を持つ乳牛のようだ」と語った。また高齢女性の権利を主張するカーソンに対し、「意見はまともな仕事に就いてから言ってくれ」と言い放った。[6]

給付を受け取る人への人格攻撃は、今に始まったことではない。制度が発足した頃からあった。一八八二年に発行されたある雑誌の表紙には、「満たされない大食漢」というキャプションとともに、退役軍人の風刺画が描かれていた。軍人の体からたくさんの「腕」が伸び、社会のお金をかき集めようとしている。それぞれの腕は典型的な年金受給者の姿をしている。[7] 同じような風刺画は二一世紀にも描かれ、「一九九一年、二〇〇一年、二〇一一年のアメリカ最大の脅威」というキャプションの下に、サダム・フセイン、オサマ・ビンラディンと並んで、「給付」というプラカードを手にした高齢女性の姿が描かれていた。[8]

給付制度やその受給者に対する攻撃は、政府への憤りや敵意から生じている場合もある。制度を誤解しているだけのこともある。原因が何であれ、経済に対する誤った見方は給付制度に関する議論に大きな影響を与えている。幸いMMTは、財政「危機」を回避するために懸命に（無駄な）努力をして、異なる世代や利益集団の対立を招く必要はないことを示している。そして給付制度の「財政的」持続可能性を憂えるのは見当違いであり、制度が直面する最大の問題は財源ではないことも示している。

社会保障制度にかかわる決定的な過ち

社会保障制度の歴史を振り返ると、財政赤字の神話がどれほど有害なものか、よくわかる。アメリカの社会保障制度は、政府の機能のなかで最も成功しているものの一つだ。この制度によって毎年数百万人が貧困を免れ、さらに数百万人がある程度の経済的安定を手に入れている。

高齢者や障害者の生活を支えているほか、児童手当としても重要な役割を果たしている。[9] これだけ多くの人にこれだけ大きな恩恵をもたらしていることから、社会保障制度が一貫して国民から非常に高い支持を得ているのは当然といえる。[10]

これだけ国民の支持が高く成功している制度が、なぜ常に政治的攻撃にさらされるのか。その答えを知るために、時計の針を制度が誕生した一九三五年に巻き戻してみよう。

ルーズベルトには今日私たちの知る社会保障制度をはるかに超える、壮大な構想があった。ルーズベルトにとって一九三五年の法案は、すべての国民に経済的安定をもたらし、「ゆりかごから墓場まで」を保障する、はるかに包括的な制度の第一歩に過ぎなかった。[11] 一九三五年社会保障法に署名する際には、「現在構築中だが、まだ完成にはほど遠い構造物の礎石」と評している。[12]

社会保障制度という名前自体に、ルーズベルトの構想を理解する手がかりがある。ルーズベルトは一九四四年の一般教書演説で、自らの壮大な構想を経済的権利という言葉で説明した。そこには「有益で正当な報酬が得られる仕事」に就く権利のほか、十分な収入や住居や医療を享受する権利、そして加齢、失業、事故などの不幸によって経済的苦境に陥らない権利などが含まれていた。

「こうしたさまざまな権利が『安心』をもたらす」とルーズベルトは語った。

ルーズベルトが自らの構想を語った後、いくつかの要素は制度化された。一九三五年社会保障法は、各州に失業保険制度の設立を促した。一九六五年には高齢者と障害者のためのメディケア、低所得者向けのメディケイドが成立し（メディケアの対象が拡大され、六五歳未満の障害者を含むようになったのは一九七三年）、医療に関する壮大なビジョンが実現に向けて動き出した。

社会保障に対しては常に一定の批判勢力が存在するであろうことを、ルーズベルトは見通していた。実際そのとおりで、政敵から見ればルーズベルトは「社会主義者」、社会保障制度は「大きな政府による自由の侵害」にほかならなかった。しかし未来の世代のために社会保障制度を守ろうとするなかで、ルーズベルトは決定的な過ちを犯した。この過ちが社会保障制度を危険にさらし、財政赤字の神話を強め、社会保障制度の枠を超えてさまざまな弊害を引き起こすことになる。

社会保障制度は独立採算の仕組みであることを印象づけようと、一九三五年社会保障法は給付を給与税と関連づけた。それによって制度の「財源をどうまかなうか」を示すのが狙いだった。労働者は賃金の一部を制度に拠出し、後で給付として受け取る。国民のほとんどが給与税による税収は、給付をまかなうのに使われると考えた（今もそう考えている）。

まもなく最初の社会保障基金が設立された。ある年の給付に「必要とされなかった」余剰資金は国債に投資され、信託基金に保管された。こうして社会保障制度を運営するための資金は、政府の財源ではなく労働者から集めた給与税でまかなわれている、という認識が広がった。

ルーズベルトが社会保障制度の財源をこのようなかたちにした理由は、もうひとつある。国民が自ら制度に資金を出していることを理解し、いずれ給付を受け取るときにはそれを当然の権利だと思うようにしたかったのだ。現在アメリカで就労している人は、「ＦＩＣＡ（連邦保険拠出法）源泉徴収」という名目で、毎月の給料から給与税が引かれていることに気づいているだろう。自分が資金を拠出している事実を知っていれば、国民は自らの権利を認識し、「くだらない政治家に私の大切な社会保障制度を潰されてたまるものか」と考えるようになる、とルーズベルトは期待したのだ。[13]

ルーズベルトは社会保障制度が政治的攻撃にさらされる原因をもうひとつ作っていた。一九三九年の修正社会保障法によって信託基金が設立されたとき、同時に理事会も設立された。理事会には七五年先までの社会保障制度の収入と支出を予測し、支払能力を評価する役割が期待されている。そのためにはさまざまな事柄についてたくさんの仮説を立て、今後どれくらいの資金が拠出され、どれくらいが支払われるかを判断するしかない。理事会が答えなければならない問いとは、たとえば次のようなものだ。今から七五年後の労働人口はどれくらいか、またそれまで労働人口はどのように推移するのか。経済はどんなペースで成長するのか、賃金はどれくらい上昇するか。二二世紀が近づくころには平均寿命はどうなっているのか。障害者になる人はどれくらいいるのか。インフレ率はどうか。出生数はどうなるのか。

もちろん確かな答えは知りようがないので、理事である専門家たちはできるだけ質の高い予測を立てようとする。二〇一九年の報告書によると、社会保障制度の主要な信託基金は二〇三五年までに枯渇する、すなわち残高がゼロになるというのが最も信頼性の高い予測だ。[14]その時点でも労働者による制度への拠出は続くが、彼らの給料から天引きする金額では規定どおりの給付を払えなくなる、というのが専門家の見立てだ。そのような事態になった場合、法律は政府が拠出金の規模に合わせて給付を削減すると定めているので、給付は強制的に二二%削減される見込みだ。

ルーズベルトは給付のための財源があることを国民が「知っている」かぎり、反対派は社会保障制度を攻撃できないだろうと考えていた。これが問題なのだ。今日、国民は財源がないことを知っている。信託基金に蓄えられた余剰金のおかげで、しばらくは制度を維持することができる。

だが最終的には（何か条件が変化しなければ）基金の残高はゼロになり、それは給付削減につながる。政府に資金がないためではない。信託基金の残高がゼロを割り込んだら、社会保障は満額支給をしないという法律を議会がつくったからだ。

「責任ある財政のための委員会（ＣＲＦＢ）」と称する団体のシニアバイスプレジデント、マーク・ゴールドワインが書いたコラムには、社会保障制度の反対派がよく使うレトリックが散りばめられている。まず社会保障制度は「危機」に直面しており、「最悪の結末」に向かってまっしぐらだ、と主張する。その理由は「現在の法律の下では、現在および未来の労働者はもとより、平均的な新たな退職者にすら満額給付を約束できないからだ」[15]。

ゴールドワインの指摘から抜け落ちているのは、政府はたった一度の採決で現行法を変えられること、そうすれば「危機」は完全に消滅するという事実だ。結局のところ、ルーズベルトの命を受けて社会保障制度をこのようなかたちに設計したのは議会なのだから。ＭＭＴが示すように、アメリカのような通貨主権国の政府には、財政的制約は一切ない。支払債務が自国通貨建てであるかぎり、政府には常に給付制度を支える資金はある。足りないのは「支払能力」ではなく、支払いをするための「法的権限」だ。

ならばなぜ、さっさと法律を修正しないのか。おそらくそうした考え自体、これまで真剣に議論されたことがないのだろう。社会保障制度の支持者たちは財源の仕組みそのものを問い直すのではなく、ルーズベルトと同じように制度を保護する最善の方法は、信託基金の残高を増やし、理事会が七五年先まで制度の財政に問題はないと報告できるようにすることだと考えてきた[16]。

しかし社会保障制度が七五年先まで十分な財源があるとの評価を得たとしても、まだ批判する人はいるだろう。経済学者ローレンス・コトリコフは政治家に対し、制度の財政的な持続可能性はもっと長い時間軸で評価すべきだと訴えている。「もっと長い」とはどれくらいか。コトリコフは社会保障制度に流れ込んでくるお金、出ていくお金を無期限に、人知を尽くして（というより人知を超えて）予測することを望んでいる。あまりにばかげた発想だが、多くの政治家がコトリコフの提案を真に受けて、上下両院の委員会が聴聞会に証人として招致している。

脳内のバズ・ライトイヤー（映画『トイストーリー』に登場するおもちゃの宇宙飛行士）に触発されたのか、コトリコフは議員たちに、「時間軸を無限とした場合」社会保障制度の未積立債務は四三兆ドルに達すると語った。[17] この評価基準では、社会保障制度は窮地にあるどころか、「無限の彼方」まで破綻していることになる。

社会保障制度の財源がこのような仕組みになっていることは、これまでにも給付削減の原因となってきた。一九八〇年代初頭、財源不足が予測されたため、議会はさまざまな方法で実質的な給付削減を実施した。まず毎年の生活費調整の発効日を遅らせたことで、全体としての給付をわずかに減らした。さらに高所得者への給付に課税するようになった。とりわけ重要なのは、退職年齢を六五歳から六七歳に段階的に引き上げたことだ。

退職年齢が引き上げられると、働く期間が延びるだけではない。退職後の人生を通じて受け取る総額が減るため、給付削減にもつながる。働けなくなるなどの理由で早期に退職する人の受給額は、給付総額の縮小を反映して削られる。実際、議会が退職年齢をわずか二歳引き上げただけで、六五歳より前に退職する人の総受給額は三〇％も減少した。[18] この変更は、正式な退職年齢より後に受給を開始する人にも影響を及ぼす。

社会保障制度の財源の仕組みを攻撃するのは、保守派の共和党員だけではない。多くの民主党員も、党の看板のひとつであるこの制度の縮小を訴えてきた。ビル・クリントン大統領は一九九七年、下院議長のニュート・ギングリッチと社会保障とメディケアの縮小に関する妥協案を検討していたが、弾劾審議が始まったために議論は進まなかった、という報道もある。[19]

アル・ゴアは二〇〇〇年の大統領選に出馬した際、将来の社会保障制度の給付削減を防ぐ方法として、金庫のたとえを持ち出した。当時、政府の財政は黒字だったので、この余剰資金を信託基金という金庫に保管しておくことで、社会保障制度の財政健全化を図ると訴えたのだ。二〇〇〇年の初めてのジョージ・W・ブッシュとの討論会では、この案を念仏のように繰り返した。

金庫のたとえは善意から出たものだったが、これもまた誤った経済的思考の一例だ。政府には限られた資金しかなく、その一部を信託基金という金庫に保管しておけば、将来給付をまかなうのが幾分容易になるだろう、という発想に基づいている。ゴアの発言は政治的には裏目に出た。ジョージ・W・ブッシュはこの言い回しを嘲笑し、有権者に社会保障制度の信託基金は「借用書でいっぱいのキャビネット」に等しい、と語った。その実態はネズミ講に近い、と。大統領に就任すると、ブッシュは社会保障制度を民営化する案を打ち出した。幸い、その試みは失敗に終わったが。[20]

ゴアに悪気はなかったものの、「社会保障制度は安泰だ。大きな手直しは必要ない。政府の資金が枯渇することはないので、あらゆる約束を果たすことができる」と言い切ったほうがずっと良かった。残念ながら、アメリカ国民にこのように安心感を与えてくれた政治家は（今のところ）一人もいない。

二〇一三年にはオバマ大統領が「連鎖型ＣＰＩ（消費者物価指数）」を使った独自の給付削減案を打ち出した。これは社会保障給付の増加をインフレ率の上昇より遅らせることで、給付の実質価値が次第に低下していくという単純な話を、しゃれた表現にしたものだ。経済政策研究所の研究者の説明では、「六五歳で退職する平均的労働者の場合、七五歳までは年額六五〇ドルの給付減、八五歳時点では毎年一一三〇ドルの給付減になる」見込みだった。[21]

連鎖型ＣＰＩを導入していれば、最も年配の退職者層（通常は最も貧しい退職者層でもある）への給付は一〇％近く減少するはずだった。[22] それより医療費や交通費など、高齢者や障害者の生活費で比較的大きな割合を占める項目に重みづけをした「ＣＰＩ‐Ｅ（Ｅは高齢者〔elderly〕を指す）」のような指標を使うほうが、より公平と言える。[23] ＣＰＩ‐Ｅと連動させれば、給付はむしろ増えるはずで、困窮する高齢者の支援につながる。

一九八〇年代に実施したように、再び退職年齢の引き上げを求める人々もいる。七〇歳か、それ以上にせよ、と。退職年齢を一歳引き上げるごとに、六～七％の給付削減になる。[24] 退職年齢の引き上げは、格差拡大にもつながる。[25]

社会保障に所得制限を取り入れるべきだと主張する政治家もいる。高所得者への給付を削減、あるいはゼロにせよというのだ。一見、理にかなった提案に思える。ビル・ゲイツや有名司会者のオプラ・ウィンフリーのような一生暮らしていけるだけの蓄えがある人に、政府が給付金を払う必要があるのか。これについては二つの答えがある。ひとつはルーズベルトが社会保障の対象を全国民としたことが、制度が一世紀近くにわたって幅広い国民の支持を得てきた理由の一つであるという事実だ。所得制限を導入すれば、社会保障は公的扶助を「必要とする人々」という特定の社会集団に給付を払う福祉制度になり、これまでのような支持を失うだろう。もうひとつは他の多くの改革案（連鎖型ＣＰＩ、退職年齢の引き上げなど）と同じように、所得制限の議論も会計上の問題と政府の支払能力の問題を混同していることだ。より多くの資金が帳簿上に残るような方法を見つければ、社会保障制度の寿命は延びるかもしれない。しかしそれが政府の支払能力に影響を及ぼすわけではない。社会保障制度（およびメディケアの一部）が何十年も攻撃にさらされてきた原因は、過去に議会が課した不当な制約である。

信託基金を使う方式が、なぜ制度の持続可能性についての誤解を生むのか。その原因を理解するために、社会保障制度の信託基金（基金は二つある）と、メディケアのために設立された信託基金（これも二つある）を比較してみよう。毎年、社会保障制度とメディケアの理事会は、社会保障制度の信託基金（「老齢および遺族保険」と「障害保険」）と、メディケアの信託基金（「補足的医療保険」と「病院保険」）の現在と将来の財務状態を評価し、それぞれ年次報告書を公表する。長年、両報告書の要約には「現時点で予想される給付と拠出を踏まえると、社会保障とメディケアはともに長期的な財源不足に直面している」という結論が書かれていた。[26] 具体的には「老齢および遺族保険」「障害保険」「病院保険」の三つの基金は「危機的状況」にあるという評価だ。

二〇一九年の報告書によると、「老齢および遺族保険」の信託基金は二〇三四年に、「障害保険」の基金は二〇五二年に、そして「病院保険」の基金は二〇二六年に枯渇するという。なんらかの制度変更をしなければ、この三つの制度は給付を満額支払う権限を失う。しかし苦境に陥っていない基金が一つだけある。「補足的医療保険（メディケアのパートＢとＤ）」だ。なぜ他の三つは枯渇する見通しなのに、この基金だけが健全なのか。答えは簡単だ。補足的医療保険は信託基金が枯渇しても満額給付をする法的権限を認められている一方、他の三つにはそれが認められていないからだ。「補足的医療保険は法律によって財源が確保されているため、理事会はパートBとDについて今後とも無期限に十分な資金が確保されていると見込んでいる」[27]。だから補足的医療保険は未来永劫安泰なのだ。

非常にシンプルな話である。社会保障制度とメディケアのうち病院保険が財政的に持続不可能と見なされているのは、政府が給付を約束していないからだ。一方、メディケアのうち補足的医療保険が健全というお墨付きを得ているのは、信託基金の残高がどうなろうと約束どおりの給付を実行する法的権限を議会が与えているからだ。

議会は社会保障と病院保険についても現行法を見直し、補足的医療保険と同じ権限を与えることができる。それをしないのは政治的選択であって、経済的選択ではない。しかし主要な新聞を読んでも評論家の話を聞いても、そんな事実はわからない。私たちが耳にするのは「社会保障制度は破綻しそうだ」という話だけだ。

ひたすら恐怖を煽り続けてきたツケは、若い世代に表れている。私は大学で学生たちを教えている。毎年「将来退職したときに社会保障給付を受けられると思うか」と尋ねるが、挙手する学生の数は確実に減っている。これはトランザメリカ・インスティテュートの調査結果とも一致している。この調査では「ミレニアム世代（一九八一年〜九六年生まれ）の労働者の八〇％が、自分が退職する頃には社会保障制度は存在しないのではないかと不安を感じている」という結果が出ている[28]。

これは非常に残念なことだ。将来世代が退職する頃に社会保障制度が存在しなくなる理由など一つもないのだから。さらに残念なのは、退職者をとりまく状況が厳しくなり、社会保障の重要性がかつてないほど高まっているなかで、制度に対する批判がこのように高まっていることだ。

かつて退職者の生活は、三脚椅子にたとえられることが多かった。三本の脚とは働いていた企業からの年金、個人の貯蓄、そして社会保障給付だ。残念ながら多くの労働者の場合、このうち二本はすでに折れている。現役世代の賃金が伸び悩んだために貯蓄は増えず、雇用主は頼みの綱の年金を削っている。

《ワシントン・ポスト》紙はオクラホマ州タルサのマクドネル・ダグラスの工場で働いていた人々の身に降りかかった悲劇を伝えている。[29] 工場が閉鎖されたため、彼らは仕事と年金を失った。しかし、それは偶然起きた事態ではなかった。従業員が訴訟を起こしたところ、裁判所の資料によってマクドネル・ダグラスがタルサ工場を閉鎖したのは、従業員の多くが満額の年金を受け取れる退職年齢に近づいていたためだったことが明らかになった。

工場を閉鎖すれば、会社は満額給付のほんの一部を払うだけで済む。元従業員は勝訴したものの、受け取った補償金（平均三万ドル）は本来受け取れたはずの年金より大幅に少なかった。結果、どうなったか。長年働いてきた元従業員の多くは悠々自適の退職生活を送ることはできず、働き続けることを余儀なくされた。七九歳の元従業員は生活費をまかなうため、大手スーパーのウォルマートの出迎え係として一日八時間、店の入り口に立つ。七三歳の元従業員はトラックに荷物を積み込む仕事で、深夜のシフトにも入る。七四歳の元従業員は交通指導員になり、七六歳の元従業員は小銭を稼ぐために廃品回収を始めた。

これは極端なケースだが、こうした目に遭っているのはマクドネル・ダグラスの元従業員だけではない。多くの企業がコストを削減するために、年金給付を削っている。これほど多くの高齢者が生活苦に陥っている理由のひとつはここにある。ある調査は、アメリカの中流階級の四〇％が退職後は下方に移動すると結論づけている。つまりは中流からの転落だ。しかも八五〇万人が貧困あるいは貧困に近い状態に陥るリスクがあるという[30]。このような退職者の多くにとって、社会保障給付は貧困層への転落を防ぐ最後の砦《とりで》だ。

雇用主は、退職後に毎月決まった給付を約束する「確定給付型年金」を大幅に削ってきた。その代わりに現在多くの企業が提供するのは、401kのような退職後のために特別な貯蓄口座を開設する「確定拠出型年金」だ。一九七五年には民間企業の従業員の一〇人中九人が確定給付型年金に加入していた。その多くは労働組合が交渉力を失う前に、労使交渉によって勝ち取ったものだ。二〇〇五年には、その割合は三人に一人に低下している[31]。

年金制度が何もないよりはマシだが、401k年金のために積み立てたお金は退職後、生涯にわたってもたせる必要がある。401kからの毎月の収入が一般的な確定給付型年金の水準に達することはめったにない。この変化によって打撃を受けたのは低所得層の労働者だ。経済政策研究所の報告書は「比較的所得の高い（拠出金を支払う能力の高い）労働者ほど、確定拠出型年金に加入する傾向が高い」と指摘する[32]。

この報告書は「確定給付型年金から確定拠出型年金への移行は、人種間および民族間格差を拡大し」、単身者や女性を「とりわけ困難な状況」に追い込み、大卒者と非大卒者の格差を広げた、とも指摘している。

雇用主による年金制度に加入していない労働者も数百万人いる。報告書はこう結論づけている。「低所得者、黒人、ヒスパニック、非大卒、独身者など多くの集団において、平均的な現役世代の世帯や個人の年金口座の積立金はゼロ、積立金があったとしてもその平均はきわめて低い」（傍点は原文より）。

退職者をめぐる危機は、賃金の伸び悩み、それに追い打ちをかけるような教育費や医療費など生活に必要なコストの上昇という広範な危機と結びついている。退職者を支える三脚椅子は見る影もない。

社会保障給付の削減によって苦しむのは、労働者だけではない。現在、社会保障制度は一五〇〇万人の高齢者に加えて、一〇〇〇万人の子供たちを貧困から救っている。[33] その多くが法定貧困ラインすれすれにいる。二〇一八年の退職給付の平均受給額は月一四〇九・五一ドルで、女性の平均受給額はそれより二〇％ほど少なかった。この年、政府の定める個人の貧困ラインは年一万二一四〇ドルだった。

このような状況下で、社会は給付を減らすのではなく、増やす方法を考えるべきだ。そうしたところで財源が尽きることはない。社会保障制度の制約は本質的に政治的なものであり、経済的なものではないからだ。

他の給付制度も危機的状況に

ここまで社会保障制度をじっくり見てきたのは、その財源の仕組みを見れば、財政赤字の神話が意思決定を歪め、社会としての目標の実現を阻んでいることがよくわかるからだ。社会保障制度の財源をめぐる議論は、他の公的給付制度に関する誤解、とりわけその多くが持続不可能な状態にあるという誤解を生む原因にもなってきた。

今日、給付制度が政府支出の大きな割合を占めているのは事実だが、それは今に始まったことではない。南北戦争の後、政府は北軍の退役軍人とその家族に障害給付、貧困給付、高齢給付を支払った。一九一〇年には、六五歳以上の男性の二八%、そして三〇万人以上の寡婦が政府から給付金を受け取っていた[34]。一八八〇年から一九一〇年までの三〇年で、政府は予算の四分の一以上を給付金に充てていた。この初期の給付制度は長く存続した。二〇一七年時点で、南北戦争の退役軍人の娘がまだ給付金を受け取っていたほどだ[35]。

政府による給付は、大恐慌時代に再び増加した。社会保障制度や、失業や貧困の蔓延に対応するさまざまな制度が発足したためだ。当時も危機感を煽る者はいた。ダニエル・ヘイスティングス上院議員は、社会保障は「偉大な国家の進歩に終止符を打ち、国民を凡庸なヨーロッパ人のレベルに引き下げるおそれがある」と語った[36]。今日、西ヨーロッパのセーフティネットのほうがよほど充実していることを思うと、皮肉な発言といえる。

戦後の好景気が続く一九六五年にメディケアが誕生したときには、政府支出よりも、ロナルド・レーガンらが声高に指摘した社会主義化のほうが懸念された[37]。共和党の上院議員で大統領選にも出馬したバリー・ゴールドウォーターなどの反対勢力は、メディケアが「手厚すぎる」と嘲笑《あざわら》った[38]。「年金生活者に医療サービスまで現物給付するなら、食料品や公共住宅や休暇用のホテルまで提供したらいいじゃないか。喫煙者にはタバコ、酒飲みにはビールはどうだ?」

ゴールドウォーターの問いかけはもちろん本気ではなかったが、もう少しまっとうな懸念を表明した者もいる。《ニューヨーク・タイムズ》紙の記者は、こんな問いを投げかけている。「大勢の高齢者が病院に列をなすことにならないか。彼らを収容する病室も、世話をする医師も看護師も足りないという事態にならないか」[39]。結局それは杞憂《きゆう》に終わったが、政府の制度から生じる新たな需要に十分対応し、実物的な財やサービス（医師、看護師、病床）を提供するだけの生産能力が国民経済にあるかは、常に検討すべき問題だ。

財政に関する議論が保守化するなか、反メディケア派の論客は次第に批判の矛先をその持続可能性に移していった。二〇一二年の新聞の論説記事には、そうした論調のものが多く見られる。ある投資銀行家によれば、「医療費の伸び率を抑えなければ、政府の予算を食いつぶすだろう。それは二〇〇八年から〇九年にかけての金融危機のときと同じような債務危機を引き起こす危険がある」[40]。

初代ブッシュ大統領の顧問を務めたゲイル・ウィレンスキーは「現状のメディケアは持続不可能だ」と主張したうえで、「ベビーブーム世代の高齢化という要因に加えて、歴史的に国民一人あたりの支出が少なかったこの分野で支出が膨張することがあれば、給付削減、受給資格の見直し、費用分担方式の見直し、増税、医療提供者への報酬削減といった複合的措置を講じなければならない」と述べている[41]。

金融コラムニストのフィリップ・メラーはこう書いている。「各制度の理事会がこのほど発表した年次報告を見ると、メディケアと社会保障制度では短期的に大きな変化はなさそうだが、抜本的改革をしなければ資金的に持続不可能な道を歩んでいることに依然変わりはなく、政府支出に占める割合はますます増加している[42]」

保守系のマンハッタン政策研究所のダイアナ・ファーチゴット・ロスは「メディケアは明らかに持続不可能な状態にある」と言い切っている。「現状から判断すると、メディケアは未来の高齢者に対する約束を果たせない。議論のための代替案を提示するのは、財政赤字問題に取り組むと約束した政治家の役割である[43]」

ここに挙げた主張はいずれも財政赤字の神話に依拠しており、間違っている。持続可能性を占ううえで唯一の尺度となるのは、国民経済の実物的な生産資源である。医療に関していえば、医療従事者と医療設備であり、それらが十分に確保できるかぎりメディケアは持続可能だ。

給付制度が問題視されるもうひとつの原因は、従属年齢人口指数だ。現在働いている人口と、給付を受ける人口の比率である。メディケアと社会保障制度の場合、従属年齢人口指数が懸念材料となる。こうした議論の典型例として、《ウォールストリート・ジャーナル》紙の記事を見てみよう[44]。

一九八〇年のアメリカでは、一八歳から六四歳までの人口一〇〇人あたり、六五歳以上の高齢者は一九人だった。だがそれ以降、状況は大きく変わった。木曜日に発表された世界各国の年齢と人種に関する統計によると、二〇一七年にはアメリカの現役世代一〇〇人あたり、六五歳以上の高齢者は二五人いる。

従属年齢人口指数のこうした変化は、警戒すべき想定外の事態であるかのように語られることが多い（実際はそうではない）。現行制度は高齢者による若者への裏切り行為だ、とまで言われる。ある保守系の作家は《ウォールストリート・ジャーナル》の取材に「目の前で起きている明白な事態に向き合わないのは、世代間の窃盗に等しい行為だ」と語っている。[45]

こうした理屈によれば、高齢者は利己的で、本来自らの利益を犠牲にしても未来世代のために限られた財源をとっておくべきところを、のうのうと給付を受け取っているということになる。すでに見てきたように、これは政府支出に対する完全な誤解に基づく発想だ。それが高齢者だけでなく、あらゆる国民に不利益をもたらすような意思決定につながっている。

このような給付制度への批判は、国民の長寿化という説とセットになっていることが多い。残念ながら、これは事実ではない。なかには長生きする人もいるが、二〇一八年の疾病管理予防センター（CDC）の報告書は、アメリカの平均寿命は三年連続で低下したことを示している。[46]大きな要因となっているのが、ドラッグ、アルコール、自殺による死、いわゆる「絶望死」だ。それ以外にはインフルエンザによる死者の増加、慢性的下気道疾患や脳卒中の増加といった要因もある。

寿命をめぐる最大の問題は、それが公平性の問題とかかわっていることだ。寿命は所得と密接な相関がある。統計データは衝撃的だ。学術誌『ジャーナル・オブ・アメリカン・メディカル・アソシエーション』の調査では、アメリカの最富裕層の男性は最貧層の男性と比べて、一五歳近く長生きだ。最富裕層の女性は最貧層の女性より一〇年ほど長く生きる。[47]

給付制度を批判する人々は、事実を誤認することはあっても、政治的弁舌には長けている。国民の支持を得ている制度を攻撃するときには、言葉の選択が重要だ。だからこそ自分たちの取り組みを給付「削減」や「廃止」とは言わず、「改革」と称するのだ。

「給付（entitlement）」という言葉自体も、政治的意図を持って生み出された。《ニューヨーカー》誌のヘンドリック・ハーツバーグによると、政治家は当初、給付制度を「勤労給付（earned entitlement）」と呼んでいた。やがてこの言葉は使われなくなった。そして一九七〇年代半ばになると「保守系の学者であったロバート・ニスベットとロバート・ノージックの著作に再び登場するようになったが、そのときには『勤労』という言葉は抜け落ちていた」[48]。

これは巧妙な策略といえる。「勤労」という、どこか肯定的な響きのある言葉を捨て、一九七〇年代にはすでにマイナスイメージが付き始めていた「給付」という言葉だけを残したのだ。英語の「entitlement」には甘やかされている、あるいは特権的といった意味合いがある。作家のリチャード・エスカウによると、米国精神医学会が発行する『精神疾患の分類と診断の手引（DSM）』の自己愛性パーソナリティ障害の定義にも、「entitlement」という言葉が使われている[49]。

ハーツバーグは、レーガン大統領も就任当初の演説では「社会的セーフティネット」という中立的表現を使っていたと指摘する。だがまもなくニスベットとノージックにならい、「給付」という言葉を使い始めた。ビジネスメディアも追随した。この言葉は給付制度の対象となる人々をさりげなく貶《おとし》める。ただレーガンの場合はさりげないどころではなく、「福祉予算をだまし取って裕福な生活を送る黒人女性」を意味する「福祉の女王」という差別的表現をよく使った（ちなみに、福祉制度の恩恵を享受する人の大部分は白人である）。

オバマ大統領は「財政責任と改革に関する国家委員会（通称、財政赤字委員会）」を設立したが、このときアラン・シンプソン上院議員とともに共同議長に就任したのが、ノースカロライナ州選出の民主党の上院議員で投資銀行家でもあった、アースキン・ボウルズだ。シンプソンが派手な物言いで注目を集める一方、地味なボウルズはクリントン政権時代に首席補佐官代理を務めたときの人脈を活かし、任務に邁進した。

しかし給付制度の撲滅に誰よりも熱心に取り組んだのは、ピーター・Ｇ・ピーターソンだ。二〇一八年に亡くなったが、その影響力、そしてそれ以上に重要な資金力は今も健在だ。一般にはあまり名前を知られていないピーターソンだが、財政規律の重要性を訴え、社会扶助制度への国民の支持を切り崩すことを目的とする広報キャンペーンに一〇億ドルもの私財を提供してきた。[50]

ピーターソンはベル&ハウウェルのＣＥＯ、リチャード・ニクソン政権の商務長官、リーマン・ブラザーズのトップなどを歴任したのち、投資ファンドとヘッジファンドを手がけるブラックストーン・グループの共同創業者として莫大な富を築いた。さまざまなシンクタンク、会議、怪しげなＰＲキャンペーンに資金を提供し、二大政党の主要な政治家との関係構築にお金と時間を費やした。ピーターソンが毎年主催していた財政サミットには、民主共和両党の政治家が登壇し（ビル・クリントンはスピーカーとして常連だった）、テレビ番組の有名司会者が（おそらく莫大な出演料をもらって）司会や進行を務めた。

ピーターソンは自らが援助する政治家、評論家、政策アドバイザーとともに数十年にわたり、政府の支出、とりわけ給付制度は経済を破綻させる、と国民に訴えてきた。ピーターソンの仲間のなかでもとりわけ先鋭的なポール・ライアンのような人々は、社会保障制度の完全民営化を主張してきた。制度の資金は枯渇しそうなので、残った虎の子の資金はすべてウォール街に預けるべきだ、と。国の財政の仕組みに無知なのか、あるいはウォール街をさらに儲けさせるための腹黒いたくらみなのかはわからないが、財政赤字の神話を利用して、数百万人の国民の財産を危険にさらそうとしている。

オバマ大統領が財政赤字委員会を発足させ、赤字削減の姿勢を鮮明にしたとき、社会はまだ金融危機のショックから立ち直っていなかった。大統領はそんな社会のムードを読み違えたようだった。それでも委員会は、緊縮財政派が発言力を強める足場となった。委員会の活動資金や人材をピーターソンが提供する、という異例の取り決めも結ばれた。二〇一〇年四月の《ワシントン・ポスト》紙はこう伝えている。

民主党リーダーシップ委員会を一時離れ、現在は財政赤字委員会のエグゼクティブ・ディレクターを務めるブルース・リード氏は、委員会の活動を広めていくためにピーター・G・ピーターソン財団など外部団体と協力すると語った。ピーターソン財団は水曜日、ビル・クリントン元大統領を招き、財政サミットを開催する。さらに六月には委員会のメンバーが参加し、二〇都市を結んで財政に関する「電子版タウンホール・ミーティング」を開催する。運営を担当するのは非営利団体の「アメリカ・スピークス」だ。[51]

アメリカ・スピークスはこの時期、ピーターソン財団から四〇〇万ドル以上を受け取った。[52] ピーターソン財団は委員会のスタッフ二名分の給料も肩代わりした[53]（《ワシントン・ポスト》紙によると、あるリベラル系の団体も財政赤字委員会にスタッフを派遣したが、自分たちの意見を聞き入れてもらえず、「委員会は迷走している」という結論に至ったという）。

財政赤字委員会のメンバーが最終的な事業計画について合意できなかったため、共同議長二人がさっさとピーターソンの意向に沿うような計画をまとめた。ピーターソンは即座にそれを評価し[54]、CRFBの協力を得て大々的に発表した[55]（CRFBはピーターソンが資金援助していた数多くの団体のひとつだ）。

ピーターソンが支援する組織と、オバマ政権の財政赤字委員会の良好な関係は、ピーターソンが長年培ってきた政治エスタブリッシュメントへの影響力の大きさを物語っている。二〇一二年の財政サミットも然《しか》りだ。オバマ政権がジョン・ベイナー下院議長（共和党）から予算について「大幅な譲歩」を引き出そうとしていた最中に開催されたこの年のサミットには、交渉の当事者であるベイナーとティモシー・ガイトナー財務長官がともにスピーカーとして登壇した。さらにビル・クリントン、ポール・ライアン、アラン・シンプソンも名を連ねた[56]。

シンプソンは財政赤字委員会の共同議長として、給付金を受給する数百万人のアメリカ人を貶めることに余念がなく、他の共和党議員も障害給付には不正受給が多い、と大げさに主張していた[57]。これも制度を槍玉に挙げる手口のひとつだ。上院共和党が過剰給付の審査会の発足を呼びかける一方、「過少給付」については審査を求めなかった事実は示唆に富む。

上院共和党の主張に反し、障害給付は手厚くもなければ、不正受給が蔓延しているわけでもない。障害給付の申請手続きは恐ろしく煩雑で時間がかかるうえに、いったん受給不可と判断されると覆すのはきわめて難しい。審理が開かれるまでの平均的な待機期間は二〇一八年時点で五三五日。多くの都市では七〇〇日を超える。同年末時点で八〇万一四二八人が審理待ちで、二〇一六年には八六九九人が審理を待っているうちに死亡した[58]。

このように制度を貶める目的は、受給者に羞恥心を抱かせ、それ以外の国民には受給者への不満を抱かせることだ。私は二〇〇〇年代初頭にカンザス州ウィチタで労働組合員を前に社会保障制度について講演したとき、社会保障やその受給者がどれほど不当な批判を受けているかを痛感した。講演が終わると、いかつい風貌の男性が近づいてきて、握手らしきものをしようとした。長年の肉体労働で、手をあげることも拳を握ることも、ほぼできない状態だったのだ。男性は私に講演の礼を言い、定年退職の日が待ち遠しいと話した。

この男性をはじめ、長年つらい仕事を懸命に続けてきた労働者が歳をとって退職し、公的給付を受けることに対して批判されるいわれはない。

社会福祉の受給者はレーガン大統領をはじめとする共和党員から厳しい批判を受けてきた。しかし一九九六年のいわゆる福祉制度改革法に署名したのは民主党の大統領、ビル・クリントンだった。表向きは福祉の受給者の就労支援をうたっていたが、その実態は受給者を強制的に公的給付の対象から外す仕組みで、結果的に多くの家族が貧困に陥った。全米貧困センターの調査はこの改革が主な原因となり、「極度の貧困は一九九六年から二〇一一年にかけて急増した」と結論づけている[59]。

福祉制度改革の前提となったのは、現金給付は労働意欲を削ぎ、またシングルマザーの増加を招くといった主張だが、いずれも誤りで、貧困層に対する不当な言いがかりであることを示す強力なエビデンスがある。《ニューヨーク・タイムズ》紙のエデュアルド・ポーターは、一九九六年の制度改正以前も「福祉制度の対象者の四割は一～二年しか給付を受けていなかった。受給期間が五年以上の人は全体の三分の一に過ぎない」とする調査結果を引用している[60]。さらに無職の母親に対する給付が打ち切られる以前も「福祉給付はシングルマザーの増加を誘発してはいなかった。二〇年以上にわたる経験上、福祉を打ち切ってもシングルマザーは減らない」とする一九九五年の研究も引用している。

執拗な攻撃を受けても、給付制度に対する国民の支持が低下することはなかったが、その長期的な財源の持続可能性に対する信頼は揺らいでいる。反福祉を唱える人々は正義感に酔いしれる傾向があるが、高齢者、障害者、貧しい人々のための制度を攻撃するのはおよそ正義ではない。彼らの運動に富裕層が気前よく寄付をし、大富豪の援助を受けるシンクタンクから「正義」への見返りを受け取っているのだから、なおさらだ。

給付制度について本当に議論すべき問題

給付制度に対する従来の考え方や議論がどれほど誤ったものであったか、ご理解いただけたと思う。本章では主にアメリカの状況を見てきたが、こうした誤った認識は世界中で多くの人々に悪影響を及ぼしてきた。イギリスの国民健康保険（ＮＨＳ）や日本の年金制度など、社会に欠かせない制度の大幅な縮小や資金不足の原因となってきた[61]。財政赤字の神話は世界中で人々からより良い公共サービスを享受する機会を奪ってきた。政府には国民に役立つ制度を維持するための資金がない、という思い込みが原因だ。それは本来ならば制度の支援を受けられるはずの人々に惨めな暮らしを強いるだけでなく、あらゆる人にとってマイナスだ。社会のセーフティネットには人と人との絆を強め、経済全体を支える役割がある。食品スーパーのレジ係、トラック運転手、小売店主など多くの人の雇用は、「給付」を受け取った人の支出によって支えられている部分もある。

給付制度に対する批判が誤っている理由のひとつはここにある。政府の予算は「一般家庭のように」考えるべきではない。国民がともに犠牲を払い、財政規律を重んじ、節約に励む必要もない（「ともに犠牲を払う」という言葉を使いつつ、自らは一切犠牲を払おうとしない人も多いが）。

では給付制度について、本当に議論すべき問題とは何か。まず頭に入れておくべきなのは、給付制度については三つの重要な論点があること、そして三つはそれぞれ独立しているということだ。社会保障やメディケアのような給付制度について議論するときは、三つをしっかり区別する必要がある。三つの論点とは①給付をまかなうための政府の支払能力、②制度として給付を払う法的権限、③給付に見合った実物的な財やサービスを提供するための経済の生産能力だ。

すでに見てきたとおり、MMTは通貨発行者としての政府の役割に注目する。アメリカ、イギリス、日本のような国で、給付金をまかなう政府の支払能力が問題になることはない。これは大きな強みだ。政府に医療費、高齢者や障害者への年金を支払う能力がないという理由で、国民が緊縮財政を強いられることは絶対にないからだ。だからといって政府が責任を持って払える金額に上限がないわけではない。給付を際限なく増やすと、経済の実物的制約（完全雇用など）を超えてインフレが起きる可能性があり、全員にとってマイナスだ。これこそ国民に伝えるべき重要なメッセージだが、現在の給付制度に関する議論からは完全に抜け落ちている。

この論点をめぐり、絶大な影響力を持つ人物が連邦議員をこてんぱんにしたときのことが忘れられない。「事件」が起きたのは下院で、発端は元下院議長のポール・ライアンの質問である。

ライアンは自称「タカ派の財政赤字反対論者」で、議員時代は社会保障制度の民営化に力を注いだ。政府保証付きの退職給付を民営化するため、個人に退職金口座を作らせ、老後資金の運用をウォール街の投資家に一任させる制度を提案し、他の政治家にも賛同を呼びかけた。演説やテレビ番組では長年にわたり、腕利きのセールスマンのように民営化構想を語り続けた。国民に選択肢や自由を与えるべきだと説き、現行制度が持続不可能な年金債務の重みで崩壊する前に、さっさと行動すべきだと訴えた。

二〇〇五年のある日、ライアンは自らの構想を、議会に参考人として呼ばれた特別ゲストにも売り込もうと考えた。社会保障制度の直面する財政危機なるものについて自説をとうとうと語った後、ライアンは参考人にこう尋ねた。「私の考えに賛同していただけますか？」だが参考人が話し始めると、ライアンは色を失った。期待していた返事ではなかったからだ。その内容は給付制度に関する重要な論点のうち、給付をまかなう「政府の支払能力」と、国民に約束した実物的な財やサービスを提供する「経済の生産能力」の二つを明確に区別するものだった。

このとき参考人として呼ばれていたのは、アラン・グリーンスパンだ。言わずと知れた一九八七年から二〇〇六年までFRB議長を務めた人物である。レーガン大統領に指名されたことからもわかるように、いわゆる革新派ではない。ライアンから見れば、グリーンスパンに給付制度改革の必要性について尋ねるのは安全な選択に思われたのだろう。同じリバタリアン（自由至上主義者）として、グリーンスパンはきっと社会保障の財政は持続不可能であり、個人の退職金口座を軸とする制度に移行するほうがいいと言ってくれるに違いない、と思ったのだろう。そこで甘めのボールを投げ、グリーンスパンに場外までかっ飛ばしてもらおうとした。

まず「個人が退職金口座を持つのは、老後の給付を確保するための新たな手段となる」と宣言したうえで、ライアンは長々としたわかりにくい質問をグリーンスパンに投げかけた。

個人退職金口座は、支払能力のある制度の構成要素になると思いますか。これはたしかに支払能力を高めるんですよ。個人の退職金口座を、ベネフィット・オフセット（年金加入者に拠出金の未払いがある場合、それを給付と相殺する仕組み）と組み合わせる。そのような仕組みがあれば、個人の退職金口座はわが国の制度の支払能力を維持し、将来の年金をより安全なものにすると思いませんか[62]？

わかりやすく言うと、社会保障制度は財政的に問題を抱えており、ウォール街が運用する個人の退職金口座という仕組みに移行することで危機を克服すべきだという見方に同意するか、グリーンスパンに尋ねたのだ。

賢明なグリーンスパンはバットを振らなかった。そしてマイクに向かって身を乗り出し、ライアンを驚愕させるようなこと、すなわち真実を語った。まずライアンの質問の大前提を完全に否定した。「政府が必要なだけ貨幣を発行し、給付を実施することを阻む要因は何もないので、現行の賦課方式の年金が安全ではないとは思いません」と[63]。

発言の冒頭部分を、もう一度しっかり味わってみよう。「政府が必要なだけ貨幣を発行し、給付を実施することを妨げる要因は何もない」

これはライアンの問いに対する完璧な返答であり、給付を実施するうえでの政府の「支払能力」について、ライアンの前提を完全に覆した。政府は絶対に給付を支払うことができる、とグリーンスパンは言ったのだ。なぜなら政府の支払能力において、資金不足が問題になることはあり得ないからだ。MMTの主張するとおり、FRB議長であるグリーンスパンには、議会が承認した支払いは連邦準備銀行が必ず処理することがわかっていた。議会が給付制度を資金的に支えると約束すれば、資金は必ず用意される。

皮肉なことに、グリーンスパンは一九八三年に社会保障改革委員会議長として給付削減を決めたときには、こうした事実を一切口にしなかった。当時は社会保障制度は資金不足を回避できないという前提を受け入れた。そして対応策としてグリーンスパン委員会は、退職年齢を徐々に引き上げるとともに給与税を引き上げ、将来の給付に備えて「あらかじめ資金を確保しておく」ことで、制度の財政を「立て直した」のだ。これは「社会保障を存続させる唯一の道は、約束した給付をまかなうのに十分な税収を生み出すことだ」という誤った認識に基づく対応だ。

だが本当のところ、グリーンスパン委員会が推奨した給付削減やそれ以外の変更は、制度を維持するのに必要ではなかった。グリーンスパンにはずっとそれがわかっていた。それでも二〇〇五年のこの日は、ライアンの問いかけに正しい答えを返した。しかもそれだけでは終わらなかった。返答の後半は、さらに見事だった。社会保障制度について本当に議論すべき、別の論点を取り上げたのだ。本当に重要な問いは、ライアンが発したものではなかった。制度の財政について議論するより、「制度を通じて提供されるべき実物資産を、確実に生産する体制をどうつくるべきか」を問題にすべきだ、とグリーンスパンは語った。[64]

アメリカは高齢化社会である。私たちの暮らしに必要な実物的な財やサービスの生産に従事している数百万人が退職年齢に達し、労働人口ではなくなろうとしている。その結果、社会保障やメディケアのような制度は、今後より多くの対象者にサービスを提供することになる。給付制度の議論において本当に考えるべきは、未来の受給者のニーズに応えて実物的な財やサービス（医療サービスや消費財）を提供するのに十分な生産能力をどうやって維持するか、である。

ライアンがグリーンスパンの発言を完全に理解したかは定かではない。給付制度の「持続可能性」を考えるとき、問題にすべきは経済の「実物的な」生産能力だ。給付の財源をどう調達するかではなく、経済が給付によって生じるニーズを吸収する能力を保つにはどうすべきかを考える必要がある。給付をまかなうための資金を調達するのは簡単だ。本当に難しいのは、給付金が実体経済のなかで支出されることによって生じるインフレ圧力をどう管理していくかだ。

ライアンが意表を突かれたのも無理はない。他の場面では、グリーンスパンは社会保障制度の直面する最大の課題は「資金的」持続可能性である、と語ってきた。だがこの日、議会で参考人として発言したときには真実を包み隠さず語った。政府が給付金を払うと約束するかぎり、社会保障制度は安泰である、と。

社会保障制度が直面する「危機」は財政的なものではなく、人為的、政治的に生み出されたものだという事実を、これほど率直に語る専門家を見つけるのは難しい。

私が初めてそんな人物に出会ったのは一九九八年、『社会保障制度を「救世主」から救え』と題した論文を読んだときだ[65]。筆者はノースウエスタン大学の経済学教授、ロバート・アイズナー。経済学の世界で先駆的な研究者として広く尊敬を集める、真の勇気ある人物だ。アイズナーは社会保障制度を蝕《むしば》む財政赤字の神話にいち早く気づいた。肝が据わっており、問題を誤解している相手には左派か右派かにかかわらず、率直にそれを指摘した。

グリーンスパンと同じように、アイズナーも社会保障制度が財政的に破綻しつつあるという考えを否定した。

社会保障制度は今、危機に瀕《ひん》していないし、将来にわたっても瀕することはない。破産することはない。現在の受給者やまもなく迎える退職の日を心待ちにしている世代のみならず、ベビーブーム世代、それに続く「X世代」のためにも存在し続ける。社会保障制度を貶め、「民営化」の名の下にそれを破壊しようとする輩が政治的勝利を収めないかぎり、それは変わらない。この問題の本質が明らかになれば、高齢者やその子供世代が合理的に票を投じるので、こうした輩が勝利する可能性はきわめて低い。

アイズナーの論文は、社会保障をはじめとする給付金制度の議論において、私たちが心にとめるべき他の重要な論点もとりあげている。政府が自らに課した、給付を実施する法的権限を制約するルールだ。グリーンスパンと同じように、アイズナーも政府には約束した給付を支払う「能力」は常にあることを理解していた。問題をややこしくし、社会保障制度などが破産しかかっているという誤解を生んでいるのは、給付を実施する「法的権限」だ。アイズナーの論文は、本当に重要な問題（とそうでないもの）を明確に示している。

ほぼすべての政治家が、社会保障制度の信託基金は最終的に枯渇する、という長期予想に固執するなか、アイズナーは信託基金が「単なる会計上の存在」に過ぎず、老齢および遺族保険基金や障害保険基金の残高がプラスであるか否かによって、政府が給付を支払う能力になんの違いもないことを指摘した。信託基金に十分な残高を残しておくことは、給付を支払う「法的権限」を維持するのに必要だが、議会が給付継続を約束しているかぎり、こうした会計上の主体が存在しようがしまいが、社会保障制度はどこまでも安泰である。「会計士が基金の収支を黒字と言おうが赤字と言おうが、財務省は法律の規定どおり給付を払い続けることができる。基金の赤字がどれだけ膨らもうと、財務省は社会保障給付をすべて支払うことができる」というアイズナーの指摘は正しい。

ちょっと待った、とみなさんは思うかもしれない。誰からも尊敬される経済学者が、社会保障の信託基金の残高にかかわらず給付を実施すると議会が約束するだけで、社会保障制度の直面する「危機」を解決できると言っているのか、と。そう、そのとおりである。実際、補足的医療保険はまさにそういう仕組みで運営されているのだから。

私たち一般人が、家計をそんな具合に運営するわけにはいかない。しかし、それは私たちが通貨の利用者だからで、政府は通貨の発行者だ。アイズナーはそこを理解していた。企業や家計と違い、「政府と財務省は破産しないし、破産することはあり得ない」と説明している。要は、どこかの帳簿の残高がゼロになるという予測に振りまわされるのはやめ、政府はただ約束を果たし続ければいい、と言っているのだ。結局のところ、国民は法律の下で、給付を受ける権利を法的に認められているのだから。

社会保障制度を円滑に運営するのがそれほど簡単なら、なぜ民主党と共和党はその財源をめぐって常に戦っているのか。なぜ誰もが制度を盤石にするために、給付削減や増税を声高に訴えるのか。なぜ専門家はかつてのアイズナー（一九九八年に死去）のように、世間の不安を鎮めるために積極的に発言しないのか。政府の行政予算管理局で事務方トップを務めるバリー・アンダーソンによると、「社会保障制度についてコメントする学者やアナリストのなかで、制度にまつわるこうした根本的事実を認める勇気（あるいは知識）のある人物はほとんどいない[66]」。

老齢および遺族保険や障害保険について、すでに補足的医療保険に付与されているものと同じ法的権限を政府に与える。そんなシンプルな解決策を提案する勇気や知識のない人々のために、アイズナーは別の解決策も示していた。単なる会計上の操作に過ぎないが、それをすれば今後信託基金の残高が不足しているという理由で、社会保障給付が削減されることは避けられるはずだ。基金の残高が潤沢にあれば、理事会は長期見通しは健全だと報告し、政府が給付金を支払う法的権限は維持され、空想上の危機は解消する。アイズナーから見れば最善の策ではなかったが、基金の帳簿上の残高が増えれば誰もが安心して眠れるならば、「この会計上の問題には、単純で苦痛のない解決策がいくらでもある」ことを示した。

民主党は信託基金を充実させる方法として、給与税の引き上げ、給与以外の所得を給与税の源泉徴収の対象に含める、あるいは給与所得が全額ＦＩＣＡ源泉徴収の対象となるように上限を廃止する案などを挙げるが、アイズナーはそれとは別の、国民の痛みをともなわない解決策を示した[67]。信託基金の保有資産はほぼすべてが非市場性の利付国債だ。ならばこの国債の利息を、信託基金の残高が会計士が満足する水準に膨らむぐらい高くしたらどうか、というのだ。国債の利率を二五％、五〇％、あるいは一〇〇％にすれば、信託基金の残高は一気に増加し、「危機」はまるごと、未来永劫消滅する。これは明らかに会計上の操作に過ぎないが、アイズナーにとってそんなことは問題ではなかった。信託基金の残高不足のために給付を削減するような事態を免れる簡単な方法があると、政治家に示すことが目的だったからだ。「つまるところ基金が保有する換金不可能な国債の金利を決めるのは、神ではなく議会と財務省なのだ」と書いている。ここで私たちが理解すべき重要な点は、アイズナーから見れば、信託基金に必要な資金を確保するのはおそろしく簡単で、しかもまったく必要のないことだったという事実だ。

アイズナーの後、社会保障制度に対する従来の見方にこのように異を唱えた経済学者は、MMT派を除けばほとんどいなかった。アイズナーが論文を発表した当時MMTは存在しなかったが、その核となる主張はMMTの視点と完全に一致する。通貨発行者は制度の（帳簿上の）健全性を保つために、いつでも帳簿に資金を追加できることを、アイズナーはわかっていた。

給付制度の議論には、MMTの視点が必要だ。突き詰めれば、議論すべきは社会として何を優先するのか、どのような価値観を実現したいのか、国民の暮らしを支える実物的な生産能力をどうやって維持するかである。制度について合理的な議論をするのに必要なレンズを、MMTは与えてくれる。

グリーンスパンは人口動態の変化によって、生産活動を支える労働人口が減ることを憂慮していた。従属人口指数に注目するのは当然のことだが、それは給付制度の財源が不足するためではなく、将来にわたって国民が必要とする実物的な財やサービスを確保するのが難しくなる可能性があるためだ。未来の退職者に金銭的給付を支払うだけでは十分ではないことを、グリーンスパンはわかっていた。その給付の実質的価値も重要なのだ。「過剰なマネーが過少なモノに殺到する」という昔ながらのインフレを防ぐには、経済として国民が必要とする財やサービスを供給するのに十分な生産能力を持っておく必要がある。どうすればそれが可能なのか。

まず社会として何を優先すべきか決めなければならない。世論調査では、給付制度の維持は社会の目標の上位に入る。ならばこの目標を達成する方法を考える必要がある。インフレを引き起こさずに需要を満たすため、経済に十分な生産能力を維持する方法を見いだすのだ。

たとえば老後の生活について考えてみよう。たいていの人は、退職者の経済的安定を保証する制度を好ましいと思うだろう。労働市場を離れた高齢者に背を向けるような社会は誰も望まない。社会保障やメディケアは、仕事中心の生活を終えた人々に、基本的保護を与えるために存在する。高齢者が必要な医療サービスを受けられ、安定した所得補助によってまずまずの暮らしが送れることを、社会は望んでいる。

政府は二〇一七年には医療制度に一兆ドルを支出した。その六〇％を、公的医療保険制度としては最大のメディケアが占める。残りはメディケイド、子供の医療、医療費負担適正化法（通称オバマケア）の対象となる保険の保険料への補助だった。それとは別に九四五〇億ドルが社会保障給付として高齢者、遺族、障害者に支払われた。すべて合わせると、いわゆる給付制度の規模は約二兆ドルと、政府予算全体の半分近くを占める。[68] 非常に大きな数字だ。しかしここまで見てきたとおり、ただの数字に過ぎない。私たちにはそれをまかなう資金力がある。だが実物資源はどうだろう。

一九四六年から六四年までの間に生まれた記録的な数のベビーブーム世代が、まもなく労働人口から抜けようとしている。これからの一八年は一日あたり平均一万人が六五歳の誕生日を迎える。その多くがあと何年かは働き続けるが、六五歳になると同時にメディケアの受給資格が生じる。二〇三〇年にはアメリカ史上初めて、六五歳以上の人口が一八歳未満のそれを上回る見込みだ[69]。ベビーブーム世代は人口の五分の一を占めるようになる。

私たちはそうした事態に備える必要がある。七〇歳の人は三五歳の人よりも多くの医療サービスを必要とする一方、育児支援は必要としない。つまり経済として需要が増えるものと、減るものがある。そして将来の労働力に予想外の増加（ベビーブームの再来や移民の急増）がなければ、労働人口が減少するなかでこうしたニーズに対応しなければならない。

備えは今すぐ始めるべきだ。医師や看護師の育成に力を入れ、高齢者用の住宅を増やし、インフラ、教育、研究開発（オートメーションを含む）に投資する必要がある。適切な投資によって経済の長期的な生産能力を高め、実物的な財やサービスの供給減と奪い合いに起因するインフレ圧力を抑えることができる。

ＭＭＴは、政府に通貨を発行する力があれば、やりたいことは何でもできるなどとは言っていない。社会にとっての本当の制約に照準を合わせ、最善の解を見いだそうとする。現実世界の資源の制約に基づいて、現実的な意思決定をする。まっとうな議論とはそういうものだ。

公的給付を削減すべきだという提案を、私は非人道的だと思う。みなさんも同じかもしれない。高齢者、障害者、貧困層にも人並みの暮らしを送り、経済的安定を手にする権利がある。それは信託基金に彼らを養うだけの余裕があるからではなく、彼らが人間だからだ。給付制度とそれが体現する価値観は、私たちの社会の基礎を成すものと一致するべきだ。そうは思わないという人もいるかもしれないが、そうした議論は国の財政を正しく理解したうえで行う必要がある。

未来に目を向け、社会のニーズを満たす最善の方法を考えるときには、「どうすれば必要な資金をまかなえるか」という発想をやめ、「どうすれば必要な資源を確保できるか」という発想に転換しなければならない。

私たちが生きる世界は理想郷ではない。実物資源には限りがある。あらゆる人に医療サービスを提供する、誰もが経済的に安定した老後を送れるようにする、すべての市民を貧困から守るなど、社会を良い方向に変えようとするならば、ときには異なる目標の間で困難な選択を迫られることもある。

私たちは今、準備を始めなければならない。インフレを引き起こさず目標を達成するのに十分な生産能力を確保するため、必要な投資をしなければならない。そのための行動、たとえばオートメーション、インフラの強化、教育機会の拡充、研究開発、公衆衛生の改善は、すべて未来に向けた賢い投資だ。

アメリカは南北戦争の後も二〇世紀も給付制度を維持することができたし、今でもそれは可能だ。給付制度をめぐる論争は、通貨の性質と税金の真の目的に関する時代遅れの考えに根差している。それが社会の優先すべきこと、私たちの望む社会像、その実現に必要な資源に関する本質的議論を妨げている。

私たちにとって最大の課題は、必要な費用をどうまかなうかではない。これからの数十年、経済が着実に適切な財とサービスの組み合わせを産出し続けられるようにすることだ。どこかの帳簿の残高が足りないことが問題なのではなく、ビジョンがないことが問題なのだ。資源に制約のある世界においても、あらゆる人の生活をより良いものにする方法はたくさんある。私たちにそれを考える想像力と、挑戦する勇気さえあればいい。

第七章 本当に解決すべき「赤字」

豊かな時代の貧困は悪だ。戦うべき悪があり、苦しんでいる人々のいるところに政府はある。

——ロバート・ケネディ

私は二〇一五年、上院予算委員会の民主党側のスタッフとしてワシントンにやってきた。当時アメリカは世界金融危機後の大不況から、あきれるほどゆっくりとした回復の途上にあった。

アメリカは数十年にわたり、金融界と政界を牛耳るエリートたちのグローバルネットワークに信頼を寄せ、権力を与えてきたが、エリートたちは地球上の大多数の人々が抱える経済問題の解決にまるで役に立たなかった。ごくわずかな間ではあったが、世界金融危機は私たちが社会として何を優先すべきかを考え直す機会になるかと思われた。オバマ大統領は危機の直後、変革という使命を帯び、上下両院の安定多数という好条件の下で選出されていた。しかし私がワシントンに着く頃には、共和党が上下両院を支配し、（少なくとも公的給付については）無意味な倹約を続け赤字支出を警戒する、以前の状態が一気に戻ってきた。

民主党は少数派となり、政策課題は共和党が決めていた。上院予算委員会でも民主党は守勢に回っていた。私は会議に立ち会い、民主党側の発言の準備を手伝いながら、民主党が多数派だったらと想像をめぐらせた。そうすれば国民が直面するさまざまな問題を議論のテーマとし、数百万人がもっと安定した、生産的で幸福な人生を送れる手助けができるのに。だが民主党が少数派であるかぎり、私にできることはほとんどなかった。

実際のところ、少数派かどうかはあまり関係なかったのかもしれない。両党の間にどれほど敵意があっても、政府の「財源」については見解が一致していた。民主党員も共和党員も、政府の予算を家計の予算と同じように、つまり通貨の発行者ではなく通貨の利用者の視点で考えていた。国家の財政危機が迫っているという認識で両者は一致しており、問題の根本原因について争っていただけだ。民主党は減税やカネのかかる戦争が問題だと考え、共和党は社会保障、メディケア、メディケイドのような制度にカネを使いすぎだと主張していた。

民主党が多数派であっても、財政赤字の神話に屈したのではないか、と今の私は思っている。予算委員会の民主党側のトップはサンダース上院議員だったので、議論はもう少しロビン・フッド的な内容に傾いていたかもしれない。政府の支出を増やすために、富裕層に課税する（あるいは防衛費を削る）といったかたちで。いずれにせよ政治の現実を踏まえると、財政赤字の増加をひたすら避けることが最優先課題になっていた可能性が高い。

私は民主党側のチーフエコノミストとして、権力の中枢にいた。MMTの主張に耳を傾けてもらうこともできるはずだった。だが自分の意見が何らかの影響力を持ちうるとはまったく思えなかった。大学に休職願いを出し、友人や家族を離れ、ワシントンDCに住まいまで移したのに、ひたすら財政赤字のことばかり考えている人々に囲まれているという現実は耐え難かった。私はずっとフラストレーションを抱えていた。

そんななか、あるアイデアがひらめいた。「赤字」とは私たちが今手にしているものと必要としているものの差にほかならない。辞書で「deficit（赤字）」という言葉を引くと、「量あるいは質の不足」「能力あるいは機能的能力の欠如や障害」と定義されている。政府の財政赤字を憂える必要はないが、それとは別の、本当に重要な赤字、つまり不足や欠落がある。まっとうな雇用、医療サービス、質の高いインフラ、クリーンな環境、気候変動対策などが足りていないのだ。予算委員会の上院議員たちがどうしても赤字について語り合いたいのなら、財政赤字以外のさまざまな「赤字（不足）」について議論したらどうだろう。

ちょうど都合のよいことに、まもなく議会予算局（ＣＢＯ）のダグ・エルメンドーフ局長が上院予算委員会に出席することになっていた。恒例行事だったので、どんな展開になるか、だいたい予想がついた。エルメンドーフはスーツをきっちり着こなし、眼鏡をかけ、ＣＢＯの最新の『長期財政見通し』を手に会場にやって来る。まず予算見通しの要点を説明していき、予想される予算不足に注意を喚起し、政府が財政再建に失敗すれば債務危機が発生するリスクがある、と警告する。それを受けて上院議員たちが順番に、赤字問題を解決するには支出を削減する必要があるとか、税金を引き上げなければならないといった主張や派手なパフォーマンスを繰り広げるのだ。そんな無意味な作業につきあうなんて、考えただけでもぞっとした。そこで私は一計を案じた。

上司であるバーニー・サンダース議員は予算委員会の重鎮で、委員長の開会の言葉に続いて用意された原稿を読み上げるのが慣例になっていた。原稿の準備はスタッフの仕事だ。これを私のエントリーポイントにしよう、と決意した。まったく新しい対話をスタートさせるチャンスはこしかない、と。私は仲間に、財政赤字の話は完全に無視して、代わりに本当に重要な「赤字」について語ろう、と提案した。

幸い、サンダース議員はふつうの人々の話に耳を傾け、本気で彼らに寄り添おうとしていた。

政府の予算に対して、私と同じ考えを持っていた。それは国家として優先すべきことを表明する道徳的文書なのだ、と。私たちはともに、アメリカは徹底した個人主義ではなく、分かちがたい運命を共有し、喜びも悲しみもともにするひとつの国家だと考えていた。この精神を共通の土台として、バーニーと私を含めたスタッフは原稿を書き直すことにした。例年のように将来の財政赤字をどうやって減らすかを論じるのではなく、インフラ、雇用、教育、健康など今のアメリカに足りないものについて語ることにしたのだ。

バーニー自身がこの論点の転換を売り込む役割を担うことになり、見事にやり切った。エルメンドーフ局長の聴聞会の後、議会の〝業界紙〟ともいえる《ザ・ヒル》は、「バーニー・サンダースが『赤字』に対する立場を転換」と報じた。[1]

私たちが指摘したのは、ふつうの人々にきわめて大きな影響を及ぼすものの、あまりに長きにわたって無視されてきた「赤字」だ。いずれもまっとうな社会の核となる要素だ。アメリカのインフラは劣化している。大学教育のコストは手の届かないほど高騰しており、四五〇〇万人が一・六兆ドル以上の学生ローンを抱えている。所得や資産の格差は記録的水準にある。平均的な労働者の賃金は一九七〇年代からわずか三%しか増えていない。国民のほぼ四人に一人が、生涯働き続けることになると考えている。医療制度は控えめに言っても不十分で、八七〇〇万人が無保険あるいは十分な保険に入れていない。二〇一五年当時も今も、「赤字」に対する立場の転換が必要なことに変わりはない。

政府の予算プロセスは、根本認識の部分で完全に齟齬《そご》をきたしていて、このような複合的危機に対処することがまったくできない。政府は通貨発行者であるにもかかわらず、資金的制約があるという前提に基づいているからだ。予算プロセスに関わる人々は、長期的な「財政均衡」以外のゴールが見えなくなっている。官僚が作ったこの仕組みは、政策の選択肢を縛り、血の通った人間のニーズよりも抽象的な存在に過ぎない帳簿上のニーズを優先させる。

今こそ本当に重要な「赤字」について議論しなければならない。ひとつずつ見ていこう。

質の高い雇用の不足

リック・マーシュはオハイオ州ローズタウンのゼネラルモーターズ（GM）の工場で二五年間働いたが、二〇一九年初頭にその工場は閉鎖された。マーシュの父親は労働組合の幹部で、かつて同じ工場で働いていた。「マーシュにとっては実質的に、生涯唯一の職場だった」と《ニューヨーク・タイムズ》紙は書いている。

マーシュには持ち家があり、脳性麻痺の娘がいる。GM時代の年収の半分で、ペンシルベニア州西部の天然ガス田に再就職する口はあった。勤続年数が長かったので、別の地域のGMの工場に異動させてもらうこともできた。しかしどちらもマーシュ夫妻には難しい選択肢だった。学校や地域サービスなど、娘のために必死に作り上げてきた広範な支援のネットワークを手放さなければならなくなるからだ。[2]

マーシュの例は決して珍しいものではない。アメリカの製造業の雇用者数は、NAFTA、WTOなどの貿易協定が結ばれる以前の水準を大幅に下回っている。いずれの協定も企業にはうまみがあったが、自動車をはじめさまざまな産業の国内製造拠点には打撃を与えた。金融危機も追い打ちをかけた。二〇〇八年以降の八年間に、アメリカの電気通信関係の雇用は二一万二〇〇〇人、製造業の雇用は一二万二〇〇〇人減少した。一般的にまっとうな給料や福利厚生が得られるはずの公共部門の雇用も減少した。州や自治体政府は職員を三六万一〇〇〇人減らし、郵便公社は一一万二〇〇〇人減らした。

たしかに本書執筆時点で経済は二〇〇八年の不況からゆっくりと回復し、雇用は増加している。二〇二〇年初頭の失業率は三・七％と、大不況のピークの一〇％から大きく減少した。しかし雇用の増加は低技能・低賃金の仕事に集中している。だから数百万人が仕事を二つ、三つと掛け持ちしながら、食べていくのに必要な収入をなんとか得ようとしているのだ。「時給八ドル二五セントじゃ、とても暮らしていけない」。二〇一四年の《シカゴ・トリビューン》紙の記事で、ロチオ・カラバンテスはそう語っている。[3] 当時カラバンテスはシカゴ中心部の高級ホテルの床掃除やトイレ掃除の仕事を二つ掛け持ちし、二週間に一度四九五ドルの収入を受け取っていた。家賃は月五〇〇ドルで、毎日職場まで公共交通機関で一時間かけて通勤していたが、一日たりとも欠勤できなかった。《シカゴ・トリビューン》の記事では、きちんと仕事をしていれば報酬は上がると思っていたが、「それは間違いだった」と語っている。時給八・二五ドルはイリノイ州の最低賃金だ。ただ政府の定める最低賃金は七・二五ドルに過ぎない。

緊急時に四〇〇ドルを用意できるかという質問に、できないと答えるアメリカ人は実に四〇％に達する。[4] 誤解しないでいただきたいが、その原因は賃金が低いことだ。まっとうな仕事が十分あれば、このような事態にはならない。労働市場が健全で、旺盛な需要があれば、雇用主は賃金を引き上げて労働者を集めざるを得なくなる。

アメリカの雇用の量は回復したかもしれないが、新たな雇用の質は大幅に低下した。たとえば飲食業の雇用は二〇〇万人、小売業の雇用は一二〇万人増えた。労働省の「経済ニュースリリース」によると、小売業の労働者の平均年収は二万八三一〇ドルだ。飲食業や清掃業はさらに低く、平均二万二〇〇〇ドルをわずかに上回る程度だ。二〇〇八年の危機後に増えた雇用の四分の三は年収五万ドル未満であり、大部分はそれより大幅に少ない。平均的労働者のインフレ調整後の賃金は一九七〇年代から二〇一八年まで三％しか伸びていない。所得の下位二〇％の労働者の賃金はむしろこの間、減少した。[5]

小売業や飲食業の賃金が、雇用の減った業種より低くなるべき理由などない。だがどちらも二〇世紀半ばの製造業のように、労働組合が影響力を持ちえた産業ではない。雇用主はアウトソーシングやフランチャイズ経営、フルタイム労働者ではなく個人事業主との契約など、給料と福利厚生をできるだけ抑えるためにありとあらゆる手を使ってきた。

地理的な問題もある。今雇用がある地域は、かつてあった場所ではない。一九九〇年から九一年にかけての不況から経済が回復したとき、中西部の農村部や小さな町の新規雇用の増加率はアメリカ中で最も高かった。だがそれ以降、このような雇用の回復力は弱まった。金融危機後の大不況からの回復期に、雇用の伸び率が最も高かったのはロサンゼルス、ニューヨークシティ、ヒューストンのような都市部や大都市だった。人口の少ない地域や農村部の伸び率は、過去の回復期の三分の一に満たなかった。[6] 二〇〇八年からの回復が実質的にゼロだった地域もある。労働市場そのものが、店じまいをして姿を消したようだった。

イリノイ州ケアロはミシシッピ川とオハイオ川の合流点に位置し、かつては店やドライブインやクラブのひしめく活気ある街だった。だが産業の空洞化や人種差別主義（ケアロの住民の大部分がアフリカ系アメリカ人）の影響を強く受けてきた。今ではスーパーのダラーゼネラルが二店と、他の店が数軒あるだけだ。作家で写真家のクリス・アーナードは、ケアロに住む四七歳の教師マルバに、なぜこの町に残ったのかと尋ねた。するとシンプルな答えが返ってきた。「ケアロが私の故郷だから。ここは小さなコミュニティで、私の家族なの。生まれたときから一緒にいる人たちを捨ててはいけないでしょう」[7]。現代の経済が、人々に故郷か生活かの二者択一を迫るのは残酷ともいえる。そしてたとえ故郷を去る意思があっても、新たな都市に移り住むのは費用負担が重く困難で、リスクも高いことが多い。

一方、新たな雇用が生まれている地域で暮らしている比較的幸運な人でも、以前より仕事の条件は悪くなっていることが多い。報酬の高い仕事を解雇され、スキルや教育水準に見合わない報酬の低い仕事にしか就けないという現象は、不完全雇用と呼ばれる。たとえば二人の子供を持つリサ・カシノ・シュッツは修士号を持ち、かつては年収一〇万ドルを超える安定した仕事に就いていた。だが金融危機のあおりを受けて仕事がなくなり、スポーツ健康センターで時給一五ドルの仕事に就かざるを得なくなった。その仕事も解雇になり、アマゾンのカスタマー・サービスで働き始めたが、その仕事もまたなくなった。「『なぜ私なの？』『私のどこがいけないの？』と自問自答してしまう」とカシノ・シュッツは語る[8]。

不完全雇用があまりに多くの人の身に起きていることから、ライターのアンドレア・トンプソンはそういう人々の体験ばかりを集めたブログを作っている。そのなかにはトンプソンの六四歳になる祖母も含まれている。長年コックとして働いていたが、外科手術を幾度か受けなければならなくなり、今は地元の高校で食堂係としてわずかな収入を得ている。最近、糖尿病と診断されたが、その治療費を払う余裕がないという。

人はみな使い捨てであるという意識の蔓延は、雇用や賃金にとどまらず、さまざまなかたちで人々に影響を与えている。二〇一八年にアメリカ精神医学会（ＡＰＡ）が実施した調査では、回答者の三分の二が必要な支出をまかなえるか不安を感じていると答えた。不安を感じている人が同じぐらい多かった唯一の項目は、自分の健康と家族の安全で、どちらも財政状況とかかわりがある。ＡＰＡのウェブサイトにはこうある。「女性の約四分の三、若年層（一八歳〜三四歳）の約四分の三、そしてヒスパニック系の成人の五人中四人が、生活費をまかなうのに多少、あるいは強い不安を感じている」。地域保健ジャーナルの二〇一七年の調査は、現役世代の三人に一人が、自らの雇用に不安を感じていることを示していた[9]。このような不安感は、肥満、睡眠の質の低下、喫煙、欠勤、全般的な健康状態の悪化といった問題と相関があり、その発生頻度を大幅に高める。経済学者のスーザン・ケースとアンガス・デートンは、一九九九年以降に中年の白人アメリカ人の死亡率が急上昇した背景を調査した結果、自殺、薬物、飲酒によるいわゆる「絶望死」が大きな原因であることを突き止めた。それは主に経済不安が引き起こした死である。

こうした問題に直面しているのは、アメリカの労働者だけではない。デビッド・Ｎ・Ｆ・ベルとデビッド・Ｇ・ブランチフラワーはヨーロッパの二五カ国を調査した結果、そのほとんどで二〇〇八年の金融危機の後、不完全雇用によって賃金が下がったことを明らかにした[10]。しかしアメリカの労働者は、ヨーロッパの労働者よりさらに困難な状況に置かれている。アメリカの雇用情勢はヨーロッパ諸国の多くと比べて厳しい。そのうえアメリカは先進国のなかで唯一、雇用主に有給出産休暇の付与を義務づけていない。というより雇用主にいかなるタイプの有給休暇の付与も義務づけていない唯一の国だ。もちろん、アメリカの雇用主のなかには独自の制度を設けているところもある。しかし全体として、アメリカの労働者の休暇日数はイギリス、フランス、スペインのそれと比べて四分の一ほどに過ぎない。

高賃金の製造業の雇用が海外に流出し、それがアメリカンドリームを蝕んできた、という話は散々語られてきた。トランプは二〇一六年の大統領選挙で、偉大さを取り戻す、製造業の仕事に就き、安定した生きがいのある暮らしができた時代を取り戻すと約束し、中西部で勝利を収めた。おそらく人々が本当に望んでいるのは、一人の大黒柱が家族を養い、家を買い、ガレージには自家用車を二台置き、子供たちを大学に行かせ、年一回は家族旅行を楽しみ、退職したらそれなりの年金を受け取れるような暮らしだろう。それは「製造業の雇用を取り戻せ」「アメリカを再び偉大な国にしよう」といったスローガンで語られることが多い。だが本当に重要なのは、安定雇用の安心感と、かつて平均的収入で得られた満ち足りた暮らしを取り戻すことだ。

つまるところ、まっとうな雇用の不足は、経済のお金の流れに原因がある。今はごく限られた数の幸運な人々に高い報酬やさまざまな福利厚生が流れ込む一方、大多数の人々はわずかな報酬しか得られず、福利厚生はゼロあるいはごくわずかだ。しかしMMTが示すとおり、通貨主権国の政府にとってお金は絶対に尽きることのない資源だ。小売店やファストフードの店員、シカゴの高級ホテルの清掃人まで、あらゆる仕事が人間らしい報酬、勤務時間、雇用の安定や福利厚生をともなうまっとうな仕事にならない理由はない。

次章では政府が就業保証を通じて希望者全員に生活可能な賃金と福利厚生のパッケージを提供

することで、すべての雇用主が守らなければならない最低基準を設定する、というＭＭＴの提案を見ていく。それに加えてＭＭＴは、生活の質を高め、国民の健康や幸福度も高めるため、有給休暇や休暇日数の問題を解決する方法も示している。こうした構想は真の完全雇用を実現し、所得階層の底辺にいる人々の収入を増やし、その恩恵を階層の上のほうまで広げていく。それによって、まっとうな報酬の得られる仕事の不足という問題は完全に解決するはずだ。

より環境にやさしく、安全で安心な未来に向けて経済のあり方を変えていくなかで、すべての国民に質の高い雇用機会を提供することができる。

貯蓄の不足

まっとうな雇用の不足は、社会にさまざまな波及的影響をもたらしている。まっとうな雇用の喪失は、まっとうな賃金の喪失を意味する。それは貯蓄ができないということだ。かつては多くの国民が、大学を卒業すれば報酬の高い仕事に就くことができ、安定した雇用、（最高とは言えないまでも）まずまずの医療保険、安定した老後を期待できるような人生が待っている、と当たり前のように考えていた。だが今は違う。労働者は老後のために貯蓄するどころか、四〇代、五〇代になっても学生ローンの返済を続けている。どうすれば退職するのに十分な貯蓄などできるのだろう、と考えている。子供がいれば教育費の工面にも頭を悩ませる。

これが貯蓄の不足だ。

典型的な現役世代のアメリカ人には、退職に備えて貯蓄する余裕などない。それが実態だ。ある調査では、現役世代の退職金積立口座の残高の中央値はゼロ、という結果が出ている。[11] 他の調査では、退職に備えた貯蓄がゼロという国民の割合は二一％[12]から四五％[13]という結果が出ており、貯蓄が五〇〇〇ドルから一万ドルという人を含めるとその割合ははるかに高くなる。貯蓄ができない理由として圧倒的に多いのが、所得が少なく、生活費が高いことだ。死ぬ前に貯蓄を食いつぶしそうだと考えている人は、六六％にものぼる。[14] アメリカの現役世代は二億人強だが、雇用主の用意する401k、個人口座や年金などの老後資産を一切保有していない人は一億人を超える。[15] 当然、低所得労働者の状況はさらに悪い。五一％が老後のための貯蓄を一切していない。[16] 退職金積立口座がある人に限ると、平均残高は四万ドルだ。しかし国民の七七％は年齢や所得水準に対して十分な老後資金を蓄えていない。二〇一九年六月時点で、六五歳以上の五人に一人が働いており、それ以外にも積極的に仕事を求めている人は多い。[17] 全国世論調査センターによる二〇一九年の別の調査では、国民のほぼ四分の一が一生働き続けなければならないと考えていることが明らかになった。

昔は違った。ベビーブーム世代が社会に出たのは、経済成長が続いていた比較的穏やかな時代だ。その親世代にあたるいわゆるグレーテスト・ジェネレーションは大恐慌時代に生まれたが、その後は社会の進歩の恩恵に浴した。社会保障制度が誕生し、「GIビル（復員軍人援護法）」が成立し、失業保険は拡充され、第二次世界大戦後は一〇年にわたって好景気が続いた。もちろん誰もが平等に成長の恩恵を受けたわけではなく、アフリカ系アメリカ人は人種差別に苦しみ、政治抗争の激しい時期もあった。それでもこれらの世代は、親世代よりも良い暮らしができると考えていた。アメリカンドリームは健在で、少なくとも大多数の人にとっては現実味があった。

平均寿命をはじめ健康に関するさまざまな指標は改善し、雇用主と従業員は生産性向上の果実を分かち合った。最近、破産を申請した小売業大手のシアーズは、一九六〇年代、七〇年代を通じて従業員と利益を共有した。清掃員から経営幹部まで、あらゆる社員がストックオプション（あらかじめ決められた価格で自社株を買う権利）、利益分配プログラム、年金制度の恩恵を享受したのだ。

すでに見てきたように、社会保障制度がお先真っ暗だというシナリオは、財政赤字の神話の一形態に過ぎない。しかし現実に国民の老後の安全を揺るがした大きな変化はたしかにあった。確定給付型年金の消滅である。

老後に決まった金額の給付を受け取れる確定給付型年金は、第二次世界大戦直後には（包括的な医療保険や労働組合員の資格とともに）労働者にとって当たり前のものだった。しかし一九八〇年頃、雇用主は年金制度を４０１ｋなどの確定拠出型年金に切り替え始めた。確定拠出型では、従業員が在職期間中に積み立てた金額によって老後の給付額が決まる。今日では、労働者は自力で老後の備えをすることを期待されている。しかし暮らしていくだけで精一杯なら、貯蓄などできない。

いまや多くの家族が、エリザベス・ウォーレン議員が娘のアメリア・ウォーレン・ティアギと執筆した『The Two-Income Trap: Why Middle-Class Parents Are Going Broke（ツー・インカム・トラップ――中間層の親がなぜ破産するのか）』のタイトルそのままの状態に置かれている。賃金が伸び悩む一方、医療費や大学の授業料は上昇し続けるなか、基本的な生活費をまかなうには夫婦共働きをせざるを得ない。ミドルクラスの生活を維持しようともがきながら、将来に強い不安を抱いている。出版されたのは二〇〇四年だが、この本の中心テーマであるミドルクラスの空洞化は今日ますます深刻化している。教育費が高騰すれば、子供の大学の学費負担は増える。医療費が上昇するなか雇用主による医療給付は削減されているので、貯蓄の余地はますます狭まる。確定給付型年金が徐々に姿を消すなか、個人や家族の老後の収入は安泰ではなくなった。貯蓄の必要性は高まっているが、その余力は低下する一方だ。

貯蓄の不足は、大不況からの「回復期」の間も続いてきた。《ウォールストリート・ジャーナル》紙は、さまざまな家族が未来のために貯蓄をするどころか、ミドルクラスの生活をなんとか維持するために無担保の個人ローンなど借り入れを増やしている様子を伝えている。二〇一三年から一九年にかけて、住宅ローン以外の家計の債務は一兆ドル増えた。主な要因は学生ローン、自動車ローン、そして未払いのクレジットカード債務だ。紹介された事例のひとつが、コネチカット州ウエストハートフォードに住むともに二八歳の夫婦だ。テクノロジー業界で働く二人の年収は合計一三万ドル。二人あわせて学生ローンが五万一〇〇〇ドル、自動車ローンが一万八〇〇〇ドル、クレジットカード債務が五万ドルある。それに加えて住宅ローンが二七万ドル、さらにまだ幼い娘の育児や保育園代もかかる。最近は外食もしない。自動車事故に巻き込まれ、債務は一段と増えた。シアトルに住む別の夫婦はともに三四歳。年収は合計一五万五〇〇〇ドル、学生ローンは八万八〇〇〇ドル、毎月息子の保育園代が一二〇〇ドルかかる。家賃負担は月一七五〇ドルだ。売り物件の平均価格が七五万ドルのシアトルで、寝室が二部屋ある家を買う余裕はない。どちらの夫婦も二人合わせた収入は比較的高いが、貯蓄は言うに及ばず、家も買えない[18]。

当然ながら、貯蓄不足の深刻さは人種や民族によって異なる。経済政策研究所が、世帯主が三二〜六五歳の世帯の老後資金の貯えを調べたところ、白人、アフリカ系アメリカ人、ヒスパニック系の間に大きな差があった。二〇一三年時点で白人世帯の六五％に何らかの蓄えがあったのに対し、その割合はヒスパニック系ではわずか二六％、アフリカ系アメリカ人の世帯では四一％にとどまった。大不況以前と比べると、貯蓄がある世帯の割合はヒスパニック系で一二％、アフリカ系アメリカ人では六％低下している。いくらかの貯蓄があるアフリカ系、ヒスパニック系の世帯でも、白人世帯と比べて金額は見劣りする。退職金積立口座を持つ白人世帯の貯蓄額の中央値が七万三〇〇〇ドルであったのに対し、アフリカ系、ヒスパニック系の中央値は二万二〇〇〇ドルだ。また白人世帯と異なり、アフリカ系とヒスパニック系の退職金積立口座の残高は大不況の後、回復しなかった。白人世帯の貯蓄額の中央値は二〇〇七年から二〇一三年にかけて三三八七ドル増加したのに対し、ヒスパニック系は五五〇八ドル、アフリカ系は一万五六一ドル、それぞれ減少した。

男女間の経済格差も依然として存在する。経済政策研究所はこう指摘する。「同じ教育レベルの男女を比較すると、すべての段階において女性は男性より賃金が低い。大卒男性の平均賃金は、大学院卒の女性の平均賃金も上回る」。世帯の大黒柱である女性はかつてないほど増えているが、賃金差別のために女性が貯蓄するのは男性以上に難しい。安価な保育サービスがないことも、それに拍車をかけている。[19]

貯蓄の不足は、解決など不可能な問題に思えるかもしれない。しかし第六章で見たように、社会保障制度の財政的持続可能性については何の心配もいらない。社会保障給付の拡充や、手厚い公的退職金制度を整備すべき理由はごまんとある。またＭＭＴは、あらゆる国民に再び正当な報酬の得られる雇用を提供する方法を示している。もちろん、今すぐ学生ローンを帳消しにし、育児サービスのコストを安価に、あるいは無料にすることも可能だ。そうすれば多くの世帯に数千ドル単位の余剰資金が生まれ、老後資金の貯蓄を増やしたり、あるいは自宅を購入して資産を増やしたりすることができる。現役世代は貯蓄をすべきだが、それ以前に彼らが貯蓄できるような経済システムをつくらなければならない。

それを実現するために解決すべき最も重大な問題の一つは、医療の不足である。

医療の不足

医療不足のツケを、国民は自らの命で払っている。一九七〇年、アメリカの平均寿命は先進国のなかで最高だった。それが二〇一六年には多くの先進国、すなわち経済開発協力機構（OECD）加盟国の平均を下回った。今日OECD加盟国のうち、とりわけ豊かな古参メンバーのなかでアメリカの平均寿命は最も低い。乳児死亡率は先進国の全体平均の二倍以上で、OECDでアメリカより高かったのはチリ、トルコ、メキシコだけだ。

医療の不足によって格差が生じているのは、アメリカと他の国々の間だけではない。アメリカ人の寿命は、社会経済的地位や人種によって大きく違う。一九八〇年から二〇一〇年にかけて、アメリカの最富裕層の男性の平均寿命は劇的に伸び、八八・八歳になった。一方、同時期に最貧層の男性の平均寿命はわずかに低下し、七六・一歳になった。女性の場合、最富裕層の平均年齢は九一・九歳、最貧層のそれは七八・三歳と「寿命格差」がさらに大きかった。

特定の地域を例にとってみよう。たとえばボルチモアだ。ボルチモアで最も所得が低い地域の平均寿命は、最も所得が高い地域より二〇歳近く低い。黒人が住民の九割を占めるマジソン・イーストエンド地区などでは平均寿命が六九歳弱であったのに対し、白人が七八%を占めるメドフィールド、ハンプデン、ウッドベリー、レミントン地区の平均寿命は七六・五歳だった。[20]

アメリカが医療に支出をしていないわけではない。OECDのデータによると国民一人あたり一万五八六ドルと、むしろ他の先進国より多いぐらいだ。たとえば一人あたり支出が四九七四ドルのカナダと比べると、二倍以上だ。スペインの医療支出は国民一人あたり三三二三ドルだが、二〇四〇年の平均寿命は八五・八歳と世界最高になる見込みだ。一方、アメリカの平均寿命はその時点で七九・八歳と、世界で六四番目と予想される。では何が問題なのか。他の国よりお金をかけているのに、なぜより長く健康に生きられないのか。

現在でもアメリカで医療保険に加入していない人は約二八五〇万人に達する。同じような条件の国と比べて、その数ははるかに多い。共和党がオバマケアを骨抜きにしようとしてきたために、医療保険の加入者数は実際には減少傾向にある。また医療保険に加入している人でも保険の適用範囲が限られているため、必要な治療の費用を払うのが難しいことも多い。これは「一部保険の問題」と言われる。無保険の人と合わせると、必要な医療保険に入れていない人は、二〇一九年に八七〇〇万人に達する。[21]

雇用主が提供する「まっとうな」医療保険に入っている人でも、医療を受けた際には控除免責金額や自己負担という名目で何千ドルも自腹で支払わなければならないことが多い。たとえばオバマケアの下では、二〇一七年に掛け金が最も安いブロンズプランに加入した場合、個人保険の平均免責金額は六〇〇〇ドル、家族保険の平均免責金額は約一万二四〇〇ドルだった。[22] つまり思いがけず医療が必要になったとき、個人保険なら六〇〇〇ドル、家族保険では一万二四〇〇ドルを自己負担しなければならない。緊急時に四〇〇ドルを用立てることができないという人が、国民の四〇％に達することはすでに述べた。[23] 国勢調査局によると、二〇一八年には医療費関連の支出が原因で、八〇〇万人が貧困層に転落した。[24] 調査では過去一年だけで、一億三七〇〇万人が医療費の支払いに頭を悩ませたという結果が出ている。[25] しかも医療費負担は退職金積立口座から借り入れをする理由のトップに挙がっている。医療の不足は貯蓄の不足と結びついているのだ。

アメリカでは四人に一人近くが、費用負担を避けるために医者への通院を控えたことがあると回答している。また五人に一人近くが、同じ理由から医師に処方された薬を買わなかった。このように保険加入者のなかにも、必要な治療を諦める人はたくさんいる。また典型的な保険は、視力や聴力障害、メンタルヘルスといった重要な分野の治療が適用外であることが多い。多くの人がそのために治療を諦めている。

一部保険が深刻な問題であることを示すもう一つの例を、政策アナリストのマット・ブルーニッヒが示している。ブルーニッヒの分析では、二〇一七年に共和党がオバマケアの撤廃に成功していたら、それから一〇年間で医療保険に入れないために死亡する人は五四万人に達したはずだという。しかしたとえ共和党が撤廃に失敗しても、医療保険に入れないために死亡する人は三二万人出るはずだという。これは非常に重要な指摘だ。オバマケアの下でも、まだ十分な医療保険に入れない人が数百万人もいるのだ。[26]

こうした状況を考えると、二〇一〇年のオバマケア成立以降も、医療へのアクセスという面でアメリカが他の先進国に後れを取っていたというのもうなずける。医療の不足は、国民から働く時間やくつろぐ時間を奪っているだけではない。理不尽に早く命を落とす人々は、愛する家族や友人たちと過ごす時間を奪われているのだ。

少なくともMMTの研究から、アメリカがすべての国民に適切な医療保険や医療サービスを提供できない理由は、「費用をまかなえないため」ではないことはわかっている。民間の保険会社、雇用主による医療保険、そしていくつもの公的医療保険制度が乱立するシステムは、いまや完全に行き詰まっている。病院など医療サービスの提供者、製薬会社、民間の保険会社は国民から搾り取れるだけ搾り取る一方で、医療を利用しにくくすることで利益を増やしている。

誰もが必要とする医療を受けられるシステムをつくるには、そのための実物資源を確保する必要がある。制約は資金ではなく実物資源だ。医療不足を埋めるには、プライマリーケア医（かかりつけ医）、看護師、歯科医、外科医、医療設備、病床などを増やす必要がある。あらゆる人に適切な医療を提供するには、病院や地域医療センターを新たに建設し、医療研究への投資を増やさなければならない。そして新たに医師や看護師になろうとする世代が、学生ローンに苦しまなくていいような経済をつくらなければならない。そこで次のテーマとなるのが教育だ。

教育の不足

教育格差の問題は就学前に始まり、高校、さらにはそれ以降も続く。いまやアメリカは学歴社会となり、学生たちを学位取得に駆り立てている。雇用主はかつては学歴を問わなかった仕事にまで高い学歴を求めるようになり、それは良質な雇用の不足ともつながっている。[27] 教育の不足は貯蓄不足の原因でもある。高くなり続ける大学の費用を払えない学生は数百万人にのぼり、莫大な学生ローン残高は経済の重しとなっている。

教育への公的支出の不足は、早くも就学前から問題を引き起こしている。住民のために就学前教育を提供しようと努力する自治体もある。たとえばニューヨークシティは一部の住民に無償で就学前教育を提供しようと試みている。[28] だが国全体で見ると就学前教育の費用は年間九一二〇ドル、月あたり七六〇ドルと、一般の勤労世帯にとって大きな負担となっている。オバマ政権は就学前教育の完全実施を提案し、中低所得世帯の四歳児を受け入れる質の高い保育園とのパートナー制度を創設するなど、状況を多少改善した。「誕生から五歳までの就学前教育助成金」制度を通じて、全米一八州で二万八〇〇〇人以上がより良い環境で就学前教育を受けられるようになった。[29] それに加えてオバマ大統領は二〇一五年一二月、「すべての学生を成功させるための法律（ＥＳＳＡ）」に署名した。困窮する学生や家族を支援するとともに、先に挙げた質の高い就学前教育への投資を充実させるための超党派法案だ。[30] 残念なことにトランプ大統領はＥＳＳＡの撤廃と、オバマ政権が実施した教育制度の縮小に繰り返し言及している。

幼稚園から高校まで、学校の資金源の大部分は地域の固定資産税でまかなわれている。これが教育の質に大きな格差が存在する原因となってきた。ミシシッピ州の貧しい農村地域と富裕層の住むコネチカット州グリニッチでは固定資産税収入がまったく違うのは当然で、その差は両地域の学校の質に表れている。当然ながら、こうした状況は学生たちから読解、数学などの伝統的な学問分野の学習機会や資源を奪い、意欲を削いでいる。悪影響はスポーツ分野にも及んでいる。

スポーツは格差解消の優れた手段とされているが、《ニューヨーク・タイムズ》紙は最近、アイオワ州の都市部の大規模校が、郊外の裕福な地域にあるトレーニングプログラムや設備の充実した学校に大敗を喫していることを記事にした。ここ一〇年、州都デモインの公立高校の全チームは、豊かな郊外の高校の全チームに対して〇勝一〇四敗という記録的な敗北を喫している。最上級生の一七歳のダスティン・ハグラーは、こう語っている。「負けるのはつらい。でも、ただ負けるだけじゃない。叩きのめされた気がする。完全に勝ち目がない気がするんだ」。高校フットボールの世界はアメリカの学校全体の縮図のようで、ハグラーの敗北感は豊かな学区のような資源には恵まれない学校に通う子供たちの気持ちを代弁しているのだろう。[31]

教育システムの問題は、高等教育でも続く。一九八七～八八年にかけての学年度の、民間の四年制大学の学費は一万五一六〇ドルだった。それが二〇一七～一八年には二倍以上になった。公立大学の傾向も同じで、一九八七～八八年の学費は三一九〇ドルだったのが、二〇一七～一八年は九九七〇ドルになっている。[32]

学費高騰は全国的な学生ローン危機を引き起こしている。二〇一七年の大学卒業生の平均借入額は二万八六五〇ドルだ。民間の非営利大学の卒業生の平均借入額は三万二三〇〇ドル。営利大学の卒業生の場合、その金額は三万九九五〇ドルに達する。有色人種の学生の置かれた状況はさらに厳しい。黒人の学生の二〇一二年の平均借入額は、白人の学生より三五〇〇ドル多い。重い債務負担は、高等教育の各段階におけるアフリカ系アメリカ人の中退率の高さにつながっている。営利の四年制大学では、学生ローンを借りている黒人の学生の六五％が中退した。これは白人の借り手の四四％を上回る。二〇〇九年には学生ローンを借りている黒人学生の三九％が大学を中退しており、そのうち三分の二が理由として学費の高さを挙げている。[33]

全体として国の教育への支出不足によって、四五〇〇万人が学生ローンに苦しみ、自由を縛られ、社会や経済で持てる力を存分に発揮できなくなっている。公式統計では二〇一八年第4四半期には一六六〇億ドルの学生ローンが滞納されていたが、ニューヨーク連銀の推計では本当の滞納額は三三三〇億ドルに達すると見積もっている。《ブルームバーグ》のアレクサンダー・タンツィ記者が指摘するように、この数字は二〇〇八年の金融危機の際、政府が「不良資産救済プログラム」に投じた四四一〇億ドルに近い。[34]

最後に指摘しておきたいのは、二〇一七年大学卒業生の学生ローンの平均借入額は約三万ドルだったが、借入額がもっと多い人はたくさんいるということだ。一〇万ドルを超える人もいる。学生の多くは、毎月元本と利子を合わせて三五〇ドルから一〇〇〇ドルを返済する。この返済が負担になり、実家を離れたり、家庭を持ったり、車を買ったり、外食したりするのさえ難しい。消費、ひいては雇用を支えるのがそういう活動であるのは言うまでもない。

若者世代は大学に進学することが、所得のはしごをのぼるための手段だと言われ続けてきた。それこそが生涯賃金を増やし、経済的安定を手に入れる道である、と。それはもはや真実ではない。大学の学位があっても、所得のはしごにぶらさがっているだけで精一杯だ。学位がなければ、はしごから落ちて真っ逆さまだ。問題は学位を持っていても、収入が増えないことだ。むしろ大卒者の六〇%は二〇〇〇年より現在のほうが収入は下がっている。[35]基本的に大卒者の（実質ベースの）所得は二〇～三〇年前と変わらない一方、大学に通う費用は（実質ベースで）劇的に上昇した。つまり社会的成功を信じて骨身を削って努力し、借金を膨らませても、結局は同じ場所で足踏みしているだけなのだ。

教育の不足から脱出する方法として、MMTはどんな案を出しているのか。現在幼稚園から高校までの財源の大部分は、地域の固定資産税で、政府は蚊帳の外だ。しかし次章で詳しく見ていくとおり、政府の助成金制度を使えば、州立大学の学費を無料にするか、少なくとも今よりずっと安くできる。またMMTは政府が簡単かつ即座に学生ローンをすべて帳消しにし、それによって浮いたお金を経済に還流させ、民間部門に数百万人分の新規雇用を創出できることも示している。[36] 最後に、賃金の伸び悩みと、雇用主が求職者により高い学歴を求めるという二つのトレンドは、いずれも雇用主の立場が圧倒的に強いことが原因だ。MMTの提案する政策手段を使えば、完全雇用が実現し、労働市場の需給はタイトになる。そうすれば労働者は再び交渉力を取り戻せるはずだ。

これまで見てきた他の赤字と同じように、「どうすればそのための費用をまかなえるのか」と自問するのをやめ、問題をMMTのレンズから見直してみると、解決策と希望を見いだすことは可能であるだけでなく現実味を帯びてくる。

インフラの不足

あなたは高速道路で渋滞にはまったり、空港で滑走路が空くまで延々と離陸を待たされた経験があるだろうか。もっと環境にやさしく、効率的な移動手段があったらいいと思わないだろうか。《ニューヨーク・タイムズ》紙は二〇一九年、『ラガーディア空港で地獄にはまった話』というフォトエッセイを掲載した。[37] ニューヨークシティの三大空港のひとつである同空港は、現在八〇億ドルをかけて改修工事中だが、依然として市の中心部と直結する鉄道はない。高速道路の車線が少ないため、あるいはたくさんあっても舗装の陥没を埋めるためにいつも何本かが封鎖されているため、毎日のように渋滞にはまっている人も多い。公共交通機関の遅延、あるいは故障のため、仕事や学校や約束に遅刻する人も多い。「インターネットがまたつながらないよ」と子供に文句を言われる、救急病院で何時間も診察を待つ、ひどい場合には病院に入院できたものの病床に空きがなく、廊下の簡易ベッドに寝かされるといったケースも珍しくない。

道路、橋梁、ダム、堤防、学校、病院、鉄道、送電網、ブロードバンド通信網、廃棄物や水の処理施設などのインフラが整っているおかげで、社会や経済がスムーズに機能することは誰もが知っている。それは教育水準の高い市民と同じくらい重要なものだ。しかしアメリカのインフラはもはやそうした機能を果たせないところまで来ている。それがインフラの不足だ。

誰もが漠然とした不満を抱えている。だがときには悲劇的なかたちで不足が顕在化することもある。橋の崩落、列車の衝突、堤防の決壊、あるいは都市の飲み水が汚染されるといったケースだ。そのような事態が発生すると、国民が追加の経済負担を背負わされたり、ケガをしたり、最悪の場合は命を落とすことになる。

最近では中西部の大洪水によってインフラの不足が鮮明になった。二〇一九年夏の洪水ではネブラスカ州で三四〇の事業者が倒産し、二〇〇〇人以上の住宅が失われた。特に深刻な被害を受けたのは農業、畜産業の労働者で、その損害額は八億ドルに達する。一九二七年に建設されたスペンサーダムが決壊し、住民の一人、ケニー・エンジェルの自宅と命をのみ込んだ。ダムは二〇一八年に検査を受け、「適正」と評価されたものの、ネブラスカ州天然資源省の報告書には「極端に強い嵐が発生した場合、ダムの決壊につながるような欠陥がある」と書かれている。決壊のおそれのある堤防やダムは他にもある。[38] 二〇一七年版『インフラレポートカード』によると、「ハザードポテンシャル（潜在的影響度）が高い」と評価されるダムは一万五四九八カ所ある。それは「決壊あるいは運用ミスが、人的犠牲のほか下流の建物や重要なインフラの損害、環境破壊、ライフライン設備の寸断といった重大な経済損失につながると予想されるダム」を指す。ハザードポテンシャルが高いダムのうち、欠陥があると認められているものは二一七〇カ所を超える。[39]

対応の遅れはあまりに甚《はなは》だしく、米国土木学会（ＡＳＣＥ）が国内インフラを「Ｄ＋」と評価したほどだ。適正な水準に戻すには一〇年間で四兆五九〇〇億ドルの投資が必要だと見積もっている。それだけの更新投資をすれば、インフラの評価は「Ｂ」となる。それはＡＳＣＥの定義では「システムやネットワークが良好から最良の状態にある。一部の要素には全体的劣化の兆候が見られ、注視する必要がある。わずかな要素には重大な欠陥が見られる。能力的問題やリスクが最低限に抑えられた安全かつ信頼性のある状態」だ。さらにＡＳＣＥはインフラのうち最も脆弱な分野として、航空、飲料水、エネルギー、廃棄物管理、堤防、道路、学校、その他の健康、幸福、将来の繁栄に不可欠なインフラを挙げている。要するに二〇一四年にミシガン州フリントで起きた水道汚染は、氷山の一角だったわけだ。[40]

たとえばニュージャージー州ニューアークの飲料水に含まれる鉛《なまり》の量は、二〇一九年八月の時点で安全ではない水準にあった。[41] 二〇一八年に配布されたフィルターが適切に機能していなかったことが原因とみられる。ＡＳＣＥのデータによると、ニュージャージー州の評価は「Ｄ＋」と、国全体と一致する。水道システムの適合性を脅かす最大の要因は老朽化と再投資の欠如だという。ＡＳＣＥの直近のレポートからは、私たちにとっておそらく最も基本的なインフラニーズがひとつ抜け落ちている。手頃な価格の、質の高い住宅だ。インフラ不足のなかには、全国的な住宅投資の不足という問題が含まれている。

研究者のピーター・ゴーワンとジャーナリストのライアン・クーパーが、賃貸住宅に暮らす人を中心に住宅問題を調べたところ、二〇〇八年以降状況は厳しさを増していることがわかった。二人はこう書いている。

家賃負担に苦しむ賃借人の数は、金融危機以前と比べて大幅に高い水準にとどまっている。二〇〇七年には八〇〇〇万世帯が収入の三〇～五〇％を家賃に払っていた。二〇一七年にはその数は九八〇〇万世帯に増えている。二〇〇七年には九〇〇〇万世帯が収入の五〇％以上を家賃に払っていたが、二〇一七年にはその数は一一〇〇万世帯に増えていた。家賃負担に苦しむ賃借人（収入の三〇％以上が家賃負担）の割合は、いまや賃借人全体の四七％に達する。[42]

この住宅という基本インフラの不足は、貧困層から安全で健康的な住処《すみか》を奪っている。賃貸住宅に住む世帯の大部分は、三〇％という推奨される負担割合を超える家賃を払っている。建築規制や建築基準法も新しい住宅の建設を抑制し、家賃水準を押し上げる要因となっている。それに加えて、手頃な住宅の不足は、教育の不足にもつながっている。裕福な地区の子供ほど、質の高い学校に通うことができる。

アフリカ系アメリカ人を歴史的に苦しめてきた住宅問題も依然として存在する。今日の黒人の持ち家率は、住宅差別が合法化されていた時代とほぼ変わらない。差別が始まったのは一九三〇年代、政府が住宅供給を増やす計画を立てたことがきっかけだったが、その主な対象は中低所得層の白人だった。連邦住宅局が設立されたことで、差別はますますひどくなった。連邦住宅局はアフリカ系アメリカ人の居住地区やその周辺で住宅ローンの保証を拒否する一方、アフリカ系には一切売らないという条件のもとで分譲地を大量供給する建設会社に補助金を出し始めた。これが正当化されたのは、アフリカ系アメリカ人がこうした郊外住宅地に物件を買うと、不動産価格が落ちてしまい、住宅局が保証している白人の家の価値が落ちてしまうという理由からだ。人種差別主義と自分の家の価値は保ちたいという身勝手な願望が絡み合って、自己正当化のフィードバック・ループができあがった。一九六八年に「公正住宅法」が成立し、アフリカ系アメリカ人もこうした「白人の」地区で家を買えるようになった。しかし二〇一五年の統計では、三五〜四四歳の黒人の持ち家率は三三％と、住宅差別が合法で連邦住宅局の方針で隔離が推進されていた一九六〇年代より低い。このため住宅の不足を解消するための取り組みは、黒人が手頃な価格で財源の豊かな学区に家を買うことを阻んできた、人種差別という醜い歴史をしっかりと克服するものでなければならない。

要するに、私たちにできることは山ほどある。偉大な国を目指しているのに、インフラが「D＋」の評価とは情けない。企業や一般家庭への送電網を改良して持続可能な電力を届け、あらゆる人のために手頃な住宅を供給し、構造的欠陥を抱えた橋を修理し、全国に高速鉄道を敷設し、空港を改良し、堤防、ダム、上下水道システムを強化する。このようなインフラの構築は、国民の利便性を高め、命を守り、長期的生産性を高め、機会の公平性を高める。そして言うまでもなく、まっとうな報酬の得られる雇用を大量に生み出し、雇用の不足を埋めることもできる。

MMTという新たなレンズがあれば、政治家はもっと積極的な投資を考えられるようになる。その良い例が、エリザベス・ウォーレン上院議員が民主党の大統領候補指名を争っていたときに公約に掲げた、安価な住宅の供給計画だ。今後一〇年間で五〇〇〇億ドルを低所得層向けの住宅の建設、修復、改修に投じるという計画だ。繰り返しになるが、政府がインフラや住宅問題を解決するとき、不足する懸念があるのは資金ではない。実物資源だ。そしてアメリカで近い将来コンクリート、鉄鋼、木材、金属が枯渇しそうだと考えるべき理由はひとつもない。実際、国内にはホームレスの数を上回る空き家がすでに存在するのだ[43]。資源や材料はすでにある。これまでは必要なところにお金をまわしていなかっただけだ。財政赤字の神話に縛られていたために、必要ではないところにお金をまわしていた。

気候変動問題への取り組みの不足

ここまで見てきた不足は、アメリカだけにかかわる問題だった。しかし人が一人では生きられないのと同じように、国家や社会、人類そのものも孤立しては生きていけない。アメリカも世界中の国々も、生存可能な惑星、つまりきれいな空気や水、豊かな土壌、安定した気候や気温、健全な生態系なくして存続できない。そこで問題になるのが、気候変動問題への取り組みの不足だ。

　科学的研究によって、気候変動の最悪シナリオを回避するためには、今世紀末までの気温上昇を、工業化以前の水準からプラス一・五度に抑えなければならないことが示されている。しかし現在の計画では、気温はこの基準より三〜四度高くなる。

　現状とあるべき姿のギャップを埋めることができないと、何が起こるのか。気候変動に関する政府間パネル（ＩＰＣＣ）の最新の報告書は、陰鬱な未来像を描いている。海面上昇、これまでより激しい洪水、旱魃《かんばつ》、嵐、ハリケーン、熱波などによって今よりはるかに多くの死者が出るというのだ。世界中の沿岸部にある多くの都市やコミュニティが居住不可能になり、気候パターンの大幅な変化によって穀物の収穫量や真水の供給が減り、気候変動による新たな難民が数億人単位で発生する。疾病、飢餓、インフラの崩壊、経済危機が世界中でさらに深刻化する[44]。

　気温上昇の幅が一・五度から二度へとわずかに増えるだけで、重大な影響が出る。五年に一度、全人類の三七％が極端な暑さに見舞われるようになる（気温上昇が一・五度ならその割合は一四％にとどまる）[45]。海面上昇によって新たに一〇〇〇万人が危険にさらされ[46]、地球全体で新たに数億人が二〇五〇年までに気候変動絡みのリスクにさらされるようになる。気温上昇がたとえ一・五度にとどまったとしても、世界中のサンゴ礁の七〇〜九〇％は消滅すると予想されている。海洋が大気中の二酸化炭素を吸収し、酸性化していくからだ。気温上昇が二度以上になれば、実質的に世界中のサンゴ礁が死滅するだろう[47]。

　気温上昇が三度以上になると、アメリカでは現在沿岸部にある住宅三〇万戸、その住民五五万人が、二〇四五年までに「慢性的氾濫《はんらん》」に直面するようになる。これはおおよそ二週に一回は氾濫が起きるということだ。今世紀末には、この数字は二四〇万戸四七〇万人に増える。ロサンゼルスとヒューストンにある住宅をすべて足し合わせたくらいの数といえばイメージしやすいだろうか。[48]具体例を挙げれば、サウスカロライナ州チャールストンでは満潮時の洪水が二〇一四年の年一一回から二〇四五年には年一八〇回へと、一〇倍以上に増える可能性がある。

二〇一九年七月には、アラスカの夏の最高気温が史上最高の摂氏三二度に達した。これまでどおりに地球温暖化が進めば、このような記録破りの出来事がもっと当たり前になるだろう。二〇五〇年にはアメリカの一部の地域や都市で、外出するのが危険なほどの熱波や夏日が一カ月にわたって続くようになる。降雨、降水は一年を通して分散していたのが、突然豪雨に見舞われたかと思えば、長期間一切降らなかったりという具合になる。たとえばカリフォルニアは二〇一九年だけでも洪水[49]と渇水による山火事[50]の間を揺れ動いた。激しい降雨と渇水を繰り返すパターンは、今後ますます深刻化するとみられる。[51]これはすでに不足気味の水の供給が、さらに逼迫することを意味する。調査では二〇七一年にはアメリカに真水を供給する二〇四カ所の水源のうち、九六カ所が毎月の需要を満たせなくなるという結果が出ている。[52]一方、世界保健機関（ＷＨＯ）は、二〇二五年には世界人口の半分が住む地域で水が不足すると予測している。[53]これからの数十年、気候パターンが激変したら、農業やスキーリゾートなど地域の環境に依存してきた幅広い産業はどうなるだろう。アメリカの都市や州など、すでに水不足に直面している地域はさらに供給が細ったらどうなるのか。

世界全体を見渡すと、熱波や砂塵嵐が深刻化し、寒冷地域は縮小し、砂漠化が進み、一九六一年から二〇一三年にかけて渇水地域は毎年一％ずつ広がっている。すでにヨーロッパの農業は熱波の打撃を受けるようになり、アメリカの農業は春から夏にかけて深刻な洪水に苦しんでいる。

NASAのベテラン科学者で、IPCCの報告書の筆者の一人でもあるシンシア・ローゼンツワイグは、温暖化が進めば世界中の主要な農業地域が「同時多発的不作」に陥ると指摘する。[54] ブルッキングス研究所のネイサン・ハルトマンは、わかりやすい例を挙げる。世界の気温が現在より摂氏四〜七度低かった最終氷河期には、シカゴの街は厚さ八〇〇メートルほどの氷に覆われていた。ほんの数度の違いで、気候や天候、生態系は劇的に変わるのだ。このままでは人類は三〜四度、逆方向への変化を経験することになる。アメリカ最大規模の都市が分厚い氷で覆われている状態の真逆がどんなものかはわからないが、私たちはそれが現実化する下限の温度に向かっている。[55]

人類の傍若無人な活動は他の面でも生態系に悪影響を及ぼしており、気候変動がそれにさらに追い打ちをかけている。世界自然保護基金（WWF）とロンドン動物学協会の二〇一五年のレポートによると、魚の乱獲によってさまざまな海の生物がすでに一九七〇年から半減している。気候変動がこのまま続けば、海水の温度上昇や酸性化によって魚類の個体数減少はさらに続く。[56] 世界の昆虫の個体数も劇的に減少する可能性がある。二〇一九年の分析では、年率二・五％のペースで減少が続いている。種の三分の一が絶滅の危機に瀕し、四〇％が減少傾向にある。[57] 主な原因は、農業のための皆伐と殺虫剤の使用で、それ自体が土地利用を通じた気候変動と結びついている。ただそれに加えて多くの地域での気温上昇も、迅速に適応できない昆虫種の絶滅を速めている。海の生物や昆虫が激減すれば、世界的な生物多様性、農業、産業、食料供給に甚大な影響が出ることは想像に難くない。

化石燃料を燃やすと、二酸化炭素だけでなく粒子状物質（煤煙）、オゾンなどの環境汚染物質も排出される。それは心血管疾患を悪化させるなどの健康被害を引き起こし、多くの人命を奪っている。二〇一四年の推計では、粒子状物質だけで毎年三万人の若すぎる死の原因となっている。[58] 化石燃料による排出物質の量を抑え、温暖化を二度ではなく一・五度にとどめると、二一〇〇年までに世界で一億五〇〇〇万人の若すぎる死を防ぐことにもつながる。とりわけアジアとアフリカの主要都市で効果が大きい。[59]

最後に、国内および世界的な格差によって、一部の人が気候変動の影響を特に大きく受けることになる。ここ二〇年で、気候関連の災害に遭った人は四二億人に達し、特に途上国と低所得国が最も大きな被害を受けた。「悲しいことに、誰よりも気候災害のリスクが高いのは、誰よりも貧しく、立場が弱く、社会経済的進歩から取り残されてきた人々であることが多い」と、元国連事務総長の潘基文《パン・ギムン》が語っている。アメリカでも二〇〇五年にニューオリンズを襲ったハリケーン・カトリーナで最も大きな被害を受けたのはアフリカ系アメリカ人であり、また被害からの回復に最も苦労したのも彼らだった。[60]

もちろん、地球温暖化によって人類文明が崩壊しない可能性もある。しかし今のような状態が続いた場合の最も実現性が高いシナリオは、世界の貧困削減の取り組みが数十年分逆戻りする可能性を示唆している。それは死者が数億人増えることを意味する。[61] ただ、これはＩＰＣＣの報告書が温暖化の危険を過小評価していないことを前提としている。[62] あくまでも「最も実現性が高いシナリオ」であって、もしかするとカスケード効果やフィードバック・ループを過小評価しているかもしれない。つまり今のような状態が、破滅的結果につながる可能性が小さいながらもたしかにある、ということだ。

ブルッキングス研究所のハルトマンは、ＩＰＣＣの結論についてこう書いている。「地球の気温はすでに一度上昇し、私たちは重大な影響を目の当たりにしている。一・五度上昇すれば、もっと重大な影響が出る。二度なら、さらに重大だ。二度を超えたら何が起こるかは、試してみないほうがいいだろう。しかし現在の趨勢が続けば、世界の温度上昇は三度を超えるだろう」

気温上昇を一・五度という目標に収めるには、二〇三〇年までに化石燃料の使用量を半分に減らし、二〇五〇年にはゼロにしなければならない。[63]単刀直入にいえば、アメリカ文明、そして世界文明を完全に再構築しなければならない。農業のあり方、土地利用のあり方、発電方法、都市計画や移動手段など、すべてを徹底的に変えていく必要がある。住宅、ビル、工場、交通システムなど電力を消費するものすべての省エネ化を進める必要がある。それには国内外の最先端技術を結集させなければならない。それに加えて、気候災害への耐性を高めるために国内のインフラを刷新し、また自動車や家庭用暖房設備から重工業まで、あらゆる分野で電化を進めていく必要がある。太陽光発電、風力発電、蓄電の設備を充実させ、国内で使用する電力をすべて再生可能エネルギーでまかなえるようにしなければならない。それもできるだけ早く。[64]

この分野において、アメリカの責任は特に重い。アメリカの温室効果ガス排出量は世界全体の一五％を占め、二五％を占める中国に次ぐ世界第二位だ。しかし「国民一人あたり」の排出量では中国の二倍以上になる。

社会を全面的に刷新することは可能だ。ＩＰＣＣをはじめ他の科学者も、アメリカと世界で必要とされている変化は、おおよそすでに存在しているテクノロジーで実現可能だと結論づけている。必要なのは、本当の制約は資金でも政府債務という「重荷」でもなく、実物資源であると認識することだ。そうすればすぐに行動を起こし、気候変動問題への投資不足を解消できるだろう。しかも気候変動分野の不足を埋めるのに必要な取り組みは、まっとうな雇用の不足を埋めるのに役立つ。気候変動の脅威から地域社会や都市をまもるための取り組みは、インフラ不足を埋めることにつながる。

メルカトル・グローバルコモンズおよび気候変動研究所（ＭＣＣ）が運営する「カーボン時計」は、温暖化を二度未満に抑えるのに許容される温室効果ガス排出量を、人類があと何日で使い切るかを示している。[65] 過去の赤字支出の記録を示す、ニューヨークシティの債務時計と同じような存在ともいえる。[66] しかし債務時計と違い、ＭＣＣのカーボン時計が示している数字には本当に意味がある。

現在の排出ペースが続けば、気候問題を解決するために残された時間は二六年に満たない（本書執筆時点）。

民主主義の不足

人類文明を支える地球の気候の行方《ゆくえ》以上に重大な問題などないと思うかもしれない。しかしアメリカにはもうひとつ、気候変動ほどスケールは大きくないかもしれないが、傷の深さという点ではそれ以上の問題がある。なぜなら、それこそが他のすべての「不足」の根本原因だからだ。まっとうな仕事が常に不足している理由。あまりに多くの人が十分な医療や教育を受けられない理由。地球の生態系を崩壊寸前まで追い込んだ理由。そうした状況を、あまり気にせずに放置してきた理由。それはひと握りの人々とその他大勢を隔《へだ》て、権力者と無力な人々を隔て、声の大きい人々と声なき人々を隔てる、民主主義の不足である。

民主主義を支えるのは私たちの権利、価値観、憲法だ。しかし民主主義が不足するそもそもの原因は、やはり資源の制約にある。誰が富と影響力を握るのかが問題の根っこにある。

政府の赤字は常に誰かの黒字になる、というMMTの指摘を思い出してほしい。アメリカではここ数十年、政府の赤字が膨らむのにつれて、富裕層の懐《ふところ》にあまりに多くの資金が流れ込み、富裕層とその他大勢の間に途方もない乖離《かいり》ができた。アメリカ社会が経済格差と無縁だったわけではないが、近年のそれは南北戦争終結直後の「金ぴか時代」と、それに続く悪徳資本家の時代以来の水準に広がっている。

経済学者が所得格差の指標としてよく使うジニ係数を見てみよう。ジニ係数がゼロというのは完全に平等な経済で、反対に係数が一ならすべての収入が一人に集中している状態だ。ゼロや一になる国はないが、世界経済フォーラムによると、先進国でアメリカほどジニ係数が高い国はないという。しかも格差は広がる一方で、縮小する気配はない[67]。

「それのどこが問題なのか」と思う人も多いかもしれない。他のさまざまな指標でみれば、アメリカ経済はうまくやっている。格差があるのはしかたがないのではないか。アメリカはダイナミズムとクリエイティブな力に支えられたチャンスの国だから、格差が生じるのは自然ではないか。金持ちになりたいという欲望が人々を創造と成功に駆り立てるのであり、その過程でみなが豊かになるのではないか。格差があることがそれほど問題なのか、と。

間違いなく問題である。経済は社会や政治とは切り離せないものだ。収入や資産は、その人がどれだけの政治力や社会的影響力を持っているかの指標となる。前者の分布に偏りがあれば、後者の分布にも偏りが生じる。

収入は単に生活に必要なモノをまかなう手段ではない。まっとうな賃金や労働時間が保障されて初めて、家庭生活やコミュニティのために使える時間や安定が得られる。社会関係資本（教会やサークル活動への参加、結婚、隣人との交流といった社会的絆を表す専門用語）は資産や収入と明らかに比例することを示す、有名な社会学の研究がある。研究では、働きすぎの人は、孤立感や疎外感を抱く傾向があることが示されている。[68]

一九八〇年以降、収入のうちトップ一%が手にする割合は倍増する一方、下位五〇%の手に渡る割合は二〇%超からわずか一三%へと低下した。トランプ大統領は景気は堅調だと主張するが、国民の半分はその日暮らしで、四〇〇〇万人が貧困状態にある。子供の五人に一人は貧困層だ。[69]貧困は絶え間ない心理的ストレス、食料確保の不安、環境汚染の被害とそれに起因する疾病を引き起こす。あらゆる年代の人々に大きなダメージを与えるが、とりわけ子供への影響は深刻だ。精神的、身体的発達が阻害され、苦しみのループから逃れられなくなる。[70]要するに貧困は、成功し、アメリカンドリームを実現する機会を奪うのだ。

資産も収入と同じように、権力や民主主義の問題と密接に結びついている。たとえばある会社の大株主であれば、会社が何に投資するか、何を外部委託するか、低賃金の雇用を生み出すか、あるいはまっとうな賃金と福利厚生をともなう質の高い雇用を提供するかを決められる。ある地域の不動産王なら、そこに住む人々が家賃や公共料金の支払いに苦労するか否かに大きな影響力を持つことになる。もちろん地域の経済開発のあり方にも口を出せる（たとえばジェントリフィケーション（再開発による、スラムなど低所得者居住区の高級化）問題の根幹にあるのは、誰が不動産を所有し、その使い方を決定する権利を持っているかだ）。莫大な資産を持っている人には、他の市民の生活を大きく左右する決定を下すことができる。二〇一六年時点でアメリカではトップ一〇％の富裕層が、資産の七〇％を所有していた。このうちトップ一％は全体の四〇％を所有していた[71]。これは大恐慌直前の一九二九年以降、最も高い割合だ。

資産と収入の格差が極端に広がると、政治分野での格差にもつながる。富と力を持つ人々は豪華な資金集めパーティに参加し、できるだけ寄付金をばらまく。そうすることで政治プロセスに関与し、影響を与えられるようになる。一方、自分たちの意見（そして票）には何の意味もない、と政治に背を向ける人々が数百万人いる。二〇一二年の選挙では、年収一五万ドル以上の人の八〇％が投票に行ったが、年収一万ドル未満ではわずか四七％しか投票に行かなかった。こうした傾向は二〇一〇年、二〇〇八年も同じだった[72]。二〇一六年の大統領選挙では、有権者のほぼ半数が投票に行かなかった。たとえばウィスコンシン州ミルウォーキーの投票率は過去一六年で最低となり、二〇一二年と比べて最も落ち込みが激しかったのは最も貧しい地区だった。《ニューヨーク・タイムズ》紙はそこで理髪店を営むセドリック・フレミングに取材している。生活はかつかつで、高額の医療保険の支払いに苦しんでいるというフレミングは、なぜこれほど多くの住民が二〇一六年の選挙で投票に行かなかったのかと聞かれ、ぶっきらぼうに答えた。「みんなうんざりしているんだよ。どちらの候補も最低だったし。いずれにせよ、俺たちのためには何もしてくれないんだから[73]」

主要都市の周囲には、生活するだけで精一杯の人々、崩れかかった建物、食料品店さえない地区が目につくはずだ。だがそこから少し車を走らせれば、数百万ドルの豪邸、制服を着たドアマンの立つ高級アパートで、住民がまったく別世界の暮らしをしている。ニューヨーク、サンフランシスコ、ロサンゼルスの道端にはホームレスが並んでいるが、そのすぐそばのバーやレストランは金持ちであふれかえっている。プロスポーツ選手は数百万ドルの年俸で契約し、身体をどこか捻ったり傷めたりすれば、たちまちその道トップの専門医の診察を受けられる。その一方、基本的な医療保険にすら入れない国民が何百万人もいる。ＣＥＯとしてとんでもない失敗をした人々が数百万ドルの解雇手当を受け取り、彼らがめちゃくちゃにした経済の後始末はふつうの人々がする。

経済格差はアメリカの地方にも影響を及ぼしてきた。石油会社、ウォルマート、アマゾン、大学のフットボールコーチ、テレビ宣教師は潤《うるお》ってきたが、地方の小さな町はすでにボロボロだ。シャッター商店街、失業、貧しい学区、薬物問題は、いまや小さな田舎町とインナーシティ（都心の貧困地区）の悲劇を語るうえで定番の要素となった。《ネーション》誌は最近、アメリカの地方の「隠れホームレス」問題を記事にした。登場人物の一人が、イリノイ州マジソンに流れ着いた、犯罪歴があり現在はシングルマザーとして二人の娘を育てるホリー・フェルペスだ。コインランドリーで働いているが、住居を借りるお金はない。アルコール中毒の母親は車で一時間ほど離れた場所に住んでいる。「まともな住処なんかない。どうしたらいいのかわからない。荷物は倉庫に置いている。私がどんな生活をしているかなんて、誰もわかっちゃいない」と語っている。道端やシェルターで暮らしていないので、ホームレスとはみなされない。しかしフェルペスと娘たちには、毎晩安心して眠れる場所はない。[74]

二〇一六年の大統領選挙の後、オハイオ州ヤングストンに住むアフリカ系アメリカ人のアンソニー・ライスは、ジャーナリスト兼写真家のクリス・アーナードにこう語った。「このあたりの人間のほとんどは選挙の間、ずっと家にいたよ。あの戦いに誰も興味なんかなかった」。ライス自身はクリントンに投票したが、「別にトランプでも良かった」という。トランプの勝利に驚きもしなかった。「オバマはたくさんの約束をしたのに、結局実現したのはごくわずかだ。ニューヨークシティでは何か公約が実現したのかもしれないが、このあたりは今でも崩れそうな家ばかりだ[75]」

「誰もわれわれのことなど助けてくれない。刑務所にぶちこまれるだけだ」。カリフォルニア州ベイカーズフィールドに住む別の男性はアーナードに語った。「政治家はみな犯罪者で、彼らが守ろうとする仲間もみな犯罪者だ。苦しむのはわれわれ有権者だ[76]」

収入の少ない市民は、自分を取り巻く状況や苦しみは政策立案者や政治家の耳には届かない、民主主義に参画すること自体意味がないと感じている。実際、そのとおりかもしれない。二〇一四年に発表された衝撃的な政治科学の論文は、アメリカの庶民と裕福なエリート層の政治的選好には重複する部分もあるが、両者の利害が異なるときは、政治システムが味方するのは決まって富裕層のほうであることを明らかにしている[77]。ほとんどの市民は民主主義に参画しても意味がないことになり、これほど経済格差の大きい国において有意義な民主主義が成り立つのか、という疑問がわいてくる。

民主党は最富裕層が「応分の税負担をしていないこと」が問題だと主張する。もちろん税金も問題のひとつだ。しかしそれがすべてではない。ＭＭＴは貧しい者に配るために富める者に税金を課す、というロビン・フッド的アプローチは支持しない。すでに見たとおり、政府の税金が何かの支払いに使われるわけではなく、税金によって誰かの生活水準が向上するわけではないからだ。しかも財政赤字を懸念すべきだという神話は、民主主義の機能不全というきわめて現実的問題の原因となっている。公共の利益のための支出を増やすには富裕層に頭を下げなければならない、あるいはそのための資金を確保するには富裕層と闘わなければならないと政治家が思い込んでいたら、政府は富裕層の弱点、関心事、非現実的な政治的要求ばかりを気にするようになる。

ただし税金には別の存在意義がある。『世界格差レポート』は「アメリカの収入格差の増大は、税制の累進性が薄れていることによって説明できる部分もある」と指摘している。[78] 税金は莫大な富の蓄積を防ぐ手段になりうる。これが重要なのは、富裕層は資金力を活かし、政治プロセスに介入する力を得るためだ。すでに税制を自分たちに有利に変えたほか、労働法、貿易協定、特許とその保護に関するルールなどを都合よく書き換えてきた。公共政策も自分たちの経済的利益に役立つようにつくり変えた。企業が株主や経営幹部には莫大なキャッシュを払い、教育水準の高い上級職にもそれなりの報酬を渡す一方、それ以外の全員にはスズメの涙ほどしか支払わないのはこのためだ。シリコンバレー企業がサンフランシスコの中心部に豪華な高層ビルを建てる一方、ミシガン州フリントの労働者が住むコミュニティは身体に有害な飲料水しか手に入らないのもこのためだ。社会保障制度や医療制度、退職金制度がいずれも揺らいでいるのも、気候変動の危機が放置されているのも、このためだ。富裕層にとってはこうした問題に対応しないことで得られる利益や権力のほうが、対応することで得られる利益や権力よりはるかに大きい。

第二次世界大戦直後の好景気の恩恵は幅広い国民に行き渡っていた。アメリカで格差が最も少なかった頃には、税率区分は二四もあった。所得が（二〇一三年の価値で）約一九〇万ドルを超えるすべての個人や世帯に適用された最高区分の税率はなんと九一％だった[79]。これほど高率の税金を課していた目的は、もちろん政府の支出をまかなうためではない。あらゆる国民が互いに支え合いながら営む経済活動から、特定の個人や一族が得られる所得に上限を課すことだ。数十年続いてきた所得と資産の格差拡大のトレンドを逆転させるには、税制の累進性を強化することが欠かせない。

しかし、富裕層に課税するだけでは不十分だ。このような極端な富や所得の集中は、社会の分裂につながりかねない。富と所得の分布を適正化するためには、頂点に立つひと握りの人々が不相応に多くの富を抱え込むことを最初から防ぐような政策が必要だ。元労働長官のロバート・ライシュが書いているように、従来型の税金と再分配の仕組みと少なくとも同じぐらいの「事前分配」の仕組みが求められる[80]。労働組合を強化し、強制仲裁や非競争契約といった手段で雇用主が従業員を思いどおりにコントロールするのを防ぐため労働法を抜本的に改革しなければならない。免許制度や知的財産法を改革すれば、寡占状態を解消し、企業がこうした法律を使って競争を阻害し、国民からお金を巻きあげるのを止めることができる。また労働者が容易に団体交渉をできるようにし、さらに就業保証、公共投資、優れたマクロ経済政策の実践を通じて第二次世界大戦中のような堅調な労働市場を取り戻し、労働者の賃金や福利厚生を改善しなければならない。

そのような改革が実現するまで、民主主義の不足によって「カネで大学に入学できるような教育制度、議会を買収できるような政治制度、カネを積めば刑務所から出られる司法制度、そしてカネがあれば他の人々には手の届かないような治療をしてもらえる医療制度」が存続することになる。[81]

圧倒的な格差は民主主義の不足以外にも、経済的実害を生む。格差拡大が今後もとどまるところを知らず、ごく一部の人々にあらゆる富が集中したとしよう。十分な所得を得られる人がいなくなり、消費者が消えれば、企業は存続できず経済は崩壊する。企業は倒産し、残る雇用は富裕層のためにヨットを造ったり、邸宅を管理したり、プライベートジェットを飛ばしたりすることぐらいになる。二〇一五年のＩＭＦの研究は「全体の所得に占める下位二〇％（貧困層）の割合が増加すると、ＧＤＰ成長率は高まる。一方、上位二〇％（富裕層）の割合が高まると、ＧＤＰ成長率は低下する」と指摘している。[82]貧しい人々の所得を増やせば、たいてい消費にまわす。受け取ったお金をすぐに経済に還流させる。反対に富裕層は所得が増えても、経済に還流させずに株式の購入や貯蓄が増えるだけだ。トリクルダウン効果（大企業や富裕層が潤った結果、中低所得層にも恩恵が滴り落ちること）など起こらない。

第二次世界大戦後、四半世紀にわたってアメリカでは労働者の実質賃金が生産性向上と並行して上昇した。[83]その結果、幅広い層が繁栄の恩恵を享受し、努力や誠実さは報われる、どんな人でも成功できるという意識が社会に浸透していた。その後、一九八〇年のいわゆるレーガン革命によって、とどまるところを知らない強欲の時代が幕を開けた。富裕層の税金は下がり、企業への規制は緩和され、労働者が団結して正当な賃金を得るために交渉する権利は目の敵にされた。一九八〇年以降、生産性と賃金の乖離は顕著に広がった。生産性は一貫して上昇を続けたが、賃金は伸びたとしてもごくわずかだった。一九七三年から二〇一四年まで、賃金が生産性と同じペースで上昇していたら、所得格差はまったく広がらなかったはずだ。[84]

生産性向上の恩恵はどこへ行ったのか。それは所得階層のてっぺんにいる人々がさらっていったのだ。一九五〇年にはS&P500（アメリカの大型株五〇〇銘柄の動向を示す株価指数）企業の平均的なCEOは、平均的労働者の二〇倍の収入を得ていた。それが二〇一七年にはS&P500企業の平均的なCEOは、平均的労働者の三六一倍を稼ぐようになっていた。[85] 一九八〇年以降、世界のトップ一％の富は、下位五〇％の二倍の勢いで増加した。[86] アメリカでは最も豊かな上位二五人が、国民の五六％と同じだけの資産を保有している。[87] ビル・ゲイツ、ジェフ・ベゾス、ウォーレン・バフェットの三人だけで、下位五〇％の約一億六〇〇〇万人を上回る資産を持っている。労働者は過去四〇年にわたって新たな富を創出してきたが、その分け前にあずかることはなかった。それは民主主義の不足は国レベルだけでなく、企業の「内部」でも起きているからだ。今日多くの企業が経済版の封建領土のようになっている。ごく少数の裕福なオーナーが、膨大な数のふつうの市民に命令を下し、搾取している。

MMTは政府支出をまったく新しい視点から見ることで、経済格差や民主主義の不足を解消する方法について新たな選択肢を与えてくれる。単に富裕層への課税を増やすだけでなく、中低所得層の生活水準を本当に向上させるような取り組みに投資するのだ。民主主義とは、あらゆる人に意見や発言権があり、誰もが重要な存在であると認めることだ。必要なのは、それを踏まえた政策であり、「一人一票の原則」という民主社会の基本に立ち返ることだ。しかも政治分野だけでなく、経済分野でもそこに立ち返るべきだ。つまるところ両者は不可分なのだから。

合衆国憲法は議会に、すなわち選挙で選ばれた国民の代表に、財政権力を与えている。だが現実には議会は財政赤字の神話にとらわれ、経済を蝕む本当の不足を正すためにお金を使うことができない。ＭＭＴは財政を議論する際の焦点を政府債務や財政赤字から、本当に重要な不足へと移す。それによって私たちは新たな政策や経済を思い描き、欠乏中心の発想から機会を中心とする発想へと転換できるのだ。

第八章 すべての国民のための経済を実現する

二〇一〇年夏、第一章で紹介したウォーレン・モズラーがミズーリ州カンザスシティにやってきた。私と一緒に、エマニュエル・クリーバー下院議員と面会するためだ。クリーバーは合同メソジスト教会の牧師で、カンザスシティ初の黒人市長となった人物だ。二〇〇四年にはミズーリ州の第五下院選挙区から下院議員に選出された。州の中西部にあたり、私が教鞭をとっていたミズーリ大学カンザスシティ校もこの選挙区にあった。大学で博士号の取得を目指していた共通の知人の手引きで、私はクリーバーと面会する機会を得た。[1] あのときのことは決して忘れない。

二〇〇七年から〇九年にかけての大不況は終わったことになっていたが、経済は低迷していた。失業率は一〇%に近く、アフリカ系アメリカ人の若者（一六～一九歳）の失業率は五〇%近かった。モズラーと私から見れば、議会が二〇〇九年二月に可決した七八七〇億ドルの景気刺激策は、増え続ける住宅の差し押さえを止め、数百万人の雇用を取り戻すのにおよそ十分ではなかった。モズラーは議会は三つの簡単なステップによって、事態を収束させられると考えていた。[2] まず政府が資金を出して就業保証プログラムをつくり、失業者全員が直ちに有給の仕事に就けるようにする。次に給与税の免税期間を設ける。社会保障制度の財源として源泉徴収される給与税を、一時的に六・二%からゼロに引き下げるのだ。これは一億五〇〇〇万人の労働者の給料を六・二%

増やすことに等しい。雇用主と従業員の負担分を両方支払う自営業者は、手取りが一二・四％増えることになる。消費支出が弱まっている時期だったので、数百万社の利益を改善する効果もあっただろう。最後にモズラーは、大不況によって州と自治体政府の財政が逼迫していることを認識していた。そこで連邦政府と違って「通貨の使用者」であるこうした政府が税収の急激な落ち込みを乗り切れるように、全米五〇州とワシントンDC、海外領土のすべてに人口に応じて五〇〇〇億ドルの財政支援をすることを提案していた。そうすれば教師、消防士、警察官など、州政府の収入減少によって危うくなる数万人の公務員の雇用を守れるはずだ。

私たちがウエスト三一番街にあるクリーバー議員の事務所を訪ねた時点で、政府の財政赤字は一・四兆ドルに達していた。政治家は完全にパニックモードになっていた。連邦議会予算局（CBO）はちょうど『長期財政見通し』を発表したところで、それはこんな書き出しで始まっていた。「このところ政府の財政赤字が経済に占める割合は、第二次世界大戦以降最大になっている」[3]。この大幅な赤字を止めるために手を打たなければ「債務の増大によって政府の財政管理能力に対する投資家の不信感が高まり、政府の借入コストは大幅に上昇するだろう。その結果、財政危機が発生するおそれがある」[4]。この財政危機の「おそれ」に対応するため、オバマ大統領は超党派の委員会を設立し、赤字を大幅に削減する方法を検討させた。だがモズラーと私がクリーバーを訪ねたのは、少なくとも一時的に財政赤字を増加させる政策を促すためだ。

クリーバーは私たちを出迎え、オフィスに招き入れた。温かく微笑むと、重厚なデスクの背後の高級な重役椅子に腰を下ろした。モズラーはまず、自分はCBOの報告書をまったく気にしておらず、政府はどれほど多額の財政赤字でも出し続けることができる、という話から始めた。オバマ大統領の「政府の資金は尽きている」という発言に反して、通貨発行者の資金が尽きることはない。必要なのは、適切な対象に向けた減税と、成長力を取り戻し、新たな繁栄の時代の幕を開けるための追加的な財政支出だ、と説明した。クリーバーはモズラーの主張に納得しなかった。アメリカは破産しかけている。モズラーの提案を実行するための資金を、議会はどこから探してくるのか。財政赤字はすでにとんでもない金額に達しており、あらゆる議員が歳入を増やし、支出を減らす方法を探している、と。クリーバーは何か質《たち》の悪いドッキリを仕掛けられているのかと思っているようだった。

クリーバーは立派すぎる重役椅子で、落ち着かないように体を動かした。対話の内容は、本書がここまで議論してきたようなことだ。政府が税金を課す目的は、資金を集めることではなく、自らが必要とする物資を国民に生産させるためだというところから始まり、通説に反して社会保障制度が「破綻することはない」という話で終わった。クリーバーにとっては拷問に等しい時間であることが見てとれた。ボディランゲージを見れば、それは明らかだった。四五分近く、座ったまま不安げに体を動かしていた。一、二度口を挟んだが、モズラーに話の要点をわかっていないと指摘されただけだった。政府が税金を集める目的はインフレをコントロールするためだ、国家の債務は未来永劫償還する必要はない、輸出を実物的なコスト、輸入を実物的な便益ととらえるべきだ、というモズラーの説明を聞きながら、どこか痛むところがあるかのように顔をしかめていた。私にはクリーバーの気持ちがよくわかった。一九九〇年代半ばに初めてモズラーと会ったとき、私も同じような反応をしたからだ。それに続く展開も、私のときとまったく同じだった。

予定された一時間があと数分で終わろうというとき、それは起きた。コペルニクス的転回の瞬間だ。私はすぐに気づいた。モズラーの言葉が、クリーバーに届いたのだ。私たちが待ち望んだブレークスルーだ。クリーバーは初めてMMTのレンズを通じて世界を見て、さまざまなことが一気に像を結んだのだ。その瞬間から、クリーバーの様子は一変した。目に光が戻り、自信に満ちた態度になった。そして身を乗り出し、両手を組み、モズラーの目をまっすぐ見つめて穏やかにこう言った。「私にはそんなことは言えない」

あの対話を、私は少なくとも一〇〇回は思い返した。クリーバーは何を恐れていたのだろう。貨幣、税、債務に関するこれほど現実的見方を語ることが、なぜそれほど難しいのか。聖書には、イエスが神殿に集まった人々にこう語る場面が出てくる。「真理はあなたたちを自由にする」（ヨハネによる福音書八章三二節）。クリーバー牧師もおそらく、聖ジェームズ合同メソジスト教会に集まった信者に、この一節を説いたことがあったはずだ。だがあの夏の日、数百万人の国民が仕事を失い、家を差し押さえから守ろうと苦労していたとき、牧師は真理を語ることはできない、と言ったのだ。少なくとも自分の口からは。

クリーバー議員は信仰の人であると同時に、財政赤字の神話に完全に支配された政治の世界に生きる理性の人でもあった。モズラーの見解に説得はされたが、自らがその伝道師になるつもりはなかった。[5] あまりにもリスクが高すぎたからだ。それはとりわけワシントンDC界隈において、貨幣、税金、国家債務について受け入れられる見解はたったひとつしかなかったからだ。税金は政府の収入となる。政府の資金源は納税者のお金である。借り入れは国家の債務を増やし、子供や孫世代に負担を課す。こうした発言をしていれば安全で、まともな知識人に見える。しかしこうした常識から外れれば、意図的か否かにかかわらず財政赤字の神話をまき散らす自称・財政専門家、政治家、議員スタッフらのコミュニティからはじき出される。緊縮財政の大切さを訴えていれば安全で、異を唱えるのは異端者だ。クリーバーにはそれがわかっていた。

ＭＭＴは宗教ではなく、教義に従う信者を求めているわけではない。現代の不換通貨の仕組みを現実に即して説明し、それをもとに公共政策を改善する処方箋を提示している。本当の問題は何であり（インフレ）、何でないか（資金の枯渇）を明確にし、新しい経済運営の方法に私たちの目を開いてくれる。さまざまな領域で貨幣、債務、税金に関する神話や誤解が私たちの手足を縛っていたことを明らかにしてくれる。ＭＭＴはこうした神話を打破することで、国民のため、世界のパートナー諸国のため、未来世代のために、確固たる安定感のある未来を築くことができると示してくれる。では、どうすればいいのか。

クリーバー議員はまっとうな人物だと私は思う。自らの選挙区、国の利益を最優先に考えている。私たちとの面会を通じて、ＣＢＯや議会関係者が財政の暗澹たる未来について何を言おうと、議会にはもっとはるかに多くのことができるのだと気づいた。しかし彼は一議員に過ぎない。一般人と比べれば大きな権限がありそうだが、あの日クリーバー議員は自らの無力を感じていた。世の中の論調を支配する財政赤字の神話を前に、手も足も出なかった。そうした状況を変えるには、経済に対する国民の認識を変える必要がある。議員にそれを期待しても無駄だ。私たちがやらなければならない。かつて私の上司であったバーニー・サンダースは常々「変化がトップダウンで起こることはない。それは常にボトムアップで始まる」と語っていた。ＭＭＴによって新たな政策的余地が生まれるとすれば、それは読者のみなさんを含む、多くの国民の声によって世論の流れが変わったときだ。ＭＭＴのレンズを身につければ、今とは違う、もっと多くの人を幸福にする選択肢が見えてくる。問われているのは私たちの未来であり、経済であり、通貨制度だ。それを私たちにとって好ましいものに変えることは可能なのだ。

ＭＭＴの記述的側面

ここまでＭＭＴの知見をもとに、私たちが何をすべきかを述べてきた。しかしＭＭＴを、あらゆる政府が採用あるいは実施すべき政策とは思わないでほしい。規格化された政策を、世界中で展開すべきだという話ではない。ＭＭＴは第一に、現代の不換通貨の仕組みを「記述」することを目的としている。通貨制度への理解を深めれば、誰かが作り出した架空の障壁と本当の制約を区別できるようになる。ＭＭＴの「記述的側面」とは、これまで私たちを縛ってきた神話や誤解を解くためのものだ。通貨制度がどういう仕組みになっているかを正確に理解することは、すべての国民のための経済をつくるのに必要な第一歩だ。そんな経済の実現には、記述的側面を理解したうえで一歩踏み出し、「処方的側面」、すなわち政策立案に踏み込んでいかなければならない。それには社会全体の利益を増進させるような政策を進めるうえで、議会やＦＲＢなどの公的機関はどのような役割を果たすべきかを問い直すことが不可欠だ。

記述的側面は、医者が診断を下すための拠りどころのようなものだ。研修医はいきなり患者の治療を任されるわけではない。まずは体の仕組みについて実用的知識を身につけなければならない。循環系、消化器系、神経系などについて知識を深める。研修医は人体の仕組みを十分理解したと証明できて初めて、正式な医師として患者の治療にあたることができる。今日問題なのは、経済政策を指南する人の多くが、経済学の上級学位を持ちながら実際の通貨制度の仕組みをまったく理解していないことだ。ＭＭＴはより良い記述のフレームワークを提供することで、経済をより強く健全にするための幅広い政策手段を示してくれる。

　ＭＭＴのレンズを通して通貨制度を見ると、通貨主権国にとって「身の丈にあった生き方」とは何を意味するのか、それまでの考えが一変する。架空の財政的制約ではなく、実物資源の制約（インフレ）の観点からモノを見るようになる。「どうやって必要なコストをまかなうのか」ではなく、「どうやって必要な資源を確保するか」を考えるようになる。人類を月に送る、あるいは気候変動問題に対応するためにグリーン・ニューディール政策を開始するといったミッションがあり、それを実現する技術的ノウハウと実物資源（労働力、工場、設備、原材料）さえあれば、必要な資金は常に用意されることを、ＭＭＴは示している。必要な資金を用意するのは比較的簡単だ。それ以上に重要なのは、インフレリスクをコントロールすることだ。財政支出を制約する要因として、ＭＭＴほどインフレを重視する経済理論はない。またインフレ圧力をコントロールするための、これまでよりはるかに優れた手法を提唱している。

　ＭＭＴが記述するのは、ブレトンウッズ体制終焉後の現実だ。もはや金本位制の時代ではないのに、政治の世界ではいまだにそうした時代遅れの発想が目立つ。記者が政治家に「そのための財源はどうやって確保するのか」と尋ねるのは、その典型だ。不換通貨の発行国であることは何を意味するのか、そろそろ理解してもいい頃だ。通貨主権国において、通貨はモノではない。それは金《きん》のような希少な物質ではなく、政府が支出する前に「確保」する必要もない。アメリカではＦＲＢが財務省の承認した支払いを実行するために、コンピュータのキーボードを叩くたびに通貨が生み出される。

まるで打ち出の小槌のようだと思うかもしれないが、そうではない。MMTは白紙の小切手を与えてくれるわけではない。政府が新たな事業を始めるためにいくらでもお金を使っていいと言っているわけではないし、大きな政府を目指しているわけでもない。MMTは分析のフレームワークとして、経済のなかでまだ十分活用されていないポテンシャル、いわゆる財政余地を掘り起こすことを目的としている。有給雇用を求めている人が何百万人もいて、経済に物価上昇を招かずに財やサービスの生産を増やす能力があるならば、そうした資源を生産的に活用する財政余地があることになる。この財政余地をどのように活かすかは政治的判断となり、伝統的にリベラルとされる政策（メディケアの対象を全国民に広げる、大学を無償化する、中産階級の減税など）、あるいは保守的とされる政策（軍事支出や法人税減税など）を擁護するために、MMTが使われることもあるだろう。

要するに私たちは、天井高が二五〇センチもある家の中を、ずっと背中を丸めて歩きまわる一八〇センチの男のように経済を運営しているのだ。それは背筋を伸ばしたら天井に頭をぶつけるぞ、と誰かにしつこく言われ続けてきたからだ。あまりに長い間、私たちは堂々と頭をあげていられるところで、身をかがめ続けてきた。世界金融危機後、アメリカ、日本、イギリスなど多くの国の政策立案者は政府債務や財政赤字への根拠のない不安から、財政刺激策を早々に手じまいして、緊縮財政へと舵を切った。それは世界中で数千万、数億人の人々に途方もない苦しみを強いた。左右を問わず、ポピュリスト運動はこうした隙をついて生まれてきた。もちろん、財政支出を増やせば、あらゆる問題が解決するわけではない。緊縮財政はさまざまな社会問題、経済問題を悪化させたとはいえ、経済停滞と格差拡大の原因はそれだけではなかった。労働者階級の経済的安定を取り戻すには、独占の排除や、税制、労働法、貿易政策、住宅政策の抜本的改革をはじめ、さまざまな取り組みが必要だ。[6]

それに加えて、新たな経済モデルも必要だ。国民に対して説明責任を負わない中央銀行の人々に、インフレと失業の「適切な」バランスを達成させるという非情かつ不効率なやり方はもうやめるべきだ。国民のための経済を実現するには、雇用と所得の安定を維持する責任を国民の代表が引き受けるべきだ。財政に大きな権限を持つ議会は、常に生産活動と雇用の安定を図るため、積極的役割を果たさなければならない。

ＭＭＴの処方的側面

『スパイダーマン』の主人公、ピーター・パーカーの「大いなる力には大いなる責任がともなう」という言葉を思い出してほしい。ＭＭＴの処方的側面は、鏡に映る現実を眺めている状態から一歩踏み出し、ＭＭＴの知見を踏まえて実施すべき財政政策や金融政策を世の中に伝えていくためのものだ。ＭＭＴは（少なくとも現在のような）金融政策を主役の座から降ろし、代わりに財政政策をマクロ経済安定化のための主要な手段に昇格させよ、と主張する。議会は支出の決定権を握っており、それを活用し、すべての国民のための経済を実現しなければならない。みなさんの反応は想像できる。政府にそんな権限を与えて、本当に大丈夫なのか？　私の答えはイエスであり、ノーである。

イエスというのは、国民はすでに議会にその権限を付与しているからだ。MMTが新たに通貨制度の権限を議会に与えるわけではない。国民が民主的に選んだ政府は半世紀前、金本位制のくびきから自らを解き放った。この決定によって議会は、公的資金を無制限に使えるようになった。財政権力があるとは「どうやって財源を確保するのか」と自問する必要が一切ないことを意味する。減税や数兆ドルの戦費を支出するとき、議会に必要なのは十分な票を集めることだけだ。それだけで資金は用意される。

今日の政府予算は約四・五兆ドル。GDPのおよそ二〇％だ。議会が望めば、五兆ドルの予算を組むこともできる。六兆ドル、あるいはそれ以上に増やすこともできる。教育、インフラ、医療、住宅に数兆ドルの資金を注ぎ込んでもいい。議会が承認すれば、いくらであろうと支出はできる。FRBが入念に構築したプライマリーディーラーのネットワークがそれを引き受ける。それが政府支出を税金や債務による資金調達の必要性と切り離す、「支出↓（税金＋借金）」モデルの現実だ。問題は、政府が与えられた大きな力を「どう使うべきか」だ。いくら使うべきか。何にお金を出すべきか。インフレは？　税金は？　財政余地があるときには生産的投資をし、実物資源が逼迫したときには必要な引き締め策を実施するなど、議会は適宜適切な選択をすると信頼できるだろうか。私はシニカルなのかもしれないが、多少の保険はかけておきたいところだ。

政府の財政は二つの部分に分かれる。ひとつは既存事業や新規事業にいくら支出するか、議会が毎年自らの裁量で変更できる「裁量的」支出だ。防衛、教育、環境保護、運輸などに支出される財源のほとんどは、毎年の裁量的支出から配分される。もうひとつは「非裁量的」あるいは義務的支出で、法律によって支出がほぼ決定されている。社会保障、メディケア、メディケイドはいずれもこの部類に入る。失業給付、補助的栄養支援プログラム（SNAP、かつてのフードスタンプ）、国債の支払金利、学生ローンは政府が支出を確約しており、議会の承認なしに支出額が増減する。誰かが障害を負う、退職する、失業する、六五歳になる、国債を購入する、あるいは政府の学生ローンを借りれば、それをまかなうために政府資金が「自動的に」支出される。

全体として、義務的支出は政府支出の六〇％強を占め、さらに金利負担が約一〇％を占める。[7] つまり政府予算の七〇％は実質的に自動操縦の状態にあり、政治家が自由にコントロールできるのはわずか予算全体の三〇％に過ぎない。[8] もちろん十分な票が集まれば、議会は予算をいかようにも変更できる。国債の発行を停止し、利付債の発行をFRBに完全に委ねることも可能だ。[9] そうすると時間の経過とともに、予算から金利支出が完全に消えていくだろう。[10] また議会は政府を単一支払者とする「全国民向けメディケア」法案を通すこともできる。それは政府の義務的支出の大幅な増加につながる一方、国民の今後の負担は数兆ドル減少することになる。[11] あるいは運輸や教育への裁量的支出の配分を増やすこともできる。第一章に書いたとおり、議会が特定分野に支出したり、FRBが財務省のために支出を決済するのを妨げるようなさまざまな制約があるが（ペイゴー原則、バード・ルール、デット・シーリング、裁量的支出の上限、オーバードラフト（中央銀行からの借越し）の禁止など）、議会には自らに課したそうした制約をすべて停止あるいは修正する法的な権限がある。CBOや上下両院の予算委員会でさえ、そもそも一九七四年に議会が設立したものであり、解散する、あるいは新たなルールの下で活動するよう指示することは可能だ。[12] そして言うまでもなくFRBをつくったのは議会であり、その任務を変更することもできる。

ＭＭＴの知見に基づく政策立案によって、どのような好ましい変化が起きるかを見ていく前に、現在の政策立案がどれほど歪んでいるかを示すエピソードをいくつか紹介したい。私が上院予算委員会の民主党のチーフエコノミストになったばかりの頃、一兆ドル規模のインフラ投資法案を議論する会議が開かれた。ダークセン上院会館三階の大会議室に十数人の上級スタッフが集まった。インフラ投資が喫緊の課題であることは誰も否定しなかった。一兆ドルというのは大変な金額だが、それでも必要とされている投資のごく一部に過ぎなかった。投資金額を見て顔色を変えた者はいなかったが、それを「支出すべきか」「どうやってまかなうのか」を巡っては相当な議論があった。

議論の内容について触れる前に、こうした言葉が連邦議員やそのスタッフにとって何を意味するのか理解しておく必要がある。実際には、政府の資金をまかなう方法は一つしかない。政府の支出はすべて、ＦＲＢが相手の銀行口座の残高を増やすという方法で執行される。しかしワシントンＤＣで「まかなう」と言った場合、それは自らの提案する支出をカバーするための資金をどうやって「手当て」するのか示すことを意味する。それは「(税金＋借金)→支出」という誤った概念モデルに基づく、本来まったく必要のない作業だ。それが国家の潜在力を封じ込めてきた。政治家は財政赤字を増やさないため、「借金を増やさずに」自らの提案の費用をまかなう方法を探そうとする。それは通常、新たな税収を確保しよう、という話になる。[13]

一兆ドルのインフラ投資法案に話を戻そう。会議の冒頭、議員がスタッフに、法案には財源について記載すべきかと尋ねた。私はまだチーフエコノミストになって一週間も経っていなかったので、他のスタッフが発言してくれてほっとした。「いいえ、これはクリーンビルで行きましょう」。クリーンビルとは、財源について一切記載のない支出法案だ。別のスタッフも同じ意見を述べ、私も同調した。アメリカは切実にインフラ投資を必要としている。そのための財政余地は十分あり、過去を振り返ってもインフラ投資は超党派の支持を得やすいテーマだ。当時上院は共和党が多数派を占めていたので、法案を通過させるには共和党員からも多少の支持をとりつける必要がある。法案のなかで増税を主張すれば、敗北は必至だ。

だが全員が賛成したわけではなかった。財源をどうまかなうかを明確にしない法案など、メディアがまともに相手にしないだろう、と。最終的に法案には、圧倒的に富裕層に有利なさまざまな税の抜け道を塞ぐことによって税収を増やす、という提案を含めた。法案が成立しなかったのは言うまでもない。最新の米国土木学会のレポートは、必要な改修工事の費用は四兆五九〇〇億ドルという天文学的水準に膨れ上がるなど、メンテナンスの遅れが深刻な弊害を招いている実態を明らかにしている[14]。

ときには政治家も素知らぬふりで、財源など一切気にせずに新たな支出を可決することもある。たとえば防衛費の例を見てみよう。毎年議会は投票で防衛政策法案を承認する。二〇一七年には国防授権法と呼ばれる一二一五ページの法案が、上院では八九対九で可決された。ホワイトハウスが要求したのは七〇〇〇億ドルだったが、上院はどうやって資金を「手当て」するかを懸念するそぶりも見せずに三七〇〇億ドルを追加し、七三七〇億ドルの支出を承認した[15]。国防総省の裁量的予算の増額を、超党派の支持で可決したのだ。

ダブルスタンダードに見えないか。アレクサンドリア・オカシオ＝コルテス下院議員は、それをこう表現した。「私たちは戦争のためには金額無制限の白紙小切手を出す。共和党の減税案は二兆ドルの小切手に等しい。なのに誰も『その資金をどうまかなうんだ』とは聞かない」[16]。まさにそのとおりだ。なぜか戦争と減税のための資金は常にある。だがそれ以外の用途については、議員は常に財源を示すよう求められる。少なくとも書面上は。

連邦議会の五三五人の議員のうち、一〇〇人が上院、四三五人が下院議員で、誰もが常に新しい財源を求めている。私は上院で働いていたとき、議員のニーズに合ったさまざまな財源を提案するよろずや的存在がいることを知った。議員が一〇〇億ドル、五〇〇億ドル、あるいは五〇〇〇億ドルを手当てする必要に迫られたとき、頼りになるのがテキサス大学ロースクールで企業法務を教えるカルビン・ジョンソン教授だ。ジョンソンは長年、「シェルフ（棚）・プロジェクト」の運営に携わっていた。仲間の税の専門家とともに、「議会に新たな歳入が必要になったとき、いつでも差し出せるような提案をまとめて棚に入れておいた」のだ[17]。ジョンソンは二〇一〇年、上院財政委員会で「一兆ドルを調達するための五〇の方法」と題して証言をした[18]。

議員が地元の選挙区に戻る夏の間、ジョンソンのバインダーはホコリをかぶっている。だが議会の会期中、提出する法案にもっともらしい財源を記載する必要に迫られた議員は、決まってジョンソンに電話をかける。ジョンソンらは情熱を持って任務にあたっていた。単に政治家が首尾よく財源というハードルを飛び越えられるような提案をまとめているつもりはなく、税制をより公平かつ効率的にする方法を見つけようとしていた。しかし議員スタッフの目には、シェルフ・プロジェクトのバインダーは、大学のフラタニティ（男子学生の親睦団体）のキャビネットに保管されていた試験の過去問の束のように思われた。要はずるをして、ペイゴー原則のような障害を飛び越えるのを助けるのだ。

シェルフ・プロジェクトへの相談は、こんなふうに始まる。「どうも、A上院議員のスタッフです。議員が一〇年で三五〇〇億ドルの財源を必要としているのですが、何かありますか？」するとジョンソンは税制の一部を変更し、税収を三五〇〇億ドル増やす案を示す。あるいは複数のバインダーを引っ張りだし、いくつかの税制変更を組み合わせて必要な金額を達成する案を示すかもしれない。目標は議員がつつがなく法案を提出できるだけの税収をかき集めることだ。

私の目には、ほとんどの議会関係者がこの財源探しのばかばかしさを、多少は認識しているように見えた。最初にそれに気づいたのは、二〇一五年のことだ。上院では予算審議プロセスの一環として、一週間にわたって一〇〇人の上院議員が顔をそろえ、拘束力のない予算修正案を矢継ぎ早に投票にかけていく[19]。議員は次々に立ち上がり、自分が提案する社会保障、減税、最低賃金の引き上げなど「財政赤字に中立的な」修正への支持を呼びかける。その様子を議場の隅で見守っていた私は、カリフォルニア州選出のバーバラ・ボクサー議員の発言を聞いて、思わず笑ってしまった。ある修正案を出した議員に向かって「財源に関する説明はデタラメだと思うけれど、賛成票を投じますよ」と言ったのだ。

まさに言い得て妙だった。ボクサー議員はシンプルに、わが国の法案の起草、評価、承認の仕組みはおかしい、と言ったのだ。政府が家計と同じように予算管理をする必要があるふりをする。税金の本来の目的は、政府の支出によって経済が完全雇用上限を超えないように、企業や個人の支出能力を抑えることなのに、まるで税金（歳入）なしには政府が立ち行かないかのように考えている。増税をしなくても経済が十分に支出増加を吸収できるにもかかわらず、新たな支出には「財源確保」を求めることで、議会の手足を縛っている。これらすべての前提にあるのは、家計のような予算管理が国民の利益につながるという考えだ。それは間違っている。

政府が財政赤字の神話を克服し、企業や個人とは違う、通貨発行者ならではの予算管理を始めたら、どうなるだろう。神話が存在するのは、政治家が好き勝手に支出を増やし、税金を減らしすぎるのを防ぐためのように思える。そうしたリスクはたしかにあるかもしれないが、それより十分な政府支出がなされないことのほうが問題だ。過剰な政府支出と過剰な緊縮財政の間のどこかに、あらゆる人にとってより望ましい経済の姿があるはずだ。そのような経済を実現するためには、新たな構想が必要だ。それに対するMMTの処方箋は何か。支出を増やしすぎることなく、国民の福祉を増進する方法はあるのか。財政政策に経済運営の主導権を委ねることは、本当に妥当なのか。その場合、金融政策の役割とは何か。

経済運営の主導権を財政当局に移すというのは、民主的に選ばれた議員に、財政赤字を増やすことで経済を支えられるときには財布の紐を緩め、反対に経済が完全雇用という制限速度に到達したときには財布の紐を締める役割を委ねるということだ。それがアバ・P・ラーナーが一九四〇年代に提唱した「機能的財政論」の本質だった。ラーナーは政治家に、財政赤字だけに気をとられ、財政を均衡させることに躍起になるのではなく、完全雇用と経済の均衡を維持するような予算の策定を求めた。

MMTはラーナーの研究に着想を得てはいるものの、FRBから議会に主導権を移すだけでは不十分だという注釈をつける。政治家が与えられた権限を責任をもって国民全体の利益に資するように行使するように、指針を示す必要がある。新しいガードレールを設置しなければならない。さらに政治家には明確な制限速度を示し、必要な計器をそろえたダッシュボードと、ハンドルさばきの大部分が自動で行われるような自動運転機能を用意する必要がある。そうすればたとえ政治がとんでもない機能不全に陥っても、財政政策は強力な安定化機能を果たすことができる。

自動的に行われる義務的支出

今日、積極的に金利を上下させ、経済を安定させる「インフレ非加速的失業率（ＮＡＩＲＵ）」を達成する任務は「金融政策」、すなわちＦＲＢに委ねられている。一方ＭＭＴは「財政政策」のほうが安定化装置として優れており、さらに幅広い国民の利益を実現するのに有効だと考えている。ラーナーも同じように運転席に座るべきは財政政策という立場だったが、議会に車のキーを与え、ハンドルさばきを任せれば事足りると考えていた。ただＭＭＴは、責任ある財政運営という道路を走り続けるには、車にも運転手にも相応の装備が必要だと主張する。議会に裁量的支出をする権限を持たせるのは良いが、政治が次第に両極化していく今日、運転手がいなくても走行できる機能は備えておくべきだ。それによってたとえ議会が迅速に動けなくても、財政政策は経済環境の変化に対応することができる。いわば保険をかけるようなものだ。

予算の一部が道路状況の変化に自動的に対応するようにしておくことは、とても重要だ。金融危機後の大不況が第二の大恐慌に陥るのを免れたのは、そのおかげだ。たしかに裁量的支出もあった。議会は二〇〇九年二月、七八七〇億ドルの景気刺激策を含むアメリカ復興・再投資法を可決している。しかし本当にアメリカを救ったのは、法的措置を一切必要とせず、自動的に行われた財政対応だ。それは政府予算に組み込まれた「自動安定化装置」と呼ばれる仕組みによって起こる。たとえるなら車の衝撃吸収装置のようなものだ。順調に運転している間はその存在にすら気づかないが、でこぼこ道ではそれがあるとないとでは大違いだ。

二〇〇八年に景気が一気に悪化したとき、自動安定化装置は「運転手の介在なしに」財政対応を発動し、衝撃を和らげた。数百万人が失業し、企業が必死に存続を目指すなか、税収は大幅に落ち込んだ。それと同時に政府支出は大幅に増加した。数百万人が失業給付、フードスタンプ、メディケイドなどの社会的セーフティネットを通じて支援を受け取ったからだ。財政赤字は一気に膨らみ、そのおかげで二〇〇九年には非政府部門のバケツには一・四兆ドル以上が注ぎ込まれた。政府のバケツから流れ出た赤字は、苦境にあえぐ数百万の世帯や企業のバケツの黒字となった。経済学者のポール・クルーグマンはこう振り返っている。

実際に起きたことを、このような視点で見るのは非常に興味深い。ここからは驚くべき結論が引き出せる。アメリカが再び大恐慌に陥らずに済んだのは裁量的政策ではなく、ひとえに自動安定化装置が引き起こした財政赤字のおかげである、と。[20]

自動安定化装置はアメリカがさらに悲惨な状況に陥るのを防いだものの、非常に大きな痛みをともなう景気後退を食い止めるには力不足だった。金融危機の余波で失われた雇用が回復するまでには、七年もの歳月を要した。数百万人が自宅を失った。長期失業の直接的影響で命まで落とした人もいる。ジャーナリストのジェフ・スプロスは「心身の健康へのダメージという点で、長期失業に匹敵するのは配偶者の死ぐらいだ」と書いている。[21]

わが国の経済を、そしてそれ以上に大切な国民、家族、コミュニティを守るため、MMTが提案するのは「政府による就業保証プログラム」という新たな自動安定化装置だ。これについては、仕事を望むすべての人に雇用を提供し、真の完全雇用を達成する手段として第二章でも触れた。今日FRBの定義する完全雇用の下では、一定水準の「失業」が許容されている。それでは数百万人がありもしない仕事を求め、延々と椅子取りゲームを繰り広げることになる。MMTは政府が直接お金を出して仕事のない人を雇用することで、この問題を解決できると考える。就業保証は自動的に発動する安定化装置なので、常に正しいタイミングで正しい方向にハンドルが切られるはずだ。

就業保証を支える経済的ロジックを理解するために、第一章で紹介したウォーレン・モズラーの名刺のエピソードを思い出してほしい。モズラーが望んだのは、きちんと片付いた家、きれいな車、手入れの行き届いた庭だ。それを手に入れるために、子供たちに税金をかけ、支払いには自分の名刺を使わなければならないというルールを設けた。税金の目的は、子供たちに名刺を稼ぐために仕事をしようというモチベーションを与えることだ。同じように政府が税金や他の政府への債務を自国通貨（たとえば米ドル）で支払うよう要求するのは、国民に通貨を手に入れるために時間を割いて仕事をするモチベーションを与えるためだ。政府が手に入れたいと思うのは、常設軍、司法制度、公園、病院、橋梁などだ。失業者とは、その国の通貨で給料が支払われる仕事を求めている人のことだ。米ドルを発行するのは基本的に国から国民への資金の環流である。MMTはこの点を理解している唯一のマクロ経済学説であり、就業保証という提案はこの理解を土台としている。

これを理解すると、あらゆる通貨主権国の政府には、失業者に雇用を提供するだけで、国内の失業をゼロにする力があることがはっきりする。この力を行使しないのは、「自ら失業を許容している」ことになる。本書執筆時点の公式な失業率（三・五％）は歴史的に見れば低い水準だ。失業の本当の深刻さを測るのに適したより範囲の広い失業率はほぼ二倍（六・五％）になる。労働統計局が「U6失業率」と呼ぶこの数字は、一二〇〇万人近くがもっと収入の多い仕事を探しているが、見つからないことを意味する。政府はこういう人たちをそっくり雇用することができる。

現在、政府はそれをしないという選択をしている。代わりに失業の衝撃を和らげる手段として失業保険を給付する。労働者が失業給付の受給要件を満たしている場合、失業給付は解雇されたときの所得の一部を代替する。平均支給額は週三四七ドルだ。これは総需要が減少し始めたときに経済を支えるのに役立つが、労働者を一時的な失業から守るわけではない。比較的短期間で新しい仕事を見つける者もいるが、何カ月、あるいは何年も失業状態が続く者もいる。深刻な景気後退期には、多くの労働者が長期失業に陥り、やがて給付は打ち切られ、技能も落ちてしまう。

失業給付は今ある自動安定化装置のなかで最も重要なものと位置づけられているが、もっと強力な装置もある。失業給付の問題は、すべての失業者に給付を受ける資格があるわけではないことだ。すべての仕事が失業保険の対象には含まれないためだ。自ら仕事を辞めたため、あるいは違法行為が原因で解雇されたために受給資格がない人もいる。雇用期間が短すぎるため、あるいは過去に給付期間を使い尽くしたために給付を受け取れない人もいる。受給資格があっても、給付を受け取らない人もいる。労働統計局によると「二〇一八年には、過去一二カ月間に就業期間のある失業者のうち、七七％が最後に仕事を失ってから失業給付を申請していなかった。給付を申請しなかった失業者のうち、六〇％はその理由として受給資格があるとは思わなかったことを挙げた」[22]。政府による就業保証は、万人に就業の権利を保証するため、こうした曖昧さがない[23]。

具体的な仕組みはこうだ[24]。政府は数百万人を失業状態のまま放置するのをやめ、失業者には公共サービスに従事する見返りに通貨を支払うことを確約する。制度の利用は完全に任意だ。誰もこの制度の下で働くことを強制されない。労働者を遊ばせないための無意味な作業ではなく、「まっとうな仕事」を提供するため、MMT派経済学者は生活できる賃金を支払い、公共の利益に役立つ仕事の確保を勧める[25]。就業保証は恒久的制度であるため、政府にとって（裁量的ではなく）義務的支出となる。失業給付やフードスタンプなど他の義務的支出と同じように、その総額は制度の利用者の増減に応じて変化する。景気が悪化すれば、より多くの人が政府の提供する公共サービスの仕事を求めるようになり、それを支えるため支出は自然と多くなる。景気が回復し、民間部門の採用が再び活発になれば、労働者は制度を利用しなくなり、政府支出は自動的に減少する。このように就業保証は新しい強力な自動安定化装置として、政府予算に含まれる既存の自動制御型の労働者保護の仕組みを補強する[26]。

純粋に経済の観点からすると、就業保証の主要なメリットは景気循環にかかわらず雇用を安定させられることだ。失業してもすぐに新たな仕事を見つけられる人だけが恩恵を享受するわけではない。誰もが恩恵を受けられる。本書執筆時点で、アメリカは史上最長の景気拡大の只中にあり、雇用は拡大を続けている。しかし、いずれ拡大期は終わり、景気後退が始まる。資本主義とはそういうものだ。顧客が大勢いるときは、企業は積極的に人材を採用し、投資をする。やがて需要は減退し（たいていその理由は、多くの人が債務を増やしすぎたことに気づくことだ）、誰もが財布の紐を締めるようになる。[27] 顧客が徐々に姿を消すと、企業は生産量を減らし、労働者の一部を解雇し始める。いま就業保証があれば、希望の仕事が見つからない一二〇〇万人の働き手の多くを雇用できるうえに、次の景気後退が始まったときに放っておけば失業する人々の受け皿になる。既存の社会的セーフティネットは強靭になり、企業を解雇された人々には即座に新たな雇用機会が提供される。自営業者なのか、あるいは誰かに雇用されているかにかかわらず、私たちの経済的安定は他の人々の所得の安定と密接に結びついている。

失業給付だけに頼っていては十分ではない。あらゆる人に受給資格があるわけではなく、ほとんどの州で給付期間は一三〜二六週間だ。大不況が始まったとき（二〇〇七年一二月）、すでに長期失業（二七週以上）の状態にあった人は一三〇万人いた。二〇〇九年八月に景気後退が公式には終わったとき、二七週間以上失業状態にある国民は五〇〇万人いた。一年後、その数は六八〇万人に増えた。議会は給付期間の延長を可決したが、それでも遅かれ早かれ給付は終了し、数百万人が仕事も所得もない状況に陥った。その影響は国中の企業やコミュニティに広がった。失業者の住宅ローンの返済は滞り、多くの住宅が差し押さえに遭い、住宅価格は急落し、固定資産税の税収は落ち込み、州や自治体は教育から交通機関までさまざまな分野で支出を削減し、学校では一クラスあたりの生徒数が膨れ上がり、インフラは老朽化した。それも氷山の一角であり、深刻な不況が長期化すれば、弊害はあらゆる人に及ぶ。

議会はもう一度裁量的支出という手段を使い、総需要を支えるために景気刺激策の第二弾を打ち出すこともできたが、そうしなかった。その時点で政治家たちはすでに財政赤字を増やして苦境にあえぐ国民経済を救済することより、財政赤字を縮小することを重視するようになっていた。そこで議会は、対応をFRBに任せた。この議会の不作為によって、国民は大きな犠牲を強いられた。

政府の就業保証があったら、状況はまったく違っていただろう。経済運営のハンドルは自動的に、財政赤字拡大の方向に切られていたはずだ。クリーバー議員をはじめ、議会のメンバーにとって赤字拡大は正しい方向には思えなかったかもしれないが、それこそまさにあのときのアメリカに必要なことだった。こんなふうに考えるといい。吹雪のなか車を運転していると、凍結した路面に乗り上げて車が制御不能になった。あなたならどうするか。たいていの人は本能的に、逆方向にハンドルを切る。車が右方向に横滑りしたら、ハンドルを左に切るのが正しいように思える。だが実際は違う。教習所で習ったとおり、態勢を立て直すには横滑りの方向にハンドルを切らなければならない。直感的に間違っているようだが、事故を避けるにはそれしかない。政府の予算のなかに就業保証という仕組みをつくることは、経済が横滑りを始めたとき、赤字を防ごうとする政治家の自然な衝動を抑えるための自動装置を装備するようなものだ。経済が回復すれば、就業保証プログラムの下で働いていた労働者を企業が雇用し始める。そうなれば労働者は政府の庇護から離れ、ハンドルは自然と財政赤字を縮小する方向に切れていくだろう。

このように就業保証は強力な経済の安定化装置だ。景気の波に左右されず国民の雇用と所得が維持されれば、今後の不況はこれまでより短くなり、深刻化もしないだろう。景気が悪化し始めれば、国民はすぐに制度を利用できる。また雇用環境が改善すれば、これまでより迅速に仕事を見つけて制度から退出していくだろう。というのも企業は長期間失業していた人を採用するのを躊躇するからだ。就業保証プログラムの対象となることで就業を継続し、新たなスキルを身につければ、景気の潮目が好転したときに民間企業に採用されやすくなる。

就業保証プログラムの下では、労働者はどんな仕事に就くのか。どうやって希望者全員が必ず就業できるだけの仕事を確保するのか。報酬はいくらにするのか。これだけ大規模な政府のプログラムを誰が管理するのか。このような試みは過去にもあったのか。MMTが過去三〇年以上にわたって世に送り出してきた膨大な研究成果には、こうした疑問への答えが詰まっている[28]。本書でそのすべてを取り上げることはできないが、いくつかの重要な質問に答えるとともに、二〇一八年に私を含む五人のMMT派経済学者がまとめたレポートに登場する就業保証プログラムの概要を説明しよう[29]。

レポートで私たちが提示したのは、地域密着型の「公共サービス雇用制度」だ。それを通じて生活できる賃金（時給一五ドルを推奨）の仕事を、医療保険や有給休暇といった基本的な福利厚生とともに提供する仕組みだ。就労形態はパートタイムとフルタイムのどちらも選べるようにして、育児や介護をする人、学生、高齢者、障害者などの多様なニーズに対応できるようにする。資金は政府が出すが、仕事の内容を決めるのはその恩恵を享受する地域の人々だ。「すべてのコミュニティに雇用を創出すること、そしてコミュニティにとって有益な事業を創出することが目標だ。だからこそ事業の計画段階から実施、管理、評価に至るまで、地域コミュニティを巻き込むのが望ましい」とレポートは述べている。

制度の予算は労働省の管轄とし、労働省はどのような事業が制度の適用対象となるか「一般的基準」を設定する。地域の満たされていないニーズに応えていくことが目的だ。レポートはすべての仕事を「ケアエコノミーの実現」という究極の目標に沿うものにすることを提言している。社会の高齢化が進み、世界規模では気候危機が深刻化しており、やるべき仕事は山ほどある。人々、コミュニティ、そして地球をケアする（心を込めて世話をする）、質の高い雇用を数百万人に提供することで、まっとうな雇用の不足という問題を解決できる。

このような雇用を創出するうえで、地域の最も切実なニーズを把握できるのは国ではない、という事実を認識することが重要だ。それができるのはコミュニティで暮らし、働く人々だ。そこで私たちは、政府機関がコミュニティのパートナーと協力して満たされていないニーズを特定し、地域ニーズに合致した仕事を創出することを推奨している。州政府と自治体はコミュニティのパートナーと協力して、仕事の案件のストックをつくる。シェルフ・プロジェクトの規模を大幅に拡大したもの、と考えるとわかりやすいかもしれない。ただし棚いっぱいのバインダーの中身は財源の候補ではなく、提供できる仕事のリストだ。さまざまなスキルや関心を持った失業者が相談に来たら、事務所を出るときには自分に合った仕事が見つかっている。[30]そんな状況を実現するために、棚いっぱいの仕事のリストを用意しておくのだ。

公共サービス雇用へのニーズは、時間の経過とともに変動するはずだ。ならしてみると、制度を通じておよそ一五〇〇万人が活躍の場を見いだすことになるだろう。パートタイムを選ぶ人もいる一方、ほとんどの参加者はフルタイムの就業を希望するだろう。[31]たとえばフルタイム換算で一二〇〇万人がこの制度の下で就業したとしよう。有給休暇が二週間あるならば、合計で年間二四〇億時間もの労働が公共サービスに投じられることになる。[32]二四〇億時間を投じることで、コミュニティのどのような不足を埋められるか、「ほんの一部」を想像してみよう。

たとえば二一世紀版の「資源保存市民部隊」の創設だ。ニューディール政策の時代とは違い、今度は人種差別的で排他的な組織にはしない。集まった数百万人は環境保護活動に取り組む[33]。ジョブバンクには火災防護から洪水制御、持続可能な農業まで、多様な仕事を用意する。何十年も放置され、投資されてこなかった荒廃したコミュニティをケアすることもできる。空地をきれいにし、公園やコミュニティガーデンを整備し、若者のために放課後の講習を、大人のためには職業研修やさまざまな講座を開講する。お互いをケアすることもできる。高齢者を介護し、子供たちが幼少期を健全に過ごせるようにリソースを確保する。

要するに就業保証は、慢性的な雇用不足に対するMMTの処方箋だ。「自然失業率」の犠牲者として数百万人を失業状態に放置する代わりに、就業保証は働きたいすべての人に仕事を与える。第二章で学んだとおり、それは物価の安定にも役立つ。就業保証プログラムでは働く意欲がある人全員に、生活可能かつ最低限の賃金を支払い、いつでも働ける状態の労働者をプールしておく。民間企業は保証制度の賃金にわずかなプレミアム（上乗せ）を支払うだけで、この労働力プールから人材を採用することができる。さらに就業保証プログラムは生活できる賃金を受け取って働くことを権利として確立することで、労働者の交渉力を強め、人種差別を抑制し、貧困を抑え、賃金の下限を押し上げる。それと同時にコミュニティを強くし、活力を与え、住民同士の絆を強める[34]。

このような試みは過去にあっただろうか。本格的な就業保証を実施した国はまだないが、さまざまな国が同じような発想に基づく実験をしている。一九三〇年代のアメリカは、フランクリン・D・ルーズベルト大統領のニューディール政策の下、数百万人を直接雇用することで大恐慌を克服しようとした。公共事業促進局（ＰＷＡ）は学校、病院、図書館、郵便局、橋、ダムの建設に数十万人を動員した。ＰＷＡは最初の六年で、建設と自然保護の分野で約八〇〇万人の雇用を、そして作家、俳優、音楽家のために数千人の雇用を創出した。国民青年局は高校生のためにパートタイムの仕事を一五〇万人分、大学生のために六〇万人分生み出した。ＭＭＴの提案と同じように、こうした仕事の資金はすべて政府が拠出したが、プログラムはいずれも恒久的なものではなく、万人に雇用を保証したわけでもなかった。

アルゼンチンの「失業世帯主プログラム」も完全な就業保証をうたった制度ではなかったが、二〇〇一年に「ＭＭＴ派経済学者の提案を明確なモデルとした、世界唯一の直接的雇用創出プログラム」として誕生した。[35] この制度は金融危機に端を発した景気後退によって、正式な失業率が二〇％を超えたのを受けて、緊急対策として実施された。ウォーレン・モズラーの研究にヒントを得て、ＭＭＴ派経済学者のパヴリーナ・Ｒ・チャーネバ、マシュー・フォーステイター、Ｌ・ランダル・レイのアドバイスを受けながら策定されたこのプログラムは、国民を迅速に労働市場に戻すことを目的としていた。失業世帯主プログラムは過去に例のない取り組みで、国が資金を出し、雇用プログラムは各地域が管轄し、一日四時間の労働で月収一五〇ペソを保証した。チャーネバの説明によると、制度の対象は「一八歳以下の子供、障害者、あるいは妊婦のいる家庭の世帯主」に限られていた。[36] ピーク時には労働人口の約一三％にあたる二〇〇万人を雇用した。仕事の九〇％が地域社会のプロジェクトで、参加者の七五％が女性だった。プログラム開始からわずか六カ月で、極度の貧困は二五％減少した。三年以内に参加者の半分がプログラムの対象を外れ、その大半が民間部門の仕事に移った。[37]

南アフリカ政府は二〇〇三年、毎年恒例の「成長と開発サミット」で、「より多くの、より良い、まっとうな仕事を万人に与える」と宣言した[38]。その結果誕生したのが「公共事業拡大プログラム（EPWP）」だ。このプログラムは「社会的に有益な活動を実施するため、失業者に一時的雇用を与えた」[39]。その二年後には、インド政府が「マハトマ・ガンジー全国農村雇用保証法」を制定した。農村部と都市部の所得格差を縮小することが狙いだった。失業率が高い地域の住民に機会を与えるため、政府は最低賃金で一〇〇日間の雇用を保証した。農村部の全世帯が対象で、男女ともに同一賃金だ。制度の対象は（全国民ではなく）一部の国民だが、世界最大規模の公的就業保証プログラムのひとつだ。全国農村雇用保証法は一律の賃金を設定することで、ジェンダー平等と女性のエンパワーメントを推進し、政治プロセスの透明性も高めたことがさまざまな調査で明らかになっている[40]。

このように政府が対象を絞った就業保証を実施した例は過去にもあり、なかにはごく最近の事例もある。大半がなんらかの危機に対応するための一時的措置として実施された。ただMMTの考える就業保証プログラムの範囲や究極の目的はそうしたものとは異なる。私たちが考えるプログラムは、危機の間だけ発動し、民間部門の雇用が回復したら終了するものではない。就業保証は経済に強力な自動安定化装置を埋め込む手段なのだ。こんなふうに考えてみよう。自治体が道路の陥没をふさぎ、舗装をやり直したからといって、みなさんはカーショップで衝撃吸収装置を取り外してもらうだろうか。衝撃吸収装置があったほうが快適なドライブができるとわかっているから、常に装備しておくだろう。就業保証も同じだ。それがなければ、もっと脆弱な安定化装置に頼るしかない。失業しても給付は一時的で、数百万人が経済のバッファー・ストック（緩衝在庫）として恒久的に失業状態に留め置かれている。就業保証プログラムがあれば、道路上に必然的に発生するコブや陥没の衝撃を、完全雇用によって吸収することができる。

過去の経験から、失業者のための雇用創出が有効であることは明らかだ。制度がなければ一時的に失業していたはずの人に収入をもたらすだけでなく、他にもたくさんの恩恵がある。これはMMT独自のアイデアではない。就業保証はニューディール政策の「積み残し」と言われてきた。[41]フランクリン・D・ルーズベルト大統領は、議会が「第二権利章典」のなかに就業保証を含めることを期待していたが、ルーズベルトの死後、第二権利章典は成立に至らなかった。[42]それでも就業保証を求める戦いは続いた。それは公民権運動の主眼のひとつであったし、国際人権法の土台の一部を成す。[43]今日、それを経済的公平性と公平な気候変動対策のカギを握ると考えている人も多い。就業保証は多くの人が無為に過ごしている数百億時間を、環境の面でも生態系の面でも持続可能性があるレジリエントな（回復力のある）経済を実現するための労働に転換する機会にもなる。

裁量的財政政策のためのガードレール

MMTは万能薬ではない。それを理解しておくことが重要だ。MMTはアメリカの歪んだ政治を正すことはできないし、政治家に国家の資金を国民の利益を最大化するために投資するよう強制することもできない。アメリカの連邦議会に限らず、日本の国会、イギリスの議会などどんな国の統治機関も、本来は国民のために予算を編成すべきなのに、たいていはそうしない議員であふれている。就業保証は部分的な解決策でしかない[44]。たしかにそれは経済環境の変化に応じて、予算を自動的に調整する。また本当に必要とする人々に恩恵をもたらすことのまずない減税と異なり、失業によって最も打撃を被るコミュニティを対象とする。最も必要としている人々の手に直接お金が渡るのだ。

だからといって自動運転モードをオンにして、あとは義務的支出が勝手に変化して道路状況に対応してくれるだろう、と放置してよいわけではない。裁量的支出も必要だ。軍事、気候変動、教育、インフラ、医療の研究など裁量的事業にいくら支出するかについても真剣に検討する必要がある。今日こうした検討は、MMTとは真っ向から対立する財政指針に基づいて行われている。それは財政は（少なくとも一〇年間という恣意的な時間軸において）均衡しなければならない、政治家が新たな事業を提案するときには財政赤字を増やさないことを証明しなければならない、という立場だ。ある法案の審議を進めてもよい、という許可証を発行するのは議会予算局だが、それ自体が財政赤字の神話に縛られている。予算プロセスを制約するさまざまなルールや慣習を乗り越えるために、政治家はいかさまのような手を使ったり、あるいは単にその場しのぎのルール変更を数の論理で押し切ったりする。現行制度がうまく機能しているふりをすることもできるが、ボクサー上院議員の発言のほうが的を射ていると私は思う。

国家として財政の均衡を目指すのをやめ、経済の均衡を回復させることに積極的に取り組んだらどうだろう。MMTのレンズに基づく財政運営では、特定の財政上の結果を目指すことは一切ない。財政赤字の増加は赤字の縮小、あるいは財政黒字と同じように許容されるべきものだ。重要なのは財政年度の終了時点で予算の枠からこぼれ落ちた数字ではない。誰もが生き生きと暮らせる、健全な経済の実現こそが重要だ。働きたいと思う人全員に行き渡るだけの、正当な報酬を支払う仕事はあるだろうか。国民は必要な医療と教育を受けられているだろうか。高齢者は尊厳ある第二の人生を送れるだろうか。すべての子供に十分な食べ物、きれいな飲み水、安全な住居があるだろうか。地球が生存可能な惑星であり続けるように、できることはすべてやっているだろうか。要するに、私たちは本当に重要な「赤字」に対処しているだろうか。

ＭＭＴが教えてくれるのは、必要な実物資源――インフラを改善するための資材、医師や看護師や教師になりたいという人材、必要な食料を生産する能力――があるならば、目標達成に必要な「お金」は常に用意される、という事実だ。それが主権通貨のすばらしさだ。マーガレット・サッチャーの有名な発言に反して、政府の資金はたしかに存在する。そして私たちはその事実を堂々と受け入れるべきだ。アラン・グリーンスパン元ＦＲＢ議長が証言したように、「政府が必要なだけ貨幣を発行し、誰かに給付することを阻む要因は何もない」。グリーンスパンの後任であるベン・バーナンキはもう一歩踏み込み、政府の支出についてこう説明している。「使われるのは税金ではない。単にコンピュータを操作して、対象口座の残高を増やすだけだ」。いずれもパラダイムシフトを迫り、「どうやってその支出をまかなうのか」という古びた問いから私たちを解放するような発言である。実際のところ、政府はすでにすべての支払いをニューヨーク連銀のキーボード操作だけで済ませている。税金は民間部門の支出能力を抑える手段であり、それによって政府支出がまかなわれているわけではない。政府が通貨の独占的供給者である国に生きるということが何を意味するのか、私たちはそろそろ理解してもいい頃だ。大統領は今後一切、「政府の資金が尽きる」といった主張をすべきではないし、ジャーナリストもそのような主張を看過してはならない。誰もが真実を知るべきだ。通貨主権国の政府は自国通貨建てのものであれば、いくらでも買うことができる。政府がすっからかんになることは決してない。

政府の支出能力は無限だが、経済の生産能力は有限だ。私たちにできること、すべきことには限界がある。MMTは国の物質的、生態学的制約に配慮し、「どうやって必要な資源を確保するか」を自問すべきだと訴える。MMTのレンズに基づく予算編成は、経済的手段の範囲内で生活することを指示する人工的な予算制約を、生物学的・実物的手段の範囲内で生活することを指示するインフレ制約に置き換える。

すでに見てきたとおり、どの国の経済にも内なる制限速度がある。労働力、工場、機械、原材料といった実物資源が支えられる需要には限りがあり、それを超えると無理が出る。経済が完全雇用の状態に到達すると、政府、国内民間部門（家計や企業）、あるいは海外（国内生産物に対する他国からの需要）からの追加支出は、すべてインフレリスクとなる。幸い、アメリカ経済は慢性的に制限速度の上限「以下」で走っているので、インフレを加速せずに支出を増やす余地はほぼ常にある。それこそが重要な点だ。

政治指導者のなかには、これを理解している者もいた。たとえばジョン・F・ケネディ大統領は、ノーベル賞経済学者のジェームズ・トービンを頼りにしていた。トービンは一九六〇年の大統領選挙でケネディのアドバイザーを務め、その後は大統領経済諮問委員会のメンバーとなった。トービンはケネディにこう尋ねられたという。「財政赤字に上限というものはあるのですか。もちろん、政治的に限界があるのはわかっています。でも経済的上限はあるのですか」と。トービンが「本当の上限は、インフレだけです」と打ち明けると、大統領はこう答えた。「そうですよね。インフレを引き起こさないかぎり、財政赤字はどれほど大きくなってもいいし、政府債務もどれだけ大きくなってもかまわない。それ以外はすべて建前だ[45]」

ケネディの直観は正しかった。重要なのは政府の債務や赤字の大きさではない。地球や生産にかかわる資源にどれほどの負荷をかけるかだ。

一九六一年五月二五日、ケネディ大統領は両院合同会議で、有人月探査計画を支援すると表明した。この野心的な宇宙開発計画への財政支出を求める前に、ケネディはまず議会にこう語りかけた。

私は、わが国には必要な資源や人材はすべてそろっていると考えています。しかし現実には、私たちはそのような国家としての決断を下したこともなければ、宇宙開発で主導権を握るために国家の資源を集結させたこともないのです。厳しい工程で長期目標を達成する計画を打ち出したこともなければ、それを確実に実現するために資源や時間を管理したこともありません[46]。

まさにケネディの言うとおりだった。アメリカの実物資源は有限で、管理する必要があった。とりわけ希少だったのが時間という資源だ。誰も一日二四時間以上働くことはできない。人間の創造力は、既存の技術的知識と能力に制約される。私たちの可能性を制約するのは、技術的能力と実物資源だけだ。ケネディはアメリカが野心的な月探査計画を遂行するには、新たな技術を開発する必要があることを理解していた。人類を月に送り、安全に地球に戻すには、科学的研究と新たな技術の開発に莫大な資金が必要になる。ケネディは議会に、月探査計画のなかで「これほど困難で、資金がかかるものはない」と語った。そのうえで議会に、そして国民に計画への支持を呼びかけた。

はっきりさせておきましょう。そしてこれは最終的には議員のみなさんが判断しなければならないことですが、私は議会に、そして国民のみなさんに新しい行動計画を実現するという固い決意を受け入れるようお願いします。それは何年もかかり、また莫大な費用をともなうものです。一九六二年度に五億三一〇〇万ドル、今後五年間で七〇～九〇億ドルの追加支出が見込まれます。

ケネディは月探査計画の演説で、税金や納税者についてはひとことも触れなかった。計画への支出について「議会の宇宙委員会および予算委員会には、この問題を入念にご検討いただきたい」と要請しただけだ。議会には自らの要請に応じて数十億ドルの裁量的支出を増やす能力があることはわかっていた。ＭＭＴの主張どおり、ケネディは資金を手当てするのは容易であることをまず明らかにした。本当の困難は、その後に待ち受ける。ケネディはこう説明した。

この判断には、重大な国家的コミットメントが要求されます。科学的および技術的なマンパワー、資材や設備、またすでに他の重要な活動に広く浅く分散されているそのような資源の転用が求められる場合もあります。従来わが国の研究開発への取り組みには見られなかったような献身、秩序、規律が求められるのです。不適切な作業の停止、資材費や人件費の膨張、無益な組織間対立、主要な人材が大勢離脱するといったことは許されません。

この野心的目標を実現するためには、政府は科学者、技術者、工事の請負業者、公務員、人工衛星、宇宙船、発射装置など、経済の実物資源を大量に確保しなければならない。ケネディが演説をした当時の公式の失業率は七・一％だったが、月探査計画を成功させるには、政府は能力の高い人材をはじめ、さまざまな実物資源を民間と奪い合うことになるとケネディは理解していた。インフレリスクを抑えるため、ケネディ政権は労働組合や民間産業に賃金と価格の上昇をできるだけ抑え、インフレ率を高くしないよう圧力をかけた。働きかけはうまくいき、経済は成長し、失業率は急激に低下し、インフレは一九六〇年代の前半を通じて一・五％以下にとどまった[47]。

有名な演説から八年後、NASAのアポロ一一号は安全に最初の人間を月に送り届けた。今日、国民の多くがなんらかのかたちで、この歴史的偉業の恩恵を受けている。経済学者のマリアナ・マッツカートはこう説明する。「一九五七年のソ連によるスプートニク打ち上げは、アメリカの政界をパニックに陥れた[48]」。それをきっかけに宇宙開発競争が始まり、今日私たちが当たり前に思っている多くの技術が生まれた。パソコンをはじめ「今日のスマートフォンに使われている技術の大部分が、元をたどればアポロ計画やその関連事業に行きつく[49]」。

国民のための経済を思い描く

今日私たちが直面する課題は、六〇年近く前にケネディが直面したものとはまったく違うが、同じように途方もなく困難で、またはるかに重要であることは間違いない。世界的な大惨事を回避するには、気候変動の影響を抑え、すでに避けられない気温上昇に適応しなければならない。そのためにはアメリカをはじめ世界各国の政府は、宇宙計画のときとはスケールの面でも期間の面でも比較にならないほどの実物資源を投資しなければならない。

目の前に迫った未来を、生存をかけた闘いととらえるのは決して大げさではない。その意味で比較対象になるのは第二次世界大戦だ。ケインズは名著『戦費と国民経済』で、その後のケネディに通じる洞察をしている。資金を手当てするのは容易だ。本当の困難は、労働力、設備、技術、天然資源など入手可能な資源を管理し、インフレの加速を防ぐことだ、と。ケネディが間違ったレンズを使っていたら、アメリカは月に到達できていなかったかもしれない。ケインズが間違ったレンズを使っていたら、イギリスの戦争への関与は不十分かつ遅きに失したかもしれない。私たちの世代が今後も間違ったレンズを使い続けたら、人類史上最悪の社会的、生態学的危機を回避するのに十分な規模と速度で正しい投資を行うことはできないだろう。幸い、すでにＭＭＴという正しいレンズは存在する。

もっと公正で豊かな世界、生態学的な持続可能性、完全雇用、人々の幸福、格差の縮小、あらゆる人のニーズを満たす最高の公共サービスを兼ね備えた世界は、私たちの手の届くところにある。財政に対する社会全体の理解が深まり、財政赤字にとらわれなくなったとき、私たちは万人を豊かにする、より良い経済の実現に向けて歩み出すことができる。

人間の想像力には、すばらしい力がある。人類史の転換点は、特定の人物あるいは集団が、他の人々には見えなかった世界を想像したことがきっかけで起きた。すでに例に挙げたコペルニクスのように、往々にして変わったのはモノの見方だけだった。しかしひとたびその変化が起こると、新たな発見や進歩が一挙に生まれた。ＭＭＴはある意味、現代経済をこれまでとは異なる視点で俯瞰する、きわめて単純な方法に過ぎない。しかし単純な視点の変化がもたらしうる重大な変化を侮ってはならない。私たちは想像力に蓋《ふた》をし、自らを身動きのとれない状態に追い込んでしまった。政府機関の帳簿に記録される数字を無用に恐れるあまり、公共政策は過度に抑制的になってきた。科学の進歩を妨げ、不要な戦争を仕掛け、生活水準を押し下げ、手に入れられたはずの美しい暮らしを犠牲にしてきた。

緊縮財政をもたらしたのは想像力の欠如だ。生活水準を向上させ、国の未来に投資し、健全な経済を維持し、それと同時にインフレを制御するにはどうすればよいか、想像できなかった結果である。貿易戦争をもたらしたのは想像力の欠如だ。国内の完全雇用を維持しつつ、それと同時に貧しい国々の持続可能性のある開発を支援し、世界的な二酸化炭素排出を抑制し、貿易の恩恵を享受し続けるにはどうすればよいか、想像できなかった結果だ。生態系の破壊をもたらしたのは想像力の欠如だ。生活水準を向上させ、経済の繁栄を維持しつつ、人類と地球を守れるように人類の活動を変化させていくにはどうすればよいか、想像できなかった結果だ。ＭＭＴはあらゆる国にとって、国民を大切にし、文化的アイデンティティを守り、固有の生態系を回復させ、持続可能な地域の農業を再生し、生産能力を高め、イノベーションを推進する方法を一から考え直すための優れた手段となる。

社会により良い結果をもたらすような代替的アプローチを検討するうえでＭＭＴがどのように

役立つか、一例を紹介しよう。アメリカをはじめ世界の政策立案者を悩ます最も重大な問題のひとつは、持続可能で二酸化炭素を排出しない発電方法への転換だ。アメリカでは電力インフラの転換はすでに始まったが、再生可能エネルギー、蓄電などさまざまな技術を開発し、化石燃料に変わる主要な電源に育てる道のりはまだ長い。古いパラダイムの下では、政府の指示か、それとも市場のインセンティブを通じて電力インフラの転換を進めるべきかが議論の中心になってきた。政府が電力会社によりクリーンな発電形態を義務づけると、電気料金を支払う人々（家計や企業）が追加費用を負担しなければならなくなる。一方、持続可能な発電方法を開発した企業の税負担を軽減するといった市場へのインセンティブは、代替電源の開発を促す可能性がある一方、電力会社が経済環境が整うまで投資を控えるなど、開発に時間がかかるおそれがある。その結果、電力会社が既存の石炭火力発電所を長く使い続けることになるかもしれない。

ＭＭＴなら、どんな新しい選択肢を提示できるだろうか。ひとつ考えられるのは、電力会社が所有する二酸化炭素排出量の多い発電所を、どれだけ老朽化していても簿価で政府に売却できるようにすることだ。そうすれば発電所の処理費用が電気料金に上乗せされずに済む。国民が燃費の悪い旧式の車から高燃費の車に乗り換えるのを支援するため、アメリカ政府が導入した「キャッシュ・フォー・クランカー」と呼ばれる新車買替支援制度と少し似ており、対象が電力の脱炭素化に変わるだけだ。浮いた民間資本を、再生可能エネルギーへの転換にまわせる。そして家計や企業は、公共政策変更のしわ寄せで電気料金が上がる事態を免れる。

政府はさらに一歩踏み込み、研究開発への資金拠出を増やし、蓄電技術の採用を拡大することもできる。電気料金を世界最安水準に抑えつつ、電力需要の一〇〇％を再生可能エネルギーに転換することもできる。それは企業にも環境にも家計にも好ましく、資金的には政府が十分まかなえることだ。このケースでは、政府が主導権を握るのではなく、民間の電力市場を介して公共政策の成果を実現しようとしていることに注目してほしい。もちろん選択肢は他にもたくさんある。

重要なのは、この案が優れているか否かではない。この例のように政府の支払能力を活かして実物資源の有効活用を促し、公共政策の明確な目標を実現する方法を一から考え直すことだ。未来に向けて私たちに必要な医療、教育、都市計画、科学的研究、農業、住宅のあり方を考え直すうえで、ＭＭＴの知見はどう役立つのか。私たちの意識を社会が本当に必要とする実物資源に向け、財政政策の変更を通じてそれを手に入れていく手引きとなるだろうか。

あなたは思い描くことができるだろうか。民間の事業活動と公共の投資が一丸となって、あらゆる人の生活水準を向上させていく経済を。地方と都市のあらゆるコミュニティで、住民のニーズを満たすのに十分な医療、教育、交通サービスが提供される経済を。ＧＤＰだけでなく、国民の幸福度を測定し、絶えず向上させていく経済を。人間の活動があらゆる生態系を回復させ、豊かにする経済を。国際貿易があらゆる国の生活水準と自然環境を改善するような方法で行われる経済を。サービス業や肉体労働に従事して正当な賃金や福利厚生を受け取る、確固たる中産階級に支えられた経済を。誰もが食べ物や住居や医療の心配をすることなく、心安らかに老後を過ごせる経済を。さまざまな研究に十分な資金が提供され、すばらしいアイデアが次々と商業化され、国民の利益に役立つ経済を。あなたは思い描くことができるだろうか。

すべての国民に質の高い医療を提供する。すべての労働者に十分かつ適切な高等教育や職業教育を提供する。低炭素化ニーズに対応した質の高いインフラを整備する。あらゆる人に心地よい住居を確保する。都市を清潔で美しく整備し直し、共同体意識を醸成する。豊かな資源と労働力に恵まれたアメリカで、そんな政策を推進できない理由はない。他国に先駆けて脱炭素化を進め、困難を抱えた国々に手を差し伸べることもできる。そして地方の小さな町から都市近郊まで、取り残されるコミュニティがひとつもないように配慮しながら国民経済を発展させ、世界に範を示すことができる。

必要な資金はある。それがわかった今、国民のための経済を思い描き、実現に向けて動き出すのか、決めるのは私たちだ。

謝辞

夫のポール・ケルトンの支えと励ましがなければ本書を書き上げることはできなかった。各章の草稿に幾度も目を通してフィードバックをくれたり、家事を多めに引き受けて、私が平日の夜や週末にパソコンに向かう時間を作ってくれたりした。おかげで私は本来やるべき洗濯物の片づけや食事の支度を免除されたが、息子のブラッドリー、娘のキャサリンと過ごす時間が犠牲になったのは事実だ。私の仕事を応援し、人生にあふれんばかりの喜びを与えてくれる家族に心から感謝している。

友人で、すばらしいライターであるザッカリー・カーターにも感謝している。ザッカリーが紹介してくれたエージェントのハワード・ユンは、本書の可能性を初めから信じてくれた。ハワードは出版社を選ぶ際に、どの編集者なら物書きとしての私の一番良いところを引き出してくれるかを慎重に考えるようアドバイスしてくれた。私はジョン・マハニーと仕事をすることを決め、以来ずっとその幸運に感謝している。ジョンは私に当初考えていたような本を書かせなかった。専門用語を使いすぎると警告サインを出し、草稿から図表や難解な数式を削除するなど、問題を指摘してくれた。「誰もが読める本を書くんだ」といつも言い聞かせてくれた。そうした指導のおかげで、本書がある。

装丁を担当してくれたピート・ギャルソー、そして私の拙いスケッチを美しい図表に仕立ててくれたパティ・アイザックスにお礼を言いたい。文章の校正を担当してくれたケイト・ミューラーには本当に感謝している。

それから両親、友人、同僚である。父ヘラルド・ベル、母マーレーンの愛と励ましがなければ、今日の私はない。大学の学部時代の恩師ジョン・F・ヘンリー教授は、過去の偉大な経済学者や哲学者に引き合わせてくれただけでなく、現代のマクロ経済学の巨人であり、MMT派の代表的経済学者であるL・ランダル・レイとの間も取り持ってくれた。マシュー・フォーステイター、パヴリーナ・R・チャーネバ、ランダル・レイと私は、ミズーリ大学カンザスシティ校（UMKC）で長年ともにウォーレン・モズラーの考えを発展させてきた。本書はこの共同作業の産物だ。スコット・フルワイラー、ローハン・グレイ、ネイサン・タンカス、ラウル・キャリロ、ファデル・カブーには、二年にわたって私からのさまざまな問いかけに辛抱強く応えてくれたことに感謝する。最終原稿の仕上げに協力してくれたスティーブン・ハイル、マーシャル・アウアーバック、ダニエル・ホセ・カマチョ、ジェシー・メイヤーソン、ケネス・ワプナー、ジェフ・スプロス、リチャード・エスコフにも心から感謝している。

MMTが注目されるずっと前から、この理論へのコミットメントを示してくれたザック・エクスレー、ジェフ・コベントリー、ジェームズ・スチュアート、マックス・スキッドモア、ベン・ストルーベル、サミュエル・コナー、ビル・ゴッギンにもお礼を言いたい。

より多くの人にMMTを知ってもらうために、読書会を立ち上げたり、ポッドキャストを始めたり、ウェブサイトを作ってくれたすばらしい支持者のみなさんにも感謝している。そして長年にわたり、私自身の考えを研ぎ澄ますのに協力してくれたUMKC、ニューヨーク州立大学ストーニーブルック校、ニュースクール・フォー・ソーシャルリサーチの学生、大学院生のみなさん。いつも温かい言葉をかけてくれるダン・セントクレア、キャロライン・マクラナハン、パティ・ブルソー、ステイシー・ピルカード。あなたがたの思いやりにどれほど励まされたことか。

私に大勢の多様な聴衆に向けて話す機会を与え、本書の読者層を広げるのに貢献してくれた方々にも感謝しなければならない。ハリー・シェアラー、クリス・ヘイズ、ジョー・ヴァイゼンタール、サム・セダー、ファリード・ザカリア、エズラ・クライン、ジョン・ファブロー、ニール・キャブート、ニック・ハノーアー、マイケル・ムーア、メフディ・ハサン、他にも多くの方がいる。報道機関に「MMTについてもっと議論すべきだ」と働きかけてくれたアレクサンドリア・オカシオ＝コルテス下院議員にもお礼を申し上げる。最後に、より良い未来に希望を持ち、NPRの『プラネットマネー』に電話をかけて財政赤字の神話について重要な問いを投げかけてくれたエイミーにお礼を言いたい。

解説　コロナ危機によって再燃するMMT論争

駒澤大学経済学部准教授
井上智洋

■コロナ危機と政府の「借金」

二〇二〇年四月、新型コロナウイルス対策の一環として、国民全員に一律一〇万円を給付する「特別定額給付金」の実施が決定された。

この決定は歓迎すべきことだが、できれば二〇万円の現金を給付すべきだと私は考えていた。政府の自粛要請によって仕事や収入を失った人々が当面暮らしていくには、最低でも二〇万円は必要だからである。

そこで、追加の一〇万円給付がなされるように、微力ながら財務省に嘆願書を提出したり、国会議員に働きかけたりしたが、かなわなかった。

国民の間に追加給付を切望する声が挙がっていたにもかかわらず、政府が採用しなかった理由は明確だ。お金をケチるという「緊縮」体質が政府にしみついているからだ。

この非常時において一見意識が変わってきているように思えるが、政府は「財政規律を守るべきだ」という基本的なスタンスを捨て切れていないだろう。財政支出の大幅な増大は避けられないが、それでもなるべく少なく抑えたいという思惑が見え隠れする。

政府のこの緊縮路線は、コロナ対策に十分な予算を確保しないという問題だけでなく、コロナ収束後の増税という次なる問題を生み出すだろう。

政府は既に、例年を大きく上回る規模の国債を発行している。特別定額給付金のための政府支出は一三兆円近くであり、全て国債によってまかなわれている。他にも、持続化給付金や雇用調整助成金の拡充など様々な政策が実施されており、二〇二〇年度の新規国債発行額は、九〇兆円を超える予定だ。

それゆえ、早くも「コロナ増税」という話が持ち上がっている。二〇二〇年八月に開かれた政府税制調査会では、コロナ対策によって財政が悪化しているので、消費増税が必要ではないかという意見が出された。

二〇一一年の東日本大震災の際に「復興特別税」が課されたのと同様に、コロナ増税が実施される可能性は高い。そして、それは日本経済を再び長期デフレ不況へと陥れるだろう。

■政府が「借金」して何が悪い

悪化した財政の再建のために増税する必要はあるのだろうか？　「現代貨幣理論」（Modern Monetary Theory、ＭＭＴ）の立場からは、そんな増税は必要ないと明言できるだろう。

本書の著者ステファニー・ケルトン氏は、アメリカの経済学者で、ＭＭＴの主唱者の一人である。

ＭＭＴは、一般には「政府の借金はインフレをもたらさない限り問題ではない」という主張をする理論として知られており、それはまさに本書の主要な論点でもある。

この主張をより正確に言い直すと、「自国通貨を持つ国にとって、政府支出が過剰かどうかを判断するためのバロメータは、赤字国債の残高ではなくインフレの程度である」というようになる。

アメリカ、イギリス、日本はそれぞれ、ドル、ポンド、円といった自国通貨を持つ。こういった国々の政府・中央銀行は、言わば通貨の製造者であり、必要な資金を自ら作り出すことができる。それゆえ、資金が尽きることはないし、そもそも借金をする必要がない。

では何のために国債を発行するのかというと、それは金利の調整だ。国債は言わば「金利付き通貨」であり、中央銀行によって売ったり買ったりされることで、金利が変化する。

したがって、国債は家計にとっての借金の証書と同列に扱うことはできない。政府の「借金」という言い方がそもそも誤解の元で、「負債」という言葉を用いるべきかもしれない。だが、ここでは分かりやすさのためにあえて「借金」と言っておこう。

日本政府のこの「借金」は、家計だけでなく夕張市やギリシャの借金とも異なっている。夕張市役所やギリシャ政府は、通貨の製造者ではないからだ。

夕張市独自の通貨は存在しないし、ギリシャはユーロ圏への加入とともに独自通貨ドラクマを捨て去り、通貨発行権を放棄している。それだから、生真面目な経済学者や経済評論家の「ギリシャと同様に日本も財政破綻に陥る」といった警告は、たちの悪いデマでしかない。

ただし、財政破綻はしないにしても、国債を発行して政府支出を増大させ続ければ、やがてインフレが起きるだろう。政府の「借金」が、日本のように一〇〇〇兆円を超えようが問題ではないが、インフレには警戒しなければならない。

とはいえ、日本経済は二〇年以上もデフレに苦しめられており、インフレ率目標の二%が達成されないまま、コロナ危機によってデフレに舞い戻ろうとしている。

そんな状況下でインフレを懸念し過ぎるのは、長らく栄養失調だった人が、ご飯を食べたら肥満になると恐れるようなものだ。ケルトン氏は、二〇一九年七月に催された日本での講演の折に、聴衆からインフレに関する質問を幾つも浴びせられて、呆れたようにこう返答した。

「日本はデフレ気味なのに、みなさんインフレの心配ばかりしている」

■MMTはなぜ脚光を浴びたか？

本書は、このように自国通貨を持つ国の「借金」が、いかに家計などの借金と異なるかを議論の出発点としながら、「財政赤字の神話」を突き崩していく。

読者の中には、財政赤字それ自体は問題ではないと言われて、「そんなバカなことがあるか」と憤慨している人もいるかもしれない。

その点については、安心してもらいたい。というのも、他ならぬケルトン氏ですら最初は、MMTの考えについて正しいとは思わなかったらしい。

本書でも、MMTの父と目されるウォーレン・モズラー氏の著書を読んで納得できなかったと述べられている。それでケルトン氏はモズラー氏の自宅にまで出かけて行って、何時間も説明を聞いたという。

多くの人々にとって、MMTの思考に慣れるにはかなりの時間がかかるだろう。ついでながら白状するが、私自身もMMTの思考に完全に慣れ切っているわけではない。それは、常識とはあべこべに見えるし、普通の経済学者の主張ともかなり異なっている。

MMTは非主流派の経済理論、つまり一般的な経済学の教科書には載っていない理論だ。それゆえ、一九九〇年代から存在しているにもかかわらず、経済学者の間ですらもそれほど知られていなかった。

ところが、二〇一九年になってから、まずはアメリカで脚光を浴びるようになった。というのも、前年に史上最年少の女性下院議員となったアレクサンドリア・オカシオ＝コルテス氏が、MMTに言及したからだ。

彼女は、太陽光や風力などの再生可能エネルギーを一〇〇％にするとともに、新たな雇用を創出する政策「グリーン・ニューディール」の財源として、赤字国債を挙げた。つまり、政府が「借金」してお金を調達すれば良いというわけである。

そうやって政府の「借金」を正当化するために、オカシオ＝コルテス氏がMMTを持ち出したのをきっかけに、ノーベル賞受賞者であるポール・クルーグマン氏などの主流派経済学者を交えた大論争が巻き起こった。

二〇一九年前半に、ケルトン氏とクルーグマン氏は、財政支出を行うと金利が上昇するのか否かといった論点をめぐって、いささか嚙み合わない議論を繰り広げた。

ただし、クルーグマン氏もまた「反緊縮派」(積極財政派)であり、日本に対し消費増税をすべきでないと助言している。両者は、政策スタンスが真逆だからぶつかり合っていたというわけではないのである。

MMTは、このようにアメリカで言わば「炎上」したわけだが、それは日本にも飛び火している。二〇一九年四月頃から、新聞やネットの記事、経済誌などで連日のように取り上げられるようになったのである。

正直言って私は、流行りの一発芸よろしく、年をまたいだら世の人々はMMTに見向きもしなくなるのではないかと占っていた。

二〇一九年一二月に『MMT:現代貨幣理論とは何か』(講談社)という本を出版した私自身にとって、それは当たって欲しくない予想だった。だが、良い意味で予想は裏切られ、MMTへの関心は失われることがなかった。

■再燃するMMT論争

政府の「借金」が一〇〇〇兆円以上もありGDP比で世界一の日本では、財政赤字がどのような意味を持つかということは、国の命運を決定づけると言っても良いくらい重要な問題だ。財政赤字が増大し続ける限り、MMTへの関心が尽きることはないのかもしれない。

目下のところ、コロナ危機によって急激に財政赤字が膨らんでいるので、ＭＭＴにはますます熱い視線が注がれている。

ケルトン氏は二〇二〇年三月にツイッターで、アメリカにおけるコロナ対策のための二二〇兆円にものぼる政府支出の「財源」について論じている。[1]

一連のツイートによれば、政府支出の際には、民間企業や家計が持つ預金口座の金額をプラスするだけのことである。あらかじめ税金を「財源」として徴収しておく必要はなく、お金は無から創造されるのである。

逆に、税金を徴収する際には民間企業や家計が持つ預金口座の金額をマイナスにするだけだ。したがって、納税によって私達の保有するお金の一部は消えてなくなる。

ケルトン氏は、プラスした分をマイナスして帳尻を合わせようなどとしないようにとくぎを刺す。つまり、増税に警戒しているのである。

この理屈はそのまま日本にも当てはまる話であって、コロナ対策のために支出した分増税しようなどと考えてはいけない。元々ＭＭＴｅｒ（ＭＭＴ支持者）として知られていた京都大学教授の藤井聡氏も、コロナ増税を回避せよと訴えている。[2]

経済産業省官僚で同じくＭＭＴｅｒの中野剛志氏は、緊縮財政によって国立感染症研究所や保健所が縮小されてきたために、コロナ対応が脆弱になっていると指摘している。[3]

経済アナリストの森永康平氏は、二〇二〇年六月に出版した『ＭＭＴが日本を救う』（宝島社）で、政府が一〇万円の一律現金給付を即断できなかったのは、財源に限りがあるとの錯誤を抱いているからだと論じた。

ＭＭＴをベースに考えていれば、財政赤字の額にとらわれずに、大胆でスピーディーな財政出動ができただろうというのである。

一方で、政治家で経済評論家の藤巻健史氏のように、ＭＭＴをトンデモ理論と呼び、コロナ対策のために積みあがった膨大な政府の「借金」は、いずれハイパーインフレと円の暴落を引き起こすと断じる論者もいる。[4]

このようにコロナ危機は財政赤字をめぐる議論をますます活発化させ、ＭＭＴ論争を再燃させているとと言えるだろう。

■ＭＭＴは万華鏡!?

とはいうものの、財政赤字をどうとらえるかという論点は、ＭＭＴの主眼だとは言い切れない。では、何が主眼かというとこれはなかなかの難問だ。

私自身は、貨幣理論という名の通りに「貨幣とは何か？」「貨幣はなぜ流通するのか？」といったテーマが主軸にあると思っている。だが、ＭＭＴはあまりにも多くの論点を含んでおり、どの点を強調するのかはＭＭＴｅｒによってても異なっている。

「ＭＭＴは世界を正しく見るためのレンズ（眼鏡）」という有名な言い回しがある。主流派経済学のレンズは歪んでいるが、ＭＭＴレンズを掛けると物事が正確に見えるというわけだ。

本書でケルトン氏も、民主党のチーフエコノミストを務めた時に、上院議員の誰もが歪んだレンズを身につけており、政府の収入と支出を均衡させる必要があると思い込んでいることにがっかりしたと述懐している。

ＭＭＴは確かに世界を正しく見るためのレンズとして役立つ面もあろうが、一方で私には万華鏡のようにも思える。色とりどりの複雑な模様を織り成すだけでなく、手に取る人によってその模様が異なって見えるからだ。

例えば、主流派経済学者は、ＭＭＴに対し「社会主義」というレッテルを貼りがちであるが、「ＭＭＴは社会主義ではない」と言ってそのレッテルをはがして回るＭＭＴｅｒがいる。

ケルトン氏は、くだんの来日講演の際に「ＭＭＴは社会主義ですか？」という聴衆からの質問に、明確に「ノー」と答えている。

オーストラリアの経済学者でプロのミュージシャンでもあるビル・ミッチェル氏も、自身のブログで「ＭＭＴは本質的に左派寄りというわけではない」[5]と書いている。だが、二〇一九年一一月に来日した時には「ＭＭＴの源流はマルクスだ」と言っている。ミッチェル氏もまたＭＭＴの主唱者であり、ＭＭＴの名付け親である。

いずれにせよ、本場ＭＭＴですらも一枚岩ではないと言えるだろう。だが、一枚岩である必要はなく、多様な意見のぶつかり合いが起ることこそが健全だ。経済学は、万華鏡のごとくあることがむしろ好ましい。

■ＭＭＴは端的な事実か？

「ＭＭＴは端的な事実」というのも、よく使われる言い回しだ。確かに、ＭＭＴは主流派経済学者が見過ごしがちな重要な事実を幾つも指摘し強調している。

だが、ＭＭＴはそれだけでなく、「仮説」や「提言」も含んでいる。ＭＭＴを構成する様々な学説・モデル・主張などを、私の独断でこれら三つに振り分けると以下のようになる。

（１）事実

●財政・金融政策のオペレーションに関する説明
●信用貨幣論
●ストック・フロー一貫モデル（ＳＦＣモデル）

（２）仮説

●租税貨幣論
●内生的貨幣供給理論

（３）提言

●ゼロ金利固定
●明示的財政ファイナンス（ＯＭＦ）
●就業保証プログラム（ＪＧＰ）

各項目の説明については割愛させていただく。詳しく知りたい方は、拙著『ＭＭＴ：現代貨幣理論とは何か』ないし、望月慎『最新 ＭＭＴ［現代貨幣理論］がよくわかる本』（秀和システム）を参照して欲しい。

「事実」と言っても、私が事実と見なしているだけであり、議論の余地なしというわけではない。「仮説」は、これから実証的な分析などによって正しいか否かが明らかにされなければならない。「提言」は政策提言であり、その効果に関する検討が必要とされる。

私自身、これらＭＭＴの「仮説」や「提言」のいくつかについては、違和感や疑問を抱いており、ＭＭＴに全面的に賛成という立場にはない。

大事なのは、ＭＭＴと主流派経済学のいずれが正しいかといったように勝ち負けを決めることではなく、一つ一つの学説・モデル・主張の妥当性を丁寧に吟味することだろう。

私は、経済学者やＭＭＴに興味を持つみなさんに、繰り返しそのように呼び掛けているのだが、残念ながら今のところさしたる賛同を得られていない。

コロナ危機後の増税によって、失われた三〇年は四〇年に延長される可能性が高い。それによって、庶民の暮らしはますます厳しいものとなり、我が国の衰退は加速するものと思われる。

国の命運がかかっているのだから、本書のようなＭＭＴ関連の文献を参考にしつつも、経済学の学派にとらわれることなくフリースタイルで、財政赤字や貨幣経済の仕組みをめぐる議論に参画する経済学者、政治家、そして国民が増えて欲しいと切に私は願っている。

二〇二〇年八月

1　ケルトン氏のツイートの訳は、長谷川羽衣子（二〇二〇）「220兆円の政府支出の『財源』をめぐる、ステファニー・ケルトン教授のツイッター・スレッド」NGO　e－みらい構想（https://e-miraikousou.jimdofree.com/）で見ることができる。
2　藤井聡（二〇二〇）「MMT（現代貨幣理論）で『コロナ増税』を絶対回避せよ！　～『政府は貨幣の供給者』である以上、増税も支出カットも不要である～」「新」経世済民新聞（https://38news.jp/）。
3　中野剛志（二〇二〇）「新型コロナウイルスで、MMT批判も自粛ですか？」BEST TIMES（https://www.kk-bestsellers.com/）。
4　藤巻健史（二〇二〇）「『日本政府はもっと借金しろ』そんなMMT論者のツケはだれが払うのか」PRESIDENT Online（https://president.jp/）。
5　Mitchell, Bill（2019）"Japan Finance Minister getting paranoid about MMT" - Modern Monetary Theory（http://bilbo.economicoutlook.net/blog/）

索　引

■数字・アルファベット

■あ

■か

■さ

■た

■な

■は

原　注

序章　バンパーステッカーの衝撃

1. 通貨主権は、非常に強い主権を持つ国から、それほど強くない国、ほとんど主権のない国、あるいはまったくない国までの連続体ととらえるべきだ。最も強い主権を持つのは、自国の不換通貨（変動相場制）で財政支出、課税、借り入れを行う国だ。不換とは、国家が自国通貨を金《きん》や外国通貨と固定相場で交換することを約束しないということだ。この定義の下では、アメリカ、イギリス、日本、オーストラリア、カナダ、さらには中国も通貨主権国になる。対照的にエクアドルやパナマには通貨主権はない。両国の通貨制度は、政府の発行できない米ドルを中心にできているからだ。ベネズエラとアルゼンチンは自国通貨を発行しているものの、米ドル建て債務が多く、そのために通貨主権が侵食されている。ユーロ圏に加盟する 19 カ国も通貨発行権限を欧州中央銀行に移管したため、通貨主権はない。
2. ノースウエスタン大学政策研究所によると「800 万人以上が仕事を失い、毎年 400 万軒近い住宅が差し押さえに遭い、250 万社が廃業した」という。Institute for Policy Research, "The Great Recession: 10 Years Later," September 27, 2018, www.ipr.northwestern.edu/about/news/2014/IPR-research-Great-Recession-unemployment-forec.
3. Ryan Lizza, "Inside the Crisis," *The New Yorker*, October 12, 2009, www.newyorker.com/magazine/2009/10/12/inside-the-crisis.
4. Ibid.
5. Joe Weisenthal, "Obama: The US Government Is Broke!," Business Insider, May 24, 2009, www.businessinsider.com/obama-the-us-government-is-broke-2009-5.
6. CBPP, "Chart Book: The Legacy of the Great Recession," Center on Budget and Policy Priorities, June 6, 2019, www.cbpp.org/research/economy/chart-book-the-legacy-of-the-great-recession.
7. Dean Baker, *The Housing Bubble and the Great Recession: Ten Years Later* (Washington, DC: Center for Economic and Policy Research, September 2018), cepr.net/images/stories/reports/housing-bubble-2018-09.pdf.
8. Eric Levitt, "Bernie Sanders Is the Howard Schultz of the Left," *Intelligencer* (Doylestown, PA), April 16, 2019, nymag.com/intelligencer/2019/04/bernie-sanders-fox-news-town-hall-medicare-for-all-video-centrism.html.

第一章　家計と比べない

1. アメリカ合衆国憲法第 1 章 8 条 5 項 www.usconstitution.net/xconst_A1Sec8.html.
2. 他の主体も金融商品をつくることはできる。たとえば銀行の融資によって銀行預金が創造され、それが政府通貨のような機能を果たすケースもある。しかし通貨その

ものを製造できるのはアメリカ財務省とFRBだけだ。Brett W. Fawley and Luciana Juvenal,"Why Health Care Matters and the Current Debt Does Not," Federal Reserve Bank of St. Louis, October 1, 2011, www.stlouisfed.org/publications/regional-economist/october-2011/why-health-care-matters-and-the-current-debt-does-not.

3. 多少の対外債務があったとしても、国家の通貨主権が損なわれることはない。
4. MMTは通貨主権を「ある」か「ない」かの二項対立とは見ていない。主権が強い国もあれば弱い国もある、という幅のある概念ととらえるべきだ。米ドルは世界金融システムの中核（準備通貨）であるため、アメリカは比類ない通貨主権を持つ。しかし日本、イギリス、オーストラリアなども強い通貨主権がある。人民元の価値を管理する中国さえも相当な主権がある。
5. 1983年10月14日、イギリス・ブラックプールのウィンターガーデンで開かれた保守党の会議でのマーガレット・サッチャーのスピーチより。Margaret Thatcher Foundation, www.margaretthatcher.org/document/105454.
6. Lizzie Dearden, "Theresa May Prompts Anger after Telling Nurse Who Hasn't Had Pay Rise for Eight Years:'There's No Magic Money Tree,' " *Independent* (London), June 3, 2017, www.independent.co.uk/news/uk/politics/theresa-may-nurse-magic-money-tree-bbcqt-question-time-pay-rise-eight-years-election-latest-a7770576.html.
7. 借り入れという選択肢がないため、政治家には二つの選択肢しかない。政府予算の他の部分を削るか、税収を増やすかだ。政治家が何らかの法案を通そうとするときに、支出削減か増税によって赤字額を抑えるのではなく、ルール自体を曲げることも可能だということは指摘しておくべきだろう。
8. Warren Mosler, *Soft Currency Economics II: What Everyone Thinks They Know About Monetary Policy Is Wrong*, 2nd ed. (Christiansted, USVI: Valance, 2012).
9. 政府は通貨を発行できるという事実を認めている教科書もあるが、このような資金調達方法はインフレにつながるとして、正式な財政理論では即座に否定される。こうして学生は、政府は税金か借り入れによって支出をまかなうしかない、と教え込まれる。
10. David Graeber, *Debt: The First 5,000 Years* (New York: Melville House, 2011)（デヴィッド・グレーバー『負債論――貨幣と暴力の5000年』酒井隆史監訳、高祖岩三郎・佐々木夏子訳、以文社、2016年）; L. Randall Wray, *Understanding Modern Money: The Key to Full Employment and Price Stability* (Cheltenham, UK: Edward Elgar, 2006); and Stephanie A. Bell, John F. Henry, and L. Randall Wray, "A Chartalist Critique of John Locke's Theory of Property, Accumulation, and Money: Or, Is It Moral to Trade Your Nuts for Gold?," *Review of Social Economy* 62, no. 1 (2004): 51–65.
11. 国家が発行する通貨の歴史については、膨大な文献がある。関心がある読者は、クリスティン・デサン、マシュー・フォーステイター、デビッド・グレーバー、ジョン・ヘンリー、マイケル・ハドソン、L・ランダル・レイなどの著作を参照。
12. Buttonwood, "Monopoly Money," Buttonwood's notebook, *The Economist*, October

19, 2009, www.economist.com/buttonwoods-notebook/2009/10/19/monopoly-money.
13. FRB も「すべての FRB 紙幣の発行当局」である。FRB は政府の財政代理機関として、政府の決済のほとんどを電子的に処理する。取引相手の準備預金口座にデジタルドルを追加するのだ。以下を参照。US Mint, “About the United States Mint” (webpage), www.usmint.gov/about.
14. Board of Governors of the Federal Reserve System, “About the Fed: Currency: The Federal Reserve Board's Role” (webpage), www.federalreserve.gov/aboutthefed/currency.htm.
15. Ale Emmons, “Senate Committee Votes to Raise Defense Spending for Second Year in a Row to $750 Billion,” The Intercept, May 23, 2019, theintercept.com/2019/05/23/defense-spending-bill-senate/.
16. こうした点については、MMT が徹底的に掘り下げている。財務省、FRB、ブローカーディーラーなどによる日々の調整を含めた準備預金会計について詳しく知りたいという読者は、ステファニー・ケルトン、スコット・フルワイラー、エリック・タイモイグの著作を参照。
17. Izabella Kaminska, “Why MMT Is Like an Autostereogram,” FT Alphaville, *Financial Times* (London), February 22, 2012, ftalphaville.ft.com/2012/02/22/892201/why-mmt-is-like-an-autostereogram/.
18. 司会のサリー・ヘルムとアレックス・ゴールドマークによるステファニー・ケルトンのインタビュー。“Modern Monetary Theory,” *Planet Money*, NPR, September 26, 2018, 22:00, www.npr.org/templates/transcript/transcript.php?storyId=652001941.
19. 税金は州政府や自治体には必要であることを覚えておく必要がある。州や自治体レベルでは、税収は教師、消防士、警察官、地域のインフラ事業、図書館などの資金源となる。
20. 財政調整（政府支出の削減や増税）はインフレ圧力を抑える唯一の方法ではない。政府は規制など財政以外の権限を通じて需要を抑え、政府支出の余地を生むこともできる。そしてもちろん賃金や物価の統制も重要な役割を果たしてきた。以下を参照。Yair Listokin, *Law and Macroeconomics: Legal Remedies to Recessions* (Cambridge, MA: Harvard University Press, 2019).
21. Stephanie Kelton (née Bell), “Do Taxes and Bonds Finance Government Spending?,” *Journal of Economic Issues* 34, no. 3 (2000): 603–620, DOI: 10.1080/00213624.2000.11506296.
22. 毎年 4 月 15 日頃には納税額が一気に膨らむが、個人納税者や多くの企業は四半期に一度税金を支払う。このため一年を通じて何兆ドルもの税金が納められる。
23. 米国債の売り出し方法や、FRB による財務省の収支管理の方法に影響を及ぼす会計規則もいくつかある。それらも議会が制定したものであり、議会が自由に変更できる。この点について、詳しくは以下を参照。Eric Tymoigne, “Modern Money Theory and Interrelations Between the Treasury and Central Bank: The Case of the United States,” *Journal of Economic Issues* 48, no. 3 (September 2014): 641–662.

24. 経済学者はこれをトリクルダウン、あるいはサプライサイド・エコノミクスと呼ぶ。減税は抑圧されていた膨大なエネルギーを解き放ち、投資やイノベーションを促進するので、減税をしても最終的に政府の税収は増える、という考えだ。2019年、トランプ大統領は、この理論を広めたアーサー・ラッファーに大統領自由勲章を授与した。

第二章　インフレに注目せよ

1. 物価の上昇は、インフレの前兆として必要条件ではあるが十分条件ではない。インフレのプロセスでは物価が継続して上昇していることが必要であり、相当期間にわたって物価水準が上昇していなければインフレとはみなされない。
2. John T. Harvey, "What Actually Causes Inflation (and Who Gains from It)," *Forbes*, May 30, 2011, www.forbes.com/sites/johntharvey/2011/05/30/what-actually-causes-inflation/#3ea806e9f9a9.
3. Aimee Picchi, "Drug Prices in 2019 Are Surging, with Hikes at 5 Times Inflation," CBS News, July 1, 2019, www.cbsnews.com/news/drug-prices-in-2019-are-surging-with-hikes-at-5-times-inflation/.
4. マネタリズムは19世紀に誕生した貨幣数量説（QTM）を土台としている。QTMは「MV = PY」という単純な交換方程式を、インフレを生じさせる要因に関する理論に転換したものだ。Mは流通している貨幣の量（既存のマネーサプライ）、Vは流通速度（一定の期間内に貨幣単位が支出される回数の平均）、Pは物価水準、Yは実質生産量（実質的財とサービス）だ。交換方程式は、総支出（MV）は生産、販売されたものの名目金額（PY）に等しい、という会計等式に過ぎない。「GDPの支出はGDPの支出に等しい」というようなものだ。この自明の理をもう少し発展させるため、経済学者はVとYの動きについていくつか前提を置いた。具体的にはVは十分安定しているので定数と見なすことができ、Yは完全雇用に落ち着く、ということだ。それから微積分を使ってこの数式を動かしてみると、VとYの変化率はゼロとなり（変数に変化率はない）、この変数はMとPの二つだけになる。交換方程式を操作するときは、単純な微積分を使う（小さな点は各変数の変化率〔伸び率〕を表す）。速度（V）と実質生産量（Y）が一定ならば、それぞれの伸び率はゼロだ。その結果、インフレ率がマネーサプライの伸び率と一致することになる。ミルトン・フリードマンは単純にマネーサプライとインフレの間に因果関係が存在すると想定し、「インフレはいつどこで起ころうとも、マネタリー（貨幣的）な問題である」という有名な結論を導き出した。そうだとすれば、中央銀行がマネーサプライの伸び率を2倍にすれば、結果としてインフレ率も2倍になる。
5. この名前はイギリスの有名な経済学者、ジョン・メイナード・ケインズに由来する。ケインズの著書『雇用、利子および貨幣の一般理論』は1940年代半ばから1960年代の経済学の理論と実践に大きな影響を与えた。
6. 経済学者A・W・フィリップスの研究は、失業率と賃金の伸び率の間に統計的相関性があることを明らかにした。データからはこの二つの変数の間に、一方が上昇す

るともう一方が低下する逆相関があることがわかった。その後、経済学者は賃金の伸び率を物価上昇率に置き換え、インフレと失業の関係をフィリップス曲線として描くようになった。

7. インフレを安定させるため、ミルトン・フリードマンは中央銀行が厳格なルールに従うことを求めた。そのルールとは、マネーサプライ（M）は実質経済（Y）と同じ速度でしか成長できないということだ。その場合、マネーの流通速度（V）が一定だとすれば、物価は安定するはずだ。

8. 中央銀行の独立性について、さらに詳しい議論は以下を参照。L. Randall Wray, "Central Bank Independence: Myth and Misunderstanding," Working Paper No. 791, Levy Institute of Bard College, March 2014, www.levyinstitute.org/pubs/wp_791.pdf.

9. FRBが目標とするのはPCEだ。目標を正確に達成すれば、PCEを構成するモノの平均価格は毎年2%ずつ上昇していくはずだ。この点について、詳しくは以下を参照。Kristie Engemann, "The Fed's Inflation Target: Why 2 Percent?," Open Vault Blog, Federal Reserve Bank of St. Louis, January 16, 2019, www.stlouisfed.org/open-vault/2019/january/fed-inflation-target-2-percent.

10. 以下を参照。Dimitri B. Papadimitriou and L. Randall Wray, "Flying Blind: The Federal Reserve's Experiment with Unobservables," Working Paper No. 124, Levy Economics Institute of Bard College, September 1994, www.levyinstitute.org/pubs/wp124.pdf; and G. R. Krippner, *Capitalizing on Crisis: The Political Origins of the Rise of Finance* (Cambridge, MA: Harvard University Press, 2011).

11. 中央銀行は貯蓄政策、信用および銀行規制、為替管理、市場構造政策など、さまざまな手段を使って物価に影響を与える。しかし日々のインフレ管理の主な手段は依然として金利調整だ。

12. 経済学者は科学的でデータドリブンであることを非常に重視することから、このアプローチはやや形而上学的に感じられる。

13. William C. Dudley, "Important Choices for the Federal Reserve in the Future," speech delivered at Lehman College, Bronx, New York, April 18, 2018, www.newyorkfed.org/newsevents/speeches/2018/dud180418a.

14. Stephanie A. Kelton, "Behind Closed Doors: The Political Economy of Central Banking in the United States," Working Paper No. 47, University of Missouri–Kansas City, August 2005, www.cfeps.org/pubs/wp-pdf/WP47-Kelton.pdf.

15. 日本銀行や欧州中央銀行など、世界の中央銀行のほとんどは、失業問題に対して責任を負わず、物価安定の維持だけを責務としている。

16. 理由は単純だ。企業が人材を採用するのは、そうしたいからではなく、必要があるからだ。従業員に給料を払うのは慈善行為ではなく、必要に迫られてのことだ。今日の世界を支配する資本主義経済は、ケインズの言葉を借りれば（それ以前にマルクスも同じ指摘をしているが）金融的生産経済であり、利益こそが存在理由だ。

17. William Vickrey, "Fifteen Fatal Fallacies," chapter 15 in *Commitment to Full Employment: Macroeconomics and Social Policy in Memory of William S. Vickrey*, ed.

Aaron W. Warner, Mathew Forstater, and Sumner M. Rosen (London: Routledge, 2015), first published by M.E. Sharpe, 2000.

18. 2008年から2013年にかけて、FRBは三度にわたって量的緩和を実施した。民間から数兆ドル分の住宅ローン担保証券や米国債を買い上げ、それと引き換えにFRBのデジタルドル（準備預金）の残高を増やした。これは長期金利の引き下げに役立った。住宅保有者が住宅ローンを借り換え、浮いた所得を別の支出に充てたり、企業が借金をして新規工場の建設や設備購入などの固定資産に投資することを期待してのことだ。
19. 2012年7月18日、ベン・バーナンキによる下院金融サービス委員会での議会証言。“Monetary Policy Is Not a Panacea（金融政策は万能薬ではない）”。ステファニー・ケルトンが投稿。MMT, YouTube, September 23, 2012, 0:10, www.youtube.com/watch?v=eS7OYMIprSw.
20. Abba Ptachya Lerner, *The Economic Steering Wheel: The Story of the People's New Clothes* (New York: New York University Press, 1983).
21. ラーナーは政府が財政政策の一環として、恒常的に借り入れを行う（米国債を売り出す）ことも避けるべきだと考えていた。政府は通貨の発行者なので、経済にお金を支出し、そのまま市中に残せばよい。「支出→（税金＋借金）」モデルのとおり、ラーナーは政府が単に支出をすべきだと考えた。支出後、必ずしも課税や借金をする必要もない。増税はインフレ圧力を回避するためだけに、また国債売り出しは金利を高水準にとどめるためだけに実施すべきだという考えだ。
22. マシュー・フォーステイター、L・ランダル・レイ、パヴリーナ・チャーネバらMMT派経済学者は、ケアエコノミー関連の雇用の創出を推奨している。就業保証プログラムについては最終章で詳しく見ていく。プログラムをどのように管理すべきか、賃金水準はどうあるべきか、どのような雇用を支援すべきか、それが経済全体にどのような影響を及ぼすかといった点については、以下を参照。L. Randall Wray, Flavia Dantas, Scott Fullwiler, Pavlina R. Tcherneva, and Stephanie A. Kelton, *Public Service Employment: A Path to Full Employment*, Levy Economics Institute of Bard College, April 2018, www.levyinstitute.org/pubs/rpr_4_18.pdf.
23. 就業保証の起源は、それを万人の経済的権利として保証したいと考えたフランクリン・D・ルーズベルト大統領にある。これはマーチン・ルーサー・キング・ジュニア博士と妻のコレッタ・スコット・キング、A・フィリップ・ランドルフ牧師が率いた公民権運動の柱でもあった。有力な経済学者であるハイマン・ミンスキーは反貧困を訴える著作のなかで、このような制度の必要性を訴えた。就業保証では、政策立案者がNAIRUのような数字を使って雇用市場の余剰を調整する必要がない、という点が重要だ。政府は単に賃金水準を設定し、仕事を望む人を全員採用するだけだ。誰も制度を利用しなければ、経済はすでに完全雇用の状態にある。しかし1500万人が制度を利用すれば、相当な余剰があることになる。現実的に、経済が入手可能な資源をどれほど活用できていないかを正確に把握する方法はこれしかない。

24. 政府による就業保証は、社会保障やメディケアのような義務的支出となる。インフラ、防衛、教育などへの裁量的支出と異なり、政治家が支出を制約しないという意味で、就業保証は非裁量的支出である。
25. Pavlina R. Tcherneva, *The Case for a Job Guarantee* (Cambridge, UK: Polity Press, 2020).
26. Vickrey, "Fifteen Fatal Fallacies."
27. 大不況のピーク時には、毎月 80 万人の失業者が出ていた。
28. 現実には民間企業が政府の就業保証より低い賃金で労働者を雇うことは可能だ。たとえば有給休暇がたっぷりある、就業規則が柔軟である、公共交通機関を利用しやすい、あるいはキャリア開発に有利だ、といった特典があれば、賃金は低くてもそちらを選ぶ人はいるだろう。しかしそれは例外と見るべきだ。
29. Arjun Jayadev and J. W. Mason, "Loose Money, High Rates: Interest Rate Spreads in Historical Perspective," *Journal of Post Keynesian Economics* 38, no. 1 (Fall 2015): 93–130.
30. 防止策があるにもかかわらず、雇用主は人種、性別、性的指向、身体的障害などによる雇用差別を行い、さらに服役歴のある人やホームレスに偏見を抱く。政府による就業保証は全員に就業の権利を認める。
31. 民主党幹部は 2019 年にトランプ大統領と面談し、2 兆ドルのインフラ投資を承認する方法で合意できるか検討した。
32. MMT は過剰需要の圧力とは関係のない理由で、インフレ率が上昇する可能性も認識している。インフレ対策には、インフレ圧力の根本原因を特定し、その問題を根本的に解決するための適切な政策を選択することが必要だ。この点については以下を参照。FT Alphaville, *Financial Times* (London), ftalphaville.ft.com/2019/03/01/1551434402000/An-MMT-response-on-what-causes-inflation/.
33. さらに詳しい議論は以下を参照。Scott Fullwiler, "Replacing the Budget Constraint with an Inflation Constraint," New Economic Perspectives, January 12, 2015, www.researchgate.net/publication/281853403_Replacing_the_Budget_Constraint_with_an_Inflation_Constraint/citation/download.

第三章　国家の債務（という虚像）

1. 資金を出したのは、長年社会保障制度の民営化を積極的に支持してきた大富豪のピーター・G・ピーターソンだ。受賞した三人の委員は、メイン州選出の無所属のアンガス・キング上院議員、バージニア州選出の民主党のマーク・ワーナー上院議員とティム・ケイン上院議員だ。
2. Christina Hawley Anthony, Barry Blom, Daniel Fried, Charles Whalen, Megan Carroll, Avie Lerner, Amber Marcellino, Mark Booth, Pamela Greene, Joshua Shakin et al., *The Budget and Economic Outlook: 2015 to 2025*, Congressional Budget Office, 2015, www.cbo.gov/sites/default/files/114th-congress-2015-2016/reports/49892-Outlook2015.pdf.

3. これが第六章のテーマだ。
4. 2018年6月時点で、外国の政府と投資家は6.2兆ドル、すなわち米国債の約3分の1を保有している。
5. Edward Harrison, “Beijing Is Not Washington’s Banker,” Credit Writedowns, February 22, 2010, creditwritedowns.com/2010/02/beijing-is-not-washingtons-banker.html.
6. Edward Harrison, “China Cannot Use Its Treasury Holdings as Leverage: Here’s Why,” Credit Writedowns, April 7, 2018, creditwritedowns.com/2018/04/china-cannot-use-its-treasury-holdings-as-leverage-heres-why.html.
7. 長期金利は予想される将来の期待短期金利にタームプレミアムを足したものを反映しており、それ自体が安全資産への全体的な供給と需要を反映している。タームプレミアムは勝手に変化することもあるが、将来の期待短期金利には頑健性がある。というのもFF先物市場が、中央銀行が今後短期金利をどのように設定するかという市場全体の期待を示しているからだ（先物市場ではトレーダーが、FRBがFF金利をどう調整するかに対して直接的に投資する。投資の勝敗は、読みが当たるか否かと直結している。統計的にFF先物市場の予測は最も正確なことがわかっている）。中央銀行が長期金利に対して相当強力な影響力を持つのはこのためだ。中央銀行がさらにコントロールを強めるため、日本銀行が行っているようにイールドカーブ全体に金利を設定するという方法もある。
8.「債券自警団」という言葉は、国債のような金融資産の価格を激変させ、金利に想定外の変動をもたらす金融市場（もっと正確にいえば金融市場の投資家）の力を指す。最終的に欧州中央銀行は自警団を抑え込むことに成功したものの、ギリシャ国民に厳しい緊縮財政を押しつけることになった。以下を参照。Yanis Varoufakis, *Adults in the Room: My Battle with Europe’s Deep Establishment* (New York: Farrar, Straus and Giroux, 2017).
9. ジェフ・セッションズ上院議員はオバマ大統領が提案した予算を批判するなかで「来年、アメリカはギリシャのようになりうる」と語った。ポール・ライアン下院議員も同様に「大統領の予算は債務の増加要因を無視しており、アメリカを危険なほどヨーロッパ的危機に近づけている」と警告した。以下を参照。Jennifer Bendery, “Paul Ryan, Jeff Sessions Warn Obama’s Budget Could Spur Greek-Style Debt Crisis,” Huffpost, February 13, 2012, www.huffpost.com/entry/paul-ryan-jeff-sessions-obama-budget-greece_n_1273809.
10. Alex Crippen, “Warren Buffett: Failure to Raise Debt Limit Would Be ‘Most Asinine Act’ Ever by Congress,” CNBC, April 30, 2011, www.cnbc.com/id/42836791.
11. Warren Buffett, “We’ve Got the Right to Print Our Own Money So Our Credit Is Good,” excerpt of *In the Loop* interview with Betty Liu, Bloomberg Television, July 8, 2011, posted by wonkmonk, YouTube, January 5, 2014, 0:31, www.youtube.com/watch?v=Q2om5yvXgLE.
12. 米国債の期間はさまざまだ。政府は期間10～30年の長期債を発行する。財務省

証券の期間は 1 ～ 10 年で、このうちインフレ連動米国債（TIPS）は 10 年、財務省短期証券が 13 週、26 週、52 週だ。大部分は異なる額面で購入できる。30 年債の額面は 1000 ドルから 100 万ドルまである。以下を参照。Investor Guide, "The 4 Types of U.S. Treasury Securities and How They Work" (webpage), investorguide.com,www.investorguide.com/article/11679/4-types-of-u-s-treasury-securities-and-how-they-work-igu/.

13. 扇動的な経済学者、ローレンス・コトリコフは国家債務を「財政的な児童虐待」の一種と呼び、米国の財政不均衡をネズミ講的と表現する。私はこの見方に強く反対する。以下を参照。Joseph Lawler, "Economist Laurence Kotlikoff: U.S. $222 Trillion in Debt," RealClear Policy, November 20, 2012, www.realclearpolicy.com/blog/2012/12/01/economist_laurence_kotlikoff_us_222_trillion_in_debt_363.html.

14. Patrick Allen, "No Chance of Default, US Can Print Money: Greenspan," CNBC, August 7, 2011, updated August 9, 2011, www.cnbc.com/id/44051683.

15. Niv Elis, "CBO Projects 'Unprecedented' Debt of 144 Percent of GDP by 2049," *The Hill*, June 25, 2019, thehill.com/policy/finance/450180-cbo-projects-unprecedented-debt-of-144-of-gdp-by-2049.

16. Jared Bernstein, "Mick Mulvaney Says 'Nobody Cares' About Deficits. I Do. Sometimes," *Washington Post*, February 6, 2019, www.washingtonpost.com/outlook/2019/02/06/mick-mulvaney-says-nobody-cares-about-deficits-i-do-sometimes/.

17. "Dear Reader: You Owe $42,998.12," *Time* magazine cover, April 14, 2016, time.com/4293549/the-united-states-of-insolvency/.

18. James K. Galbraith, "Is the Federal Debt Unsustainable?," Policy Note, Levy Economic Institute of Bard College, February 2011, www.levyinstitute.org/pubs/pn_11_02.pdf.

19. Olivier Blanchard, "Public Debt and Low Interest Rates," Working Paper 19-4, PIIE, February 2019, www.piie.com/publications/working-papers/public-debt-and-low-interest-rates.

20. Greg Robb, "Leading Economist Says High Public Debt 'Might Not Be So Bad,'" MarketWatch, January 7, 2019, www.marketwatch.com/story/leading-economist-says-high-public-debt-might-not-be-so-bad-2019-01-07.

21. David Harrison and Kate Davidson, "Worry About Debt? Not So Fast, Some Economists Say," *Wall Street Journal*, February 17, 2019, www.wsj.com/articles/worry-about-debt-not-so-fast-some-economists-say-11550414860.

22. Scott T. Fullwiler, "Interest Rates and Fiscal Sustainability," Working Paper No. 53, Wartburg College and the Center for Full Employment and Price Stability, July 2006, www.cfeps.org/pubs/wp-pdf/WP53-Fullwiler.pdf.

23. Scott T. Fullwiler, "The Debt Ratio and Sustainable Macroeconomic Policy," *World Economic Review* (July 2016): 12–42, www.researchgate.net/publication/304999047_

The_Debt_Ratio_and_Sustainable_Macroeconomic_Policy.
24. Ibid.
25. Ibid. これは政府が支払う金利と関連している。
26. Galbraith, "Is the Federal Debt Unsustainable?"
27. Japan Macro Advisors, "General Government Debt and Asset," December 20, 2019, www.japanmacroadvisors.com/page/category/economic-indicators/balancesheets/general-government/.
28. Fullwiler, "Interest Rates and Fiscal Sustainability."
29. 財務省とFRBの合意が結ばれるまで、FRBは長期金利を厳しく管理し、2.5%以上には上昇させなかった。固定相場制の下では、国債は国内通貨を政府の約束するレートで準備資産に交換するという選択肢と競合することになり、イールドカーブをコントロールすることは不可能になる。この点について詳しくは以下を参照。Warren Mosler and Mathew Forstater, "A General Framework for the Analysis of Currencies and Commodities," in ed. Paul Davidson and Jan Kregel, *Full Employment and Price Stability in a Global Economy* (Cheltenham, UK: Edward Elgar, 1999), cas2.umkc.edu/econ/economics/faculty/Forstater/papers/BookChaptersEnclopediaEntries/GeneralFrameworkAnalysisOfCurrenciesCommidities.pdf.
30. FRBは1942年から金利目標の設定を開始した。以下を参照。Jessie Romero, "Treasury-Fed Accord, March 1951" (webpage), Federal Reserve History, November 22, 2013, www.federalreservehistory.org/essays/treasury_fed_accord.
31. MMTの考えるFRBの独立性については、以下を参照。L. Randall Wray, "Central Bank Independence: Myth and Misunderstanding," Working Paper No. 791, Levy Economics Institute of Bard College, March 2014, www.levyinstitute.org/pubs/wp_791.pdf.
32. FRBのなかにも、明確により長期の部分で目標を設定する可能性を検討すべきだという意見が出始めているようだ。以下を参照。Leika Kihara, Howard Schneider, and Balazs Koranyi, "Groping for New Tools, Central Banks Look at Japan's Yield Controls," Reuters, July 15, 2019, www.reuters.com/article/us-usa-fed-ycc/groping-for-new-tools-central-banks-look-at-japans-yield-controls-idUSKCN1UA0E0.
33. Japan Macro Advisors, "Japan JGBs Held by BoJ" (webpage), Economic Indicators, www.japanmacroadvisors.com/page/category/economic-indicators/financial-markets/jgbs-held-by-boj/.
34. Eric Lonergan, Drobny Global Monitor (blog), Andres Drobny, Drobny Global LP, December 17, 2012, www.drobny.com/assets/_control/content/files/Drobny_121712_10_24_13.pdf.
35. 債券投資家のなかには、GDPの200%を優に超える債務残高を抱える日本は破滅しかかっていると見る者もいた。日本政府はこれほどの債務水準を維持できるはずがないと考え、日本国債のショート（売り）ポジションを取った者もいる。カイル・バスはこの「ウィドウメーカー」取引と呼ばれる方法によって、莫大な損失を被

ったことで知られる。以下を参照。Wayne Arnold, "Japan's Widow-Maker Bond Trade Still Looks Lethal" (blog), Reuters, June 6, 2011, blogs.reuters.com/breakingviews/2011/06/06/japans-widow-maker-bond-trade-still-looks-lethal/.

36. QTM については第二章の注 4 で詳しく述べた。

37. Milton Friedman, "The Counter-Revolution in Monetary Theory,"IEA Occasional Paper, no. 33, Institute of Economic Affairs, 1970, miltonfriedman.hoover.org/friedman_images/Collections/2016c21/IEA_1970.pdf.

38. 2019 年 7 月時点で、FRB は市場性のある米国債の約 13%を保有している。残りの 87%もこの 13%を購入したのと同じ方法、つまり準備預金の残高を増やすことで買い入れることができる。以下を参照。Kihara, Schneider, and Koranyi, "Groping for New Tools."

39. この点に興味のある読者には、以下をお薦めする。Carl Lane, *A Nation Wholly Free: The Elimination of the National Debt in the Age of Jackson* (Yardley, PA: Westholme, 2014).

40. FRB システムは 1913 年の連邦準備法によって創設された。

41. 国債は元本と利子を支払う。5%の利子がつく 10 年債を購入すれば、政府は額面金額の 1000 ドルを受け取り、それから 10 年にわたって毎年 50 ドルの利子を支払う。10 年の期限が来たら、1000 ドルの元本を返済する。

42. David A. Levy, Martin P. Farnham, and Samira Rajan, *Where Profits Come From* (Kisco, NY: Jerome Levy Forecasting Center, 2008), www.levyforecast.com/assets/Profits.pdf.

43. 第五章で見ていくとおり、貿易黒字の国は、財政赤字への依存度は低い。しかしアメリカのように恒常的に貿易赤字の国は、財政赤字を出したほうが経済にとって好ましいことが多い。財政赤字がなければ成長は持続しなくなる。以下を参照。Wynne Godley,"What If They Start Saving Again? Wynne Godley on the US Economy,"*London Review of Books* 22, no. 13 (July 6, 2000), www.lrb.co.uk/v22/n13/wynne-godley/what-if-they-start-saving-again.

44. Frederick C. Thayer, "Balanced Budgets and Depressions," *American Journal of Economics and Sociology* 55, no. 2 (1996): 211–212, *JSTOR*, www.jstor.org/stable/3487081.

45. Ibid.

46. この点については第四章で詳しく見ていく。以下も参照。Scott Fullwiler, "The Sector Financial Balances Model of Aggregate Demand (Revised)," New Economic Perspectives, July 26, 2009, neweconomicperspectives.org/2009/07/sector-financial-balances-model-of_26.html.

47. NPR は 2011年、情報公開法に基づく請求によってコピーを入手した。現在この資料は公開されている。その舞台裏は以下を参照。David Kestenbaum, "What If We Paid Off the Debt? The Secret Government Report," *Planet Money,* NPR, October 20, 2011, www.npr.org/sections/money/2011/10/21/141510617/what-if-we-paid-off-the-

debt-the-secret-government-report.

48. ここでいう金利とは、FF 金利と呼ばれる、銀行同士が翌日物市場で準備預金を貸し借りする際に使用するレートだ。システム内に準備預金がふんだんにある場合、準備預金を借り入れる必要がある銀行は、余剰のある銀行から借り入れるのに、さほど高い金利を支払わずに済む。容易に入手できるからコストが低いのだ。金利を低くするために FRB がすべきことは、借入コストが目標金利に下がるまで、銀行システムに十分な資金を供給することだ。その方法が国債の買い入れである。

49. Kestenbaum, "What If We Paid Off the Debt?" ここで懸念されていたのは、FRB が他の金融商品を買い入れなければならない場合、勝者と敗者を選別しているように見えるかもしれない、ということだ。

50. 景気後退が始まる前、アメリカ経済は急激に成長しており、歳入は急速に増加していた。それは主に株式市場バブルの結果で、経済成長のおかげで財政収支は黒字になった。2001 年 1 月にバブルが崩壊すると、景気後退が始まった。財政赤字が景気後退を引き起こしたわけではないが、2007 年に始まったより深刻な景気後退の素地を整えたのは事実だ。この点については以下を参照。Wynne Godley, *Seven Unsustainable Processes* (Annandale-on-Hudson, NY: Jerome Levy Economics Institute, 1999), www.levyinstitute.org/pubs/sevenproc.pdf.

51. 国債の買い入れに加えて、FRB は住宅ローン担保証券（MBS）や政府系住宅ローン会社のファニーメイ、フレディマックが発行した債券も購入した。

52. FRB が正式に量的緩和を終了したのは 2014 年だ。その時点で FRB は 2.8 兆ドル分の米国債を保有していた。これは 12.75 兆ドルの国家債務の 22％にあたる。

53. この点について、非常に詳しい資料として以下を参照。Scott T. Fullwiler, "Paying Interest on Reserve Balances: It's More Significant than You Think," Social Science Research Network, December 1, 2004, papers.ssrn.com/sol3/papers.cfm?abstract_id=1723589.

54. FRB は当たり前のように量的緩和を実施するようになっていたが、ジャネット・イエレン議長は二度と実施せずに済むほうがいいと語った。さらに再び量的緩和を実施することがあれば、より幅広い資産の購入を検討する必要があるかもしれない、とも発言した。

55. これには当座貸し越しの承認、プラチナコイン、あるいは新たなデジタル通貨が必要だろう。

56. これはインフレにつながるのではないか、と不安を抱く人もいる。国債発行によって財政赤字をまかなうほうが、通貨発行よりインフレ圧力を生まないと考えるのだ。MMT はこれが誤りであることを示す。重要なのは支出であり、政府がその支出を国債発行でまかなうか否かではない。以下を参照。Stephanie Kelton and Scott Fullwiler, "The Helicopter Can Drop Money, Gather Bonds or Just Fly Away," *Financial Times*, December 12, 2013, ftalphaville.ft.com/2013/12/12/1721592/guest-post-the-helicopter-can-drop-money-gather-bonds-or-just-fly-away-3/.

57. もちろんこれを財政予算プロセスと結びつける理由はない。たとえば別の貯蓄機

関が利付債を発行することも考えられる。実際 FRB は 2008 年、「ターム物預金ファシリティ」と銘打ってまさにそのような制度を立ち上げた。以下を参照。The Federal Reserve, "Term Deposit Facility" (webpage), www.frbservices.org/central-bank/reserves-central/term-deposit-facility/index.html.

58. 合衆国憲法は 1789 年に承認され、連邦政府が誕生した。

第四章　あちらの赤字はこちらの黒字

1. Congressional Budget Office, *The 2019 Long-Term Budget Outlook* (Washington, DC: CBO, June 2019), www.cbo.gov/system/files/2019-06/55331-LTBO-2.pdf.
2. Paul Krugman, "Deficits Matter Again," *New York Times*, January 9, 2017, www.nytimes.com/2017/01/09/opinion/deficits-matter-again.html.
3. George F. Will, "Fixing the Deficit Is a Limited-Time Offer," *Sun* (Lowell, Massachusetts), www.lowellsun.com/2019/03/12/george-f-will-fixing-the-deficit-is-a-limited-time-offer/.
4. 委員会の公聴会は《C-SAPN3》で頻繁に放映される。以下を参照。Jason Furman, "Options to Close the Long-Run Fiscal Gap," 2007 年 1 月 31 日、連邦上院予算委員会での証言。www.brookings.edu/wp-content/uploads/2016/06/furman20070131S-1.pdf.
5. ケインズ派経済学者は、クラウディングアウトが起こらない特別な状況がある、と主張する。金利がゼロ水準にとどまり、赤字拡大が金利上昇を招かない「流動性の罠」と呼ばれる状況だ。このとき政府は金利上昇によって民間投資をクラウディングアウトすることを懸念せず、安心して赤字を拡大できる。この間は政府がトレードオフを一切気にせず支出を拡大する機会となる。逆に、金利が上昇しはじめれば、即座にクラウディングアウトが発生する。以上がケインズ派の主張だが、これから見ていくとおり MMT は、クラウディングアウトを回避できるのはきわめて異例な状況だけである、という見方に反対の立場をとる。
6. Jonathan Schlefer, "Embracing Wynne Godley, an Economist Who Modeled the Crisis," *New York Times*, September 10, 2013, www.nytimes.com/2013/09/11/business/economy/economists-embracing-ideas-of-wynne-godley-late-colleague-who-predicted-recession.html.
7. Ibid.
8. Post Editorial Board, "Locking in a Future of Trillion-Dollar Deficits,"*New York Post*, July 23, 2019, nypost.com/2019/07/23/locking-in-a-future-of-trillion-dollar-deficits/.
9. Wynne Godley, *Seven Unsustainable Processes* (Annandale-on-Hudson, NY: Jerome Levy Economics Institute, 1999), www.levyinstitute.org/pubs/sevenproc.pdf.
10. "Life After Debt," second interagency draft, November 2, 2000, media.npr.org/assets/img/2011/10/20/LifeAfterDebt.pdf.
11. ゴドリーはレビー研究所の同僚であったL・ランダル・レイといくつか共同研究をしている。二人ともクリントン政権の財政黒字は、国内の民間部門が収入以上の

支出（赤字支出）を続ける間しか持続しないことを理解していた。問題は民間部門は通貨の利用者であり発行者ではないので、赤字を永遠に続けることはできないということだ、と説明している。もう一人、この点を理解していた経済学者がジェームズ・K・ガルブレイスだ。「クリントン政権の黒字は必ずしもシャンパンを開けるようなめでたい話ではない」と発言したとき仲間の経済学者に笑われた、という驚くような話を披露している。

12. Katie Warren, "One Brutal Sentence Captures What a Disaster Money in America Has Become," Business Insider, May 23, 2019, www.businessinsider.com/bottom-half-of-americans-negative-net-worth-2019-5.

13. 政府部門の黒字は国家の貯蓄になる、と考えたくなるかもしれない。それは間違いだ。政府は私たちとは違う。通貨の発行者であり、私たちはそれを使うだけだ。政府は持っていないお金を使うことができる。私たちからお金を回収しても、それによって金持ちになるわけではない。1998年から2001年にかけてそうだったように、政府は財政黒字になることもあるが、財政が「＋」になったとき、一体何を「手に入れる」のか。答えは「何も手に入れない」だ。タッチダウンの映像を見て、レシーバーがアウトオブバウンズだったと判定を変更し、レフリーが6ポイントを減らしたとき、スコアキーパーが何か得をするわけではないのと同じことだ。通貨発行者の立場から見たドルでいっぱいのバケツは、フットボールの試合のポイントがいっぱい詰まったバケツと何も変わらない。政治と切り離せば、今日の財政黒字によって政府が将来支出しやすくなる、といったことは一切ない。

14. 標準的なマクロ経済学理論は今でも、金利に関してこの貸付資金説を採る。ジョン・メイナード・ケインズは有名な『雇用、利子および貨幣の一般理論』で、この考えを否定しようとした。残念ながら昔ながらの（誤った）理論は100年近く経った今でも健在だ。

15. Scott Fullwiler, "CBO—Still Out of Paradigm After All These Years," New Economic Perspectives, July 20, 2014, neweconomicperspectives.org/2014/07/cbo-still-paradigm-years.html.

16. 純金融資産には流通している通貨、準備預金、そして国債残高が含まれる。

17. これはアメリカ、日本、イギリス、オーストラリアなど主権通貨を運用する政府の話だ。以下を参照。L. Randall Wray, "Keynes after 75 Years: Rethinking Money as a Public Monopoly," Working Paper No. 658, Levy Economics Institute of Bard College, March 2011, www.levyinstitute.org/pubs/wp_658.pdf.

18. 序章で定義したとおりだ。

19. もう一度基本を押さえたければ、MMTにおける国債の役割を説明した第一章に戻ってほしい。さらに詳しく知りたければ、MMT派経済学者のエリック・タイモイグによるアメリカ政府の財政と金融政策に関する詳細な分析を参照。Tymoigne, "Government Monetary and Fiscal Operations: Generalising the Endogenous Money Approach," *Cambridge Journal of Economics* 40, no. 5 (2018): 1317–1332, sci-hub.se/https://academic.oup.com/cje/article-abstract/40/5/1317/1987653.

20. たとえばFRBに証券発行の権限を付与することもできる。中央銀行による証券発行について詳しくは以下を参照。Simon Gray and Runchana Pongsaparn, “Issuance of Central Bank Securities: International Experiences and Guidelines,” IMF Working Paper, 2015, www.imf.org/external/pubs/ft/wp/2015/wp15106.pdf; and Garreth Rule, *Centre for Central Banking Studies: Issuing Central Bank Securities* (London: Bank of England, 2011), www.bankofengland.co.uk/-/media/boe/files/ccbs/resources/issuing-central-bank-securities.
21. プライマリーディーラーとしての特別な地位を維持するには「すべての国債入札に比例配分ベースで、合理的に競争可能な価格で入札すること」が求められる。つまり個々のディーラーは入札で応分の割合を獲得するために、応札価格を出す必要があるということだ。積極性の度合いに差はあっても、応札しないという選択肢はない。入札のたびに国債の一部を買うためのオファーをしなければならない。以下を参照。“Primary Dealers” (webpage), Federal Reserve Bank of New York, www.newyorkfed.org/markets/primarydealers.
22. これは2019年8月1カ月間の実際の赤字である。Jeffry Bartash, “U.S. Budget Deficit in August Totals $200 Billion, on Track to Post Nearly $1 Trillion Gap in 2019,” MarketWatch, September 12, 2019, www.marketwatch.com/story/budget-deficit-in-august-totals-200-billion-us-on-track-to-post-nearly-1-trillion-gap-in-2019-2019-09-12.
23. 通常は短期債と長期債をミックスする。期間1年以内の「トレジャリービル（Tビル）」、2～3年の「トレジャリーノート」、30年の「トレジャリーボンド」が含まれるのが一般的だ。入札とそのタイミングについては以下に詳しい。“General Auction Timing” (webpage), Treasury-Direct, www.treasurydirect.gov/instit/auctfund/work/auctime/auctime.htm.
24. プライマリーディーラー（あるいはその代理銀行）は準備預金を使って国債を購入する。ニューヨーク連銀にある実質的な「当座預金口座」だ。
25. 利付国債を保有する大きなリスクのひとつがインフレだ。利子が年率2%、インフレが年率2.5%なら、実質的な（インフレ調整後の）投資リターンはマイナス0.5%になる。財務省はインフレへの防御を求める投資家向けにインフレ連動債（TIPS）も発行している。以下を参照。“Treasury Inflation-Protected Securities (TIPS)” (webpage), TreasuryDirect, www.treasurydirect.gov/instit/marketables/tips/tips.htm.
26. Stephanie Kelton, “Former Dept. Secretary of the U.S. Treasury Says Critics of MMT are ‘Reaching,’” New Economic Perspectives, October 30, 2013, neweconomicperspectives.org/2013/10/former-dept-secretary-u-s-treasury-says-critics-mmt-reaching.html.
27. 1951年の財務省とFRBの合意によって、FRBは短期期限以降のイールドカーブの目標設定を終了した。FRBは長年、（超短期債を除く）国債の金利を市場に委ねたいと思っており、ようやくそれが叶ったわけだ。しかし国債の民間市場が効率的に機能するためには、それを取引してくれる民間の金融機関が必要だ。このため

FRBはプライマリーディーラー制度を創った。当時も今も、主要メンバーは大手銀行の子会社だ。プライマリーディーラーは、正式な政策変数となった短期金利の目標を達成するためにFRBが行う市場操作の、カウンターパートとなった。FRBは市場操作として国債（黄色いドル）の買い入れを通じて銀行システムに緑のドルを追加する。FRBが金融政策を運用するためには、当然効率的で安定したプライマリーディーラー制度が必要だ。要するに、国債の金利を市場に委ねつつ、同時に自らの金融政策も運営するために、FRBは少なくとも自らの目標とする金利近辺でディーラーが国債を買うために十分な資金を提供する必要がある。FRBがプライマリーディーラーを「支え」、プライマリーディーラーが財務省のために「マーケットメイク」をするというのはこういうことだ。

28. FF金利は銀行同士が翌日物市場で準備預金を貸し借りするときのレートだ。準備預金に余剰がある銀行は、別の銀行に貸すことができる。翌日物融資なので、貸し手は翌日には利子とともに準備預金を回収できる。この点について詳しくは以下を参照。Scott Fullwiler, “Modern Central Bank Operations—The General Principles,” chapter 2 in ed. Louis-Philippe Rochon and Sergio Rossi, *Advances in Endogenous Money Analysis* (Cheltenham, UK: Edward Elgar, 2017), 50–87.
29. 正の利子率を維持する方法は基本的に二つある。（1）国債を売り出して余剰準備預金を除去する、（2）FRBの目標金利で準備預金金利（IOR）を払う、ということだ。詳細は以下を参照。Scott T. Fullwiler, “Setting Interest Rates in the Modern Money Era,” Working Paper No. 34, Wartburg College and the Center for Full Employment and Price Stability, July 1, 2004, papers.ssrn.com/sol3/papers.cfm?abstract_id=1723591.
30. L. Randall Wray, “Deficits, Inflation, and Monetary Policy,” *Journal of Post Keynesian Economics* 19, no. 4 (Summer 1997), 543.
31. イールドカーブとは、残存期間が異なる複数の債券などの利回りを曲線（グラフ）にしたものだ。
32. 序章の通貨主権国の定義を参照してほしい。通貨主権国とは、自国の政府あるいは財政代理機関だけが発行できる変動相場通貨で課税、借り入れ、支出を行う国である。
33. 今日では、赤字支出に国債発行をともなわせるのが標準的な手続きとなっている。しかし、必ずしもそうしなければならないわけではない。議会はいつでも手順書を書き換え、この慣行を変えることができる。すでにFRBは短期金利目標の達成に国債を必要としなくなったので、なおさらだ。高度で真に革新的な代替手段となるのは、FRBが短期債と長期債、定期預金や債券に支払う金利を自ら指定し、民間部門に欲しい量だけ買わせる、という方法だ。残った財政赤字はゼロ金利の準備預金のままにしておく。
34. Dan McCrum, “Mario Draghi’s ‘Whatever It Takes’ Outcome in 3 Charts,” *Financial Times* (London), July 25, 2017, www.ft.com/content/82c95514-707d-11e7-93ff-99f383b09ff9.

35. Warren Mosler and Mathew Forstater, "The Natural Rate of Interest Is Zero," Center for Full Employment and Price Stability, University of Missouri–Kansas City, December 2004, www.cfeps.org/pubs/wp-pdf/WP37-MoslerForstater.pdf.
36. Ibid.
37. Timothy P. Sharpe, "A Modern Money Perspective on Financial Crowding-out," *Review of Political Economy* 25, no. 4 (2013): 586–606.
38. William Vickrey, "Fifteen Fatal Fallacies," chapter 15 in *Commitment to Full Employment: Macroeconomics and Social Policy in Memory of William S. Vickrey*, ed. Aaron W. Warner, Mathew Forstater, and Sumner M. Rosen (London: Routledge, 2015), first published by M.E. Sharpe, 2000.

第五章　貿易の「勝者」

1. Fox News, "Transcript of the 2015 GOP Debate," Cleveland, Ohio, August 7, 2015, CBS News website, www.cbsnews.com/news/transcript-of-the-2015-gop-debate-9-pm/.
2. Aimee Picchi, "Fact Check: Is Trump Right That the U.S. Loses $500 Billion in Trade to China?," CBS News, May 6, 2019, www.cbsnews.com/news/trump-china-trade-deal-causes-us-to-lose-500-billion-claim-review/.
3. Action News, "President Trump Visits Shell Cracker Plant in Beaver County," Pittsburgh's Action News, August 13, 2019, www.wtae.com/article/president-trump-shell-cracker-plant-beaver-county-pennsylvania/28689728#.
4. Ginger Adams Otis, "Clinton-Backing AFL-CIO Boss Trumka Visits President-elect Trump on Friday," *New York Daily News*, January 13, 2017, www.nydailynews.com/news/national/clinton-backing-afl-cio-boss-trumka-talks-trade-trump-article-1.2945620.
5. Robert E. Scott and Zane Mokhiber, "The China Toll Deepens," Economic Policy Institute, October 23, 2018, www.epi.org/publication/the-china-toll-deepens-growth-in-the-bilateral-trade-deficit-between-2001-and-2017-cost-3-4-million-u-s-jobs-with-losses-in-every-state-and-congressional-district/.
6. Mark Hensch, "Dems Selling 'America Is Already Great' Hat," *The Hill*, October 9, 2015, thehill.com/blogs/blog-briefing-room/news/256571-dems-selling-america-is-already-great-hat.
7. Jim Geraghty, "Chuck Schumer: Democrats Will Lose Blue-Collar Whites but Gain in the Suburbs," *National Review*, July 28, 2016, www.nationalreview.com/corner/chuck-schumer-democrats-will-lose-blue-collar-whites-gain-suburbs/.
8. Wynne Godley, "What If They Start Saving Again? Wynne Godley on the US Economy," *London Review of Books* 22, no. 13 (July 6, 2000), www.lrb.co.uk/v22/n13/wynne-godley/what-if-they-start-saving-again.
9. 厳密に言うと、アメリカの民間部門を黒字にするには、政府の赤字は（貿易赤字だ

けではなく）経常収支赤字を上回らなければならない。経常収支は貿易収支に他の国際的収支をプラスしたものだ。両者は区別せずに使われることも多いが、国によっては大きく違うケースもある。この点について詳しくは以下を参照。William Mitchell, L. Randall Wray, and Martin Watts, *Macroeconomics* (London: Red Globe Press, 2019).

10. アメリカ政府は海外部門のバケツに直接ドルを注ぎ込むこともできる。たとえばアメリカ企業のボーイングではなく、ヨーロッパのエアバス社から航空機を購入すれば、アメリカの民間部門ではなく海外部門のバケツにドルが追加される。
11. 2019 年 12 月 2 日のドナルド・トランプのツイート。twitter.com/realDonaldTrump/status/1201455858636472320?s=20.
12. Mamta Badkar, “Watch How Germany Ate Everyone Else’s Lunch After the Euro Was Created,” *Business Insider*, July 18, 2012, https://www.businessinsider.com/presentation-german-current-account-balance-2012-7.
13. Pavlina R. Tcherneva, “Unemployment: The Silent Epidemic,” Working Paper No. 895, Levy Economics Institute of Bard College, August 2017, www.levyinstitute.org/pubs/wp_895.pdf.
14. US Department of Labor, “Trade Adjustment Assistance for Workers” (webpage), www.doleta.gov/tradeact/.
15. Candy Woodall, “Harley-Davidson Workers Say Plant Closure after Tax Cut Is Like a Bad Dream,” *USA Today*, May 27, 2018, updated May 28, 2018, www.usatoday.com/story/money/nation-now/2018/05/27/harley-davidson-layoffs/647199002/.
16. Committee on Decent Work in Global Supply Chains, “Resolution and Conclusions Submitted for Adoption by the Conference,” International Labour Conference, ILO, 105th Session, Geneva, May–June 2016, www.ilo.org/wcmsp5/groups/public/---ed_norm/---relconf/documents/meeting document/wcms_489115.pdf.
17. Office of the Historian, “Nixon and the End of the Bretton Woods System, 1971–1973,” Milestones: 1969–1976, history.state.gov/milestones/1969-1976/nixon-shock.
18. Kimberly Amadeo, “Why the US Dollar Is the Global Currency,” The Balance, December 13, 2019, www.thebalance.com/world-currency-3305931.
19. Brian Reinbold and Yi Wen, “Understanding the Roots of the U.S. Trade Deficit,” St. Louis Fed, August 16, 2019, medium.com/st-louis-fed/understanding-the-roots-of-the-u-s-trade-deficit-534b5cb0e0dd.
20. L. Randall Wray, “Does America Need Global Savings to Finance Its Fiscal and Trade Deficits?,” *American Affairs* 3, no. 1 (Spring 2019), americanaffairsjournal.org/2019/02/does-america-need-global-savings-to-finance-its-fiscal-and-trade-deficits/.
21. L. Randall Wray, “Twin Deficits and Sustainability,” Policy Note, Levy Economics Institute of Bard College, March 2006, www.levyinstitute.org/pubs/pn_3_06.pdf.
22. 1997 年のアジア金融危機は、十分な外貨準備なく為替レートをペッグすることの危険性を世界に知らしめた。とりわけ資本規制をしていない国ではなおさらだ。以

下を参照。Wray, "Twin Deficits and Sustainability."
23. Scott Ferguson, Maxximilian Seijo, and William Saas, "The New Postcolonial Economics with Fadhel Kaboub," MR Online, July 7, 2018, mronline.org/2018/07/07/the-new-postcolonial-economics-with-fadhel-kaboub/.
24. Noureddine Taboubi, "Strikes Overturn Wage Cuts, but IMF Blindness Risks Ruining Tunisia," Bretton Woods Project, April 4, 2019, www.brettonwoodsproject.org/2019/04/strikes-overturn-wage-bill-but-imf-blindness-risks-ruining-tunisia/.
25. John T. Harvey, *Currencies, Capital Flows and Crises: A Post Keynesian Analysis of Exchange Rate Determination* (Abingdon, UK: Routledge, 2009).
26. Bill Mitchell, "Modern Monetary Theory in an Open Economy," Modern Monetary Theory, October 13, 2009, bilbo.economicoutlook.net/blog/?p=5402.
27. 予想どおり、ボルカー・ショックはアメリカの労働者にも甚大な影響を及ぼした。中西部の工場は閉鎖され、製造業は日本などに対する競争力を失った。MMT派が推奨するような、そして実際にアメリカの公民権活動家が推奨していたような就業保証政策が存在し、経済が完全雇用の状態で自動的に安定化していれば、世界中の人々が悲惨な事態を免れたはずだ。
28. Jamee K. Moudud, "Free Trade Free for All: Market Romanticism versus Reality," Law and Political Economy (blog), March 26, 2018, lpeblog.org/2018/03/26/free-trade-for-all-market-romanticism-versus-reality/#more-620.
29. これこそ2018年にトルコで起きたことだ。トルコは海外からの借り入れに依存し、財政赤字を出していたが、そうした政策は北大西洋諸国が金利を引き上げはじめたために行き詰まった。Julius Probst, "Explainer: Why Some Current Account Imbalances Are Fine but Others Are Catastrophic," The Conversation, August 21, 2018, theconversation.com/explainer-why-some-current-account-imbalances-are-fine-but-others-are-catastrophic-101851.
30. 通常これは完成品に近いものを輸入し、最終工程のみ国内で行うことを意味する。カブーらはこれを低付加価値品と呼ぶ。以下を参照。Scott Ferguson and Maxximilian Seijo, "The New Postcolonial Economics with Fadhel Kaboub," *Money on the Left* (podcast), Buzzsprout, July 7, 2018, 1:14:25, transcript of interview, www.buzzsprout.com/172776/745220.
31. James K. Galbraith, *The Predator State: How Conservatives Abandoned the Free Market and Why Liberals Should Too* (New York: Free Press, 2008).
32. ディーン・ベイカーは、トランプの主張に反して「ゼネラルエレクトリック、ボーイング、ウォルマートなどは中国との貿易赤字によって負けてはいない。むしろ貿易赤字はこうした企業が利益を増やそうと努力した結果である」とよく指摘している。以下を参照。Dean Baker, "Media Go Trumpian on Trade," Beat the Press, CEPR, August 24, 2019, cepr.net/blogs/beat-the-press/media-go-trumpian-on-trade.
33. Mitchell, "Modern Monetary Theory."
34. Pavlina R. Tcherneva and L. Randall Wray, "Employer of Last Resort Program: A

Case Study of Argentina's *Jefes de Hogar* Program," Working Paper No. 41, CFEPS, April 2005, www.cfeps.org/pubs/wp-pdf/WP41-Tcherneva-Wray-all.pdf.
35. Pavlina R. Tcherneva, "A Global Marshall Plan for Joblessness?" (blog), Institute for New Economic Thinking, May 11, 2016, www.ineteconomics.org/perspectives/blog/a-global-marshall-plan-for-joblessness.
36. "World Employment and Social Outlook 2017: Sustainable Enterprises and Jobs—Formal Enterprises and Decent Work," International Labour Organization report, October 9, 2017.
37. "Mexico Trade Surplus with the US Reach Record High US $81.5 Billion in 2018," *MexicoNow*, March 8, 2019, mexico-now.com/index.php/article/5232-mexico-trade-surplus-with-the-us-reach-record-high-us-81-5-billion-in-2018.
38. Jeff Faux, "NAFTA's Impact on U.S. Workers," Working Economics Blog, Economic Policy Institute, December 9, 2013, www.epi.org/blog/naftas-impact-workers/.
39. Bill Mitchell, "Bad Luck if You Are Poor!," Modern Monetary Theory, June 25, 2009, bilbo.economicoutlook.net/blog/?p=3064.

第六章　公的給付を受ける権利

1. US Senate, "Glossary Term: Entitlement" (webpage), www.senate.gov/reference/glossary_term/entitlement.htm.
2. US Social Security Office of Retirement and Disability Policy, "Beneficiaries in Current-Payment Status," *Annual Statistical Report on the Social Security Disability Insurance Program, 2018*, Social Security Administration, released October 2019, www.ssa.gov/policy/docs/statcomps/di_asr/2018/sect01.html.
3. Richard R. J. Eskow, host, *The Zero Hour with RJ Eskow*, "Shaun Castle on Social Security and Paralyzed Veterans of America," YouTube, April 22, 2019, 18:46, www.youtube.com/watch?v=avPbNku5Qoc&feature=youtu.be.
4. PVA, "Paralyzed Veterans of America Urges Preserving and Strengthening Social Security During Hearing on Capitol Hill," Paralyzed Veterans of America, April 10, 2019, pva.org/about-us/news-and-media-center/recent-news/paralyzed-veterans-of-america-urges-preserving-and/.
5. Confronting Poverty, "About the Project" (webpage), confrontingpoverty.org/about/.
6. Matt DeLong, "Groups Call for Alan Simpson's Resignation over 'Sexist' Letter," *Washington Post*, August 25, 2010, voices.washingtonpost.com/44/2010/08/group-calls-for-debt-commissio.html.
7. "The Insatiable Glutton" in *Puck* magazine, December 20, 1882, mentioned in James Marten, "Those Who Have Borne the Battle: Civil War Veterans, Pension Advocacy, and Politics," *Marquette Law Review* 93, no. 4 (Summer 2010): 1410, scholarship.law.marquette.edu/cgi/viewcontent.cgi?article=5026&context=mulr.
8. EconoEdLink, Resource 6, Social Security: Visualizing the Debate, U.S. History:

Lesson 3.1 in "The History of Social Security" in *Understanding Fiscal Responsibility*, Economics & Personal Finance Resources for K–12, www.econedlink.org/wp-content/uploads/legacy/1311_Social%20Security%206.pdf.
9. Nancy J. Altman, *The Truth About Social Security: The Founders' Words Refute Revisionist History, Zombie Lies, and Common Misunderstandings* (Washington, DC: Strong Arm Press, 2018).
10. たとえば以下を参照。"Polling Memo: Americans' Views on Social Security," Social Security Works, March 2019, socialsecurityworks.org/2019/03/26/social-security-polling/.
11. Franklin D. Roosevelt, "President Franklin Roosevelt's 1943 State of the Union Address," January 7, 1943, History, Art & Archives, US House of Representatives, history.house.gov/Collection/Listing/PA2011/PA2011-07-0020/.
12. Altman, *The Truth About Social Security*, 7.
13. Ibid.
14. Board of Trustees of the Federal Old-Age and Survivors Insurance and Federal Disability Insurance Trust Funds, "Letter of Transmittal," Washington, DC, April 22, 2019, www.ssa.gov/OACT/TR/2019/tr2019.pdf.
15. Marc Goldwein, "Social Security Is Approaching Crisis Territory," *The Hill*, April 29, 2019, thehill.com/opinion/finance/441125-social-security-is-approaching-crisis-territory#.XMdbf0dTNXs.
16. Social Security Administration, *Summary of Provision That Would Change the Social Security Program*, Office of the Chief Actuary, SSA, December 30, 2019, www.ssa.gov/OACT/solvency/provisions/summary.pdf.
17. Laurence Kotlikoff, "Social Security Just Ran a $9 Trillion Deficit, and Nobody Noticed," *The Hill*, May 14, 2019, thehill.com/opinion/finance/443465-social-security-just-ran-a-9-trillion-deficit-and-nobody-noticed.
18. NCPSSM, "Raising the Social Security Retirement Age: A Cut in Benefits for Future Retirees," National Committee to Preserve Social Security & Medicare, October 30, 2018, www.ncpssm.org/documents/social-security-policy-papers/raising-the-social-security-retirement-age-a-cut-in-benefits-for-future-retirees/.
19. Steven M. Gillon, *The Pact: Bill Clinton, Newt Gingrich, and the Rivalry That Defined a Generation* (New York: Oxford University Press, 2008).
20. Stephanie A. Kelton, "Entitled to Nothing: Why Americans Should Just Say 'No' to Personal Accounts," Working Paper No. 40, Center for Full Employment and Price Stability, University of Missouri–Kansas City, April 2005, www.cfeps.org/pubs/wp-pdf/WP40-Bell.pdf.
21. Nicole Woo and Alan Barber, "The Chained CPI: A Painful Cut in Social Security Benefits," Center for Economic and Policy Research, 2012, cepr.net/documents/publications/cpi-2012-12.pdf.

22. Dean Baker, "Statement on Using the Chained CPI for Social Security Cost of Living Adjustments," Center for Economic and Policy Research, July 8, 2011, cepr.net/press-center/press-releases//statement-on-using-the-chained-cpi-for-social-security-cost-of-living-adjustments.
23. "Consumer Price Index for the elderly," Bureau of Labor Statistics, US Department of Labor, March 2012.
24. 2011 OASID Trustees Report, Table V.C3: Legislated Changes in Normal Retirement Age and Delayed Retirement Credits, for Persons Reaching Age 62 in Each Year 1986 and Later, www.socialsecurity.gov/OACT/TR/2011/V_C_prog.html#180548. 以下も参照。US Bureau of Labor Statistics, "TED: The Economics Daily," Consumer Price Index for the Elderly, March 2, 2012, www.bls.gov/opub/ted/2012/ted_20120302.htm.
25. D. Rosnick and D. Baker, "The Impact on Inequality of Raising the Social Security Retirement Age," Center for Economic and Policy Research, April 2012, cepr.net/publications/reports/the-impact-on-inequality-of-raising-the-social-security-retirement-age.
26. Social Security and Medicare Boards of Trustees, "A Summary of the 2019 Annual Reports: A Message to the Public," US Social Security Administration, www.ssa.gov/oact/trsum/.
27. Ibid.
28. Transamerica Center for Retirement Studies, *18th Annual Transamerica Retirement Survey: A Compendium of Findings About American Workers*, Transamerica Institute, June 2018, www.transamericacenter.org/docs/default-source/retirement-survey-of-workers/tcrs2018_sr_18th_annual_worker_compendium.pdf.
29. Peter Whoriskey, "'I Hope I Can Quit Working in a Few Years': A Preview of the U.S. Without Pensions," *Washington Post*, December 23, 2017, www.washingtonpost.com/business/economy/i-hope-i-can-quit-working-in-a-few-years-a-preview-of-the-us-without-pensions/2017/12/22/5cc9fdf6-cf09-11e7-81bc-c55a220c8cbe_story.html.
30. Teresa Ghilarducci, Michael Papadopoulos, and Anthony Webb, "40% of Older Workers and Their Spouses Will Experience Downward Mobility," Schwartz Center for Economic Policy Analysis Policy Note, The New School, 2018, www.economicpolicyresearch.org/resource-library/research/downward-mobility-in-retirement.
31. Alica H. Munnell, Kelly Haverstick, and Mauricio Soto, "Why Have Defined Benefit Plans Survived in the Public Sector?," Briefs, Center for Retirement Research, Boston College, December 2007, crr.bc.edu/briefs/why-have-defined-benefit-plans-survived-in-the-public-sector/.
32. Monique Morrissey, "The State of American Retirement: How 401(k)s Have Failed Most American Workers," Economic Policy Institute, March 3, 2016, www.epi.org/

publication/retirement-in-america/.
33. Kathleen Romig, "Social Security Lifts More Americans Above Poverty Than Any Other Program," Center on Budget and Policy Priorities, www.cbpp.org/research/social-security/social-security-lifts-more-americans-above-poverty-than-any-other-program.
34. T. Skocpol, "America's First Social Security System: The Expansion of Benefits for Civil War Veterans," *Political Science Quarterly* 108, no. 1 (1993): 85–116.
35. "Oldest Civil War Pensioner Gets $73 a Month from VA," *Florida Today*, August 2017, www.floridatoday.com/story/news/2017/08/24/one-n-c-woman-still-receiving-civil-war-pension/594982001/.
36. Juan Williams, *Muzzled: The Assault on Honest Debate* (New York: Broadway, 2011).
37. John Light, "Déjà Vu: A Look Back at Some of the Tirades Against Social Security and Medicare," Moyers, October 1, 2013, updated August 14, 2014, billmoyers.com/content/deja-vu-all-over-a-look-back-at-some-of-the-tirades-against-social-security-and-medicare/4/.
38. John Nichols, *The "S" Word: A Short History of an American Tradition . . . Socialism* (London: Verso, 2012).
39. Sarah Kliff, "When Medicare Was Launched, Nobody Had Any Clue Whether It Would Work," *Washington Post*, May 17, 2013, www.washingtonpost.com/news/wonk/wp/2013/05/17/when-medicare-launched-nobody-had-any-clue-whether-it-would-work/.
40. Bryan R. Lawrence, "The Illusion of Health-Care 'Trust Funds,'" *Washington Post*, October 18, 2012, www.washingtonpost.com/opinions/the-illusion-of-health-care-trust-funds/2012/10/18/844047d8-1897-11e2-9855-71f2b202721b_story.html.
41. Gail Wilensky, "Medicare and Medicaid Are Unsustainable Without Quick Action," *New York Times*, January 11, 2016, www.nytimes.com/roomfordebate/2015/07/30/the-next-50-years-for-medicare-and-medicaid/medicare-and-medicaid-are-unsustainable-without-quick-action.
42. Philip Moeller, "Medicare and Social Security Stay on Unsustainable Financial Paths, Reports Show," PBS News Hour, April 22, 2019, www.pbs.org/newshour/health/medicare-and-social-security-stay-on-unsustainable-financial-paths-reports-show.
43. Diana Furchtgott-Roth, "Medicare Is Unsustainable in Current Form," MarketWatch, December 2012, www.marketwatch.com/story/medicare-is-unsustainable-in-current-form-2012-12-06.
44. J. Adamy and P. Overberg, "Growth in Retiring Baby Boomers Strains US Entitlement Programs," *Wall Street Journal*, June 21, 2018, www.wsj.com/articles/retiring-baby-boomers-leave-the-u-s-with-fewer-workers-to-support-the-elderly-1529553660.
45. Ibid.

46. Lenny Bernstein, "US Life Expectancy Declines Again, a Dismal Trend Not Seen Since World War I," *Washington Post*, WP Company, November 29, 2018, www.washingtonpost.com/national/health-science/us-life-expectancy-declines-again-a-dismal-trend-not-seen-since-world-war-i/2018/11/28/ae58bc8c-f28c-11e8-bc79-68604ed88993_story.html.
47. Raj Chetty, Michael Stepner, Sarah Abraham, Shelby Lin, Benjamin Scuderi, Nicholas Turner, Augustin Bergeron, and David Cutler, "The Association Between Income and Life Expectancy in the United States, 2001–2014," *Journal of the American Medical Association* 315, no. 16 (April 2016): 1750–1766, jamanetwork.com/journals/jama/article-abstract/2513561.
48. Hendrik Hertzberg, "Senses of Entitlement," *The New Yorker*, April 1, 2013, www.newyorker.com/magazine/2013/04/08/senses-of-entitlement.
49. Richard R. J. Eskow, "'Entitlement Reform' Is a Euphemism for Letting Old People Get Sick and Die," Huffpost, February 25, 2011, www.huffpost.com/entry/entitlement-reform-is-a-e_b_828544.
50. John Harwood, "Spending $1 Billion to Restore Fiscal Sanity," *New York Times*, July 14, 2008, www.nytimes.com/2008/07/14/us/politics/14caucus.html.
51. Lori Montgomery, "Presidential Commission to Address Rising National Debt," *Washington Post*, April 27, 2010, www.washingtonpost.com/wp-dyn/content/article/2010/04/26/AR2010042604189_pf.html.
52. 2009年から2011年にかけて、アメリカ・スピークスはピーターソン財団から404万8073ドルを受け取った。以下を参照。Center for Media Democracy, "America Speaks," SourceWatch, www.sourcewatch.org/index.php/America_Speaks.
53. Dan Eggen, "Many Deficit Commission Staffers Paid by Outside Groups," *Washington Post*, November 10, 2010, www.washingtonpost.com/wp-dyn/content/article/2010/11/10/AR2010111006850.html.
54. Peter G. Peterson, "Statement by Foundation Chairman Pete Peterson on Simpson-Bowles 'Bipartisan Path Forward to Securing America's Future,'"Peter G. Peterson Foundation, April 19, 2013, www.pgpf.org/press-release/statement-by-foundation-chairman-pete-peterson-on-simpson-bowles-bipartisan-path-forward-to-securing-america%E2%80%99s-future.
55. たとえば以下を参照。Alan Simpson and Erskine Bowles, "A Moment of Truth for Our Country's Financial Future," *Washington Post*, November 29, 2017, www.washingtonpost.com/opinions/a-moment-of-truth-for-our-countrys-financial-future/2017/11/29/22963ce6-d475-11e7-a986-d0a9770d9a3e_story.html; and Committee for a Responsible Federal Budget, "Bowles and Simpson Announce Campaign to Fix the Debt on CNBC's Squawkbox," The Bottom Line (blog), July 12, 2012, www.crfb.org/blogs/bowles-and-simpson-announce-campaign-fix-debt-cnbcs-squawkbox.

56. Peter G. Peterson Foundation, "Peterson Foundation to Convene 3rd Annual Fiscal Summit in Washington on May 15th" (press release), May 8, 2012, www.pgpf.org/event/peterson-foundation-to-convene-3rd-annual-fiscal-summit-in-washington-on-may-15th.
57. Michael Hiltzik, "'60 Minutes' Shameful Attack on the Disabled," *Los Angeles Times*, October 7, 2013, www.latimes.com/business/hiltzik/la-xpm-2013-oct-07-la-fi-mh-disabled-20131007-story.html.
58. Congresswoman Susan Wild, "Rep. Wild Secures Funding for Social Security Administration to Address Wait Times in House-Passed Government Funding" (press release), June 19, 2019, wild.house.gov/media/press-releases/rep-wild-secures-funding-social-security-administration-address-wait-times.
59. H. Luke Shaefer and Kathryn Edin, "Extreme Poverty in the United States, 1996 to 2011," Policy Brief no. 28, National Poverty Center, February 2012, npc.umich.edu/publications/policy_briefs/brief28/policybrief28.pdf.
60. Eduardo Porter, "The Myth of Welfare's Corrupting Influence on the Poor," *New York Times*, October 20, 2015, www.nytimes.com/2015/10/21/business/the-myth-of-welfares-corrupting-influence-on-the-poor.html.
61. Kyodo, Bloomberg, staff report, "Japan's Pension System Inadequate in Aging Society, Council Warns," *Japan Times*, June 4, 2019, www.japantimes.co.jp/news/2019/06/04/business/financial-markets/japans-pension-system-inadequate-aging-society-council-warns/#.XjQe1pNKjBI.
62. Alan Greenspan, "There is nothing to prevent government from creating as much money as it wants," Committee on the Budget, House of Representatives, March 2, 2005, posted by wonkmonk, YouTube, March 24, 2014, 1:35, www.youtube.com/watch?v=DNCZHAQnfGU.
63. C-SPAN, 2005 greenspan ryan, 02:42, March 2, 2005, www.c-span.org/video/?c3886511/user-clip-2005-greenspan-ryan-024200.
64. Ibid.
65. Robert Eisner, "Save Social Security from Its Saviors," *Journal of Post Keynesian Economics* 21, no. 1 (1998): 77–92.
66. Ibid., 80.
67. アイズナーはこうした変更のいずれにも反対してはいない。ただシステムの支払能力を維持するためではなく、公平性の観点からそれらを支持していた。
68. "Policy Basics: Where Do Our Federal Tax Dollars Go?" Center on Budget and Policy Priorities, January 29, 2019, https://www.cbpp.org/research/federal-budget/policy-basics-where-do-our-federal-tax-dollars-go.
69. William E. Gibson, "Age 65+ Adults Are Projected to Outnumber Children by 2030," AARP, March 14, 2018, www.aarp.org/home-family/friends-family/info-2018/census-baby-boomers-fd.html.

第七章 本当に解決すべき「赤字」

1. Rebecca Shabad, "Bernie Sanders Flips the Script with 'Deficit' Plan," *The Hill*, January 2015, thehill.com/policy/finance/230692-budget-ranking-member-lays-out-plan-to-eliminate-economic-deficits.
2. Sabrina Tavernise, "With His Job Gone, an Autoworker Wonders, What Am I as a Man?," *New York Times*, May 27, 2019, www.nytimes.com/2019/05/27/us/auto-worker-jobs-lost.html.
3. Robert McCoppin and Lolly Bowean, "Getting By with the Minimum,"*Chicago Tribune*, February 2, 2014, www.chicagotribune.com/news/ct-xpm-2014-02-02-ct-minimum-wage-illinois-met-20140202-story.html.
4. Matthew Boesler, "Almost 40% of Americans Would Struggle to Cover a $400 Emergency," Bloomberg, May 23, 2019, www.bloomberg.com/news/articles/2019-05-23/almost-40-of-americans-would-struggle-to-cover-a-400-emergency.
5. Suresh Naidu, Eric Posner, and Glen Weyl, "More and More Companies Have Monopoly Power over Workers ‹Wages. That's Killing the Economy," Vox, April 6, 2018, www.vox.com/the-big-idea/2018/4/6/17204808/wages-employers-workers-monopsony-growth-stagnation-inequality.
6. Economic Innovation Group, *The New Map of Economic Growth and Recovery*, May 2016, eig.org/wp-content/uploads/2016/05/recoverygrowthreport.pdf.
7. Chris Arnade, *Dignity: Seeking Respect in Back Row America* (New York: Sentinel, 2019).
8. Nicky Woolf, "Over 50 and Once Successful, Jobless Americans Seek Support Groups to Help Where Congress Has Failed," *Guardian* (Manchester, UK), November 7, 2014, www.theguardian.com/money/2014/nov/07/long-term-unemployed-support-groups-congress.
9. Jagdish Khubchandani and James H. Price, "Association of Job Insecurity with Health Risk Factors and Poorer Health in American Workers,"*Journal of Community Health* 42, no. 2 (April 2017): 242–251.
10. David N. F. Bell and David G. Blanchflower, "Unemployment in the US and Europe," Department of Economics, Dartmouth College, August 7, 2018, www.dartmouth.edu/~blnchflr/papers/revised%20%20europe%20Underemployment%20paper%20august%207th%202018.pdf.
11. National Institute on Retirement Security, "New Report Finds Nation's Retirement Crisis Persists Despite Economic Recovery" (press release), September 17, 2018, www.nirsonline.org/2018/09/new-report-finds-nations-retirement-crisis-persists-despite-economic-recovery/.
12. Emmie Martin, "67% of Americans Say They'll Outlive Their Retirement Savings—Here's How Many Have Nothing Saved at All," Make It, CNBC, May 14, 2018, www.

cnbc.com/2018/05/11/how-many-americans-have-no-retirement-savings.html.
13. Sean Dennison, "64% of Americans Aren't Prepared for Retirement—and 48% Don't Care," Yahoo Finance, September 23, 2019, finance.yahoo.com/news/survey-finds-42-americans-retire-100701878.html.
14. Emmie Martin, "Here's How Much More Expensive It Is for You to Go to College Than It Was for Your Parents," Make It, CNBC, November 2017, www.cnbc.com/2018/05/11/how-many-americans-have-no-retirement-savings.html.
15. FRED, "Working Age Population: Aged 15–64; All Persons for the United States" (chart), Federal Reserve Bank of Saint Louis, updated October 9, 2019, fred.stlouisfed.org/series/LFWA64TTUSM647S.
16. Alessandro Malito, "The Retirement Crisis Is Bad for Everyone—Especially These People," MarketWatch, August 2019, www.marketwatch.com/story/the-retirement-crisis-is-bad-for-everyone-especially-these-people-2019-04-12.
17. Associated Press, "Nearly One-Quarter of Americans Say They'll Never Retire, According to a New Poll," CBS News, July 2019, www.cbsnews.com/news/nearly-one-quarter-of-americans-say-theyll-never-retire-according-to-new-poll/.
18. AnnaMaria Andriotis, Ken Brown, and Shane Shifflett, "Families Go Deep into Debt to Stay in the Middle Class," *Wall Street Journal*, August 1, 2019.
19. Sarah Jane Glynn, "Breadwinning Mothers are Increasingly the US Norm," Center for American Progress, December 19, 2016, www.americanprogress.org/issues/women/reports/2016/12/19/295203/breadwinning-mothers-are-increasingly-the-u-s-norm/.
20. Steve Dubb, "Baltimore Confronts Enduring Racial Health Disparities,"NonProfit Quarterly, November 22, 2017, nonprofitquarterly.org/baltimore-confronts-enduring-racial-health-disparities/.
21. Gaby Galvin, "87M Adults Were Uninsured or Underinsured in 2018, Survey Says," *U.S. News & World Report*, February 7, 2019, www.usnews.com/news/healthiest-communities/articles/2019-02-07/lack-of-health-insurance-coverage-leads-people-to-avoid-seeking-care.
22. Tami Luhby, "Is Obamacare Really Affordable? Not for the Middle Class," CNN, November 2016, money.cnn.com/2016/11/04/news/economy/obamacare-affordable/index.html.
23. Boesler, "Almost 40% of Americans Would Struggle to Cover a $400 Emergency."
24. Bob Herman, "Medical Costs Are Driving Millions of People into Poverty,"Axios, September 2019, www.axios.com/medical-expenses-poverty-deductibles-540e2c09-417a-4936-97aa-c241fd5396d2.html.
25. Lori Konish, "137 Million Americans Are Struggling with Medical Debt. Here's What to Know if You Need Some Relief," CNBC, November 12, 2019, ww.cnbc.com/2019/11/10/americans-are-drowning-in-medical-debt-what-to-know-if-you-need-

help.html.
26. Matt Bruenig, "How Many People will Obamacare and AHCA Kill?"(blog), MattBruenig Politics, mattbruenig.com/2017/06/22/how-many-people-will-obamacare-and-ahca-kill/.
27. Catherine Rampell, "It Takes a B.A. to Find a Job as a File Clerk,"*New York Times*, February 19, 2013, www.nytimes.com/2013/02/20/business/college-degree-required-by-increasing-number-of-companies.html.
28. Leslie Brody, "New York City Plans to Give More 3-Year-Olds Free Early Childhood Education," *Wall Street Journal*, January 10, 2019, www.wsj.com/articles/new-york-city-plans-to-give-more-3-year-olds-free-early-childhood-education-11547165926?mod=article_inline).
29. US Department of Education, "Obama Administration Investments in Early Learning Have Led to Thousands More Children Enrolled in High-Quality Preschool," September 2016, www.ed.gov/news/press-releases/obama-administration-investments-early-learning-have-led-thousands-more-children-enrolled-high-quality-preschool.
30. US Department of Education, "Every Student Succeeds Act (ESSA),"www.ed.gov/essa.
31. Timothy Williams, "Poor Schools Keep Getting Crushed in the Football. Is it Time to Level the Playing Field?" *New York Times*, September 2019, www.nytimes.com/2019/09/22/us/school-football-poverty.html.
32. Martin, "Here's How Much More Expensive It Is for You to Go to College Than It Was for Your Parents."
33. Demos, "African Americans, Student Debt, and Financial Security,"2016, www.demos.org/sites/default/files/publications/African%20Americans%20and%20Student%20Debt%5B7%5D.pdf.
34. Alexandre Tanzi, "U.S. Student-Loan Delinquencies Hit Record,"Bloomberg Businessweek, February 22, 2019, www.bloomberg.com/news/articles/2019-02-22/u-s-student-loan-delinquencies-hit-record.
35. Elise Gould, "Higher Returns on Education Can't Explain Growing Wage Inequality," Economic Policy Institute, March 15, 2019, www.epi.org/blog/higher-returns-on-education-cant-explain-growing-wage-inequality/.
36. Scott Fullwiler, Stephanie Kelton, Catherine Ruetschlin, and Marshall Steinbaum, *The Macroeconomic Effects of Student Debt Cancellation*, Levy Economics Institute of Bard College, February 2018, www.levyinstitute.org/pubs/rpr_2_6.pdf.
37. Patrick McGeehan, "Your Tales of La Guardia Airport Hell," *New York Times*, August 29, 2019, www.nytimes.com/interactive/2019/08/29/nyregion/la-guardia-airport.html?smid=tw-nytimes&smtyp=cur.
38. Irwin Redlener, "The Deadly Cost of Failing Infrastructure," *The Hill*, April 2019,

thehill.com/opinion/energy-environment/437550-ignoring-warning-signs-made-historic-midwest-floods-more-dangerous.
39. ASCE, "2017 Infrastructure Report Card: Dams," Infrastructure Report Card, 2017, www.infrastructurereportcard.org/wp-content/uploads/2017/01/Dams-Final.pdf.
40. ASCE, Infrastructure Report Card, www.infrastructurereportcard.org/.
41. Lauren Aratani, "'Damage Has Been Done': Newark Water Crisis Echoes Flint," *Guardian* (Manchester, UK), August 2019, www.theguardian.com/us-news/2019/aug/25/newark-lead-water-crisis-flint.
42. Peter Gowan and Ryan Cooper, *Social Housing in the United States*, People's Policy Project, 2018, www.peoplespolicyproject.org/wp-content/uploads/2018/04/SocialHousing.pdf.
43. Richard "Skip" Bronson, "Homeless and Empty Homes—an American Travesty," Huffpost, May 25, 2011, www.huffpost.com/entry/post_733_b_692546.
44. IPCC, *Global Warming of 1.5℃*, Special Report, United Nations Intergovernmental Panel on Climate Change, 2018, www.ipcc.ch/sr15/.
45. Nathan Hultman, "We're Almost Out of Time: The Alarming IPCC Climate Report and What to Do Next," Brookings Institution, October 16, 2018, www.brookings.edu/opinions/were-almost-out-of-time-the-alarming-ipcc-climate-report-and-what-to-do-next/.
46. Umair Irfan, "Report: We Have Just 12 Years to Limit Devastating Global Warming," Vox, October 8, 2018, www.vox.com/2018/10/8/17948832/climate-change-global-warming-un-ipcc-report.
47. Brandon Miller and Jay Croft, "Planet Has Only Until 2030 to Stem Catastrophic Climate Change, Experts Warn," CNN, October 8, 2018, www.cnn.com/2018/10/07/world/climate-change-new-ipcc-report-wxc/index.html.
48. Union of Concerned Scientists, "Underwater: Rising Seas, Chronic Floods, and the Implications for US Coastal Real Estate," 2018, www.ucsusa.org/global-warming/global-warming-impacts/sea-level-rise-chronic-floods-and-us-coastal-real-estate-implications.
49. Doyle Rice, "Hundreds Flee as Record Rainfall Swamps Northern California, but Thousands Refuse to Leave," *USA Today*, February 27, 2019, www.usatoday.com/story/news/nation/2019/02/27/california-floods-hundreds-flee-their-homes-thousands-refuse/3004836002/.
50. Dana Goodyear, "Waking Up from the California Dream in the Age of Wildfires," *The New Yorker*, November 11, 2019, www.newyorker.com/news/daily-comment/waking-up-from-the-california-dream.
51. Umair Irfan, Eliza Barclay, and Kavya Sukumar, "Weather 2050," Vox, July 19, 2019, www.vox.com/a/weather-climate-change-us-cities-global-warming.
52. Sebastien Malo, "U.S. Faces Fresh Water Shortages Due to Climate Change,

Research Says," Reuters, February 28, 2019, www.reuters.com/article/us-usa-climatechange-water/u-s-faces-fresh-water-shortages-due-to-climate-change-research-says-idUSKCN1QI36L.
53. Josie Garthwaite, "Stanford Researchers Explore the Effects of Climate Change on Water Shortages," Stanford News, March 22, 2019, news.stanford.edu/2019/03/22/effects-climate-change-water-shortages/.
54. Robin Meyer, "This Land Is the Only Land There Is," *The Atlantic*, August 8, 2019, www.theatlantic.com/science/archive/2019/08/how-think-about-dire-new-ipcc-climate-report/595705/.
55. Hultman, "We're Almost Out of Time."
56. Callum Roberts, "Our Seas Are Being Degraded, Fish Are Dying—but Humanity Is Threatened Too," *Guardian* (Manchester, UK), September 19, 2015, www.theguardian.com/environment/2015/sep/20/fish-are-dying-but-human-life-is-threatened-too.
57. Damian Carrington, "Plummeting Insect Numbers 'Threaten Collapse of Nature,'" *Guardian* (Manchester, UK), February 10, 2019, www.theguardian.com/environment/2019/feb/10/plummeting-insect-numbers-threaten-collapse-of-nature.
58. Union of Concerned Scientists, "Vehicles, Air Pollution, and Human Health" (webpage), July 18, 2014, www.ucsusa.org/resources/vehicles-air-pollution-human-health.
59. Drew Shindell, Greg Faluvegi, Karl Seltzer, and Cary Shindell, "Quantified, Localized Health Benefits of Accelerated Carbon Dioxide Emissions Reductions," Nature Climate Change, March 19, 2018, www.nature.com/articles/s41558-018-0108-y.
60. World Economic and Social Survey, "Report: Inequalities Exacerbate Climate Impacts on Poor," Sustainable Development Goals, United Nations, 2016, www.un.org/sustainabledevelopment/blog/2016/10/report-inequalities-exacerbate-climate-impacts-on-poor/.
61. Kelsey Piper, "Is Climate Change an 'Existential Threat'—or Just a Catastrophic One?," Vox, June 28, 2019, www.vox.com/future-perfect/2019/6/13/18660548/climate-change-human-civilization-existential-risk.
62. University of Adelaide, "IPCC Is Underselling Climate Change," Science Daily, March 20, 2019, www.sciencedaily.com/releases/2019/03/190320102010.htm.
63. Irfan, "Report: We Have Just 12 Years to Limit Devastating Global Warming."
64. David Roberts, "What Genuine, No-Bullshit Ambition on Climate Change Would Look Like," Vox, October 8, 2018, www.vox.com/energy-and-environment/2018/5/7/17306008/climate-change-global-warming-scenarios-ambition.
65. MCC, "That's How Fast the Carbon Clock Is Ticking," Mercator Research Institute

on Global Commons and Climate Change, December 2018, www.mcc-berlin.net/en/research/co2-budget.html.

66. Kimberly Amadeo, "The US National Debt Clock and Its Warning," The Balance, February 13, 2019, www.thebalance.com/u-s-national-debt-clock-definition-and-history-3306297.
67. WEF, *The Inclusive Development Index 2018: Summary and Data Highlights* (Geneva, Switzerland: World Economic Forum, 2018), www3.weforum.org/docs/WEF_Forum_IncGrwth_2018.pdf.
68. Quentin Fottrell, "Alone," MarketWatch, October 10, 2018, www.marketwatch.com/story/america-has-a-big-loneliness-problem-2018-05-02.
69. Children's Defense Fund, "Child Poverty" (webpage), www.childrensdefense.org/policy/policy-priorities/child-poverty/.
70. Sheri Marino, "The Effects of Poverty on Children," Focus for Health, April 1, 2019, www.focusforhealth.org/effects-poverty-on-children/.
71. Christopher Ingraham, "Wealth Concentration Returning to 'Levels Last Seen During the Roaring Twenties,' According to New Research," *Washington Post*, February 8, 2019, www.washingtonpost.com/us-policy/2019/02/08/wealth-concentration-returning-levels-last-seen-during-roaring-twenties-according-new-research/.
72. Sean McElwee, "The Income Gap at the Polls," *Politico Magazine*, January 7, 2015, www.politico.com/magazine/story/2015/01/income-gap-at-the-polls-113997.
73. Sabrina Tavernise, "Many in Milwaukee Neighborhood Didn't Vote—and Don't Regret It," *New York Times*, November 20, 2016, www.nytimes.com/2016/11/21/us/many-in-milwaukee-neighborhood-didnt-vote-and-dont-regret-it.html.
74. Jake Bittle, "The 'Hidden' Crisis of Rural Homelessness," *The Nation*, March 28, 2019, www.thenation.com/article/rural-homelessness-housing/.
75. Chris Arnade, "Outside Coastal Cities an 'Other America' Has Different Values and Challenges," *Guardian* (Manchester, UK), February 21, 2017, www.theguardian.com/society/2017/feb/21/outside-coastal-bubbles-to-say-america-is-already-great-rings-hollow.
76. Chris Arnade, *Dignity: Seeking Respect in Back Row America* (New York: Sentinel, 2019).
77. Martin Gilens and Benjamin I. Page, "Testing Theories of American Politics: Elites, Interest Groups, and Average Citizens," *Perspectives on Politics* 12, no. 3 (September 2014): 564–581, www.cambridge.org/core/journals/perspectives-on-politics/article/testing-theories-of-american-politics-elites-interest-groups-and-average-citizens/62327F513959D0A304D4893B382B992B/core-reader.
78. Facundo Alvaredo, Lucas Chancel, Thomas Piketty, Emmanuel Saez, and Gabriel Zucman, *World Inequality Report 2018: Executive Summary*, World Inequality Lab,

2017, wir2018.wid.world/files/download/wir2018-summary-english.pdf.
79. "Federal Individual Income Tax Rates History" (chart), 1913–2013, files.taxfoundation.org/legacy/docs/fed_individual_rate_history_adjusted.pdf.
80. Robert B. Reich, *Saving Capitalism: For the Many, Not the Few* (New York: Alfred A. Knopf, 2015).
81. 2019年3月12日午後5時22分のロバート・ライシュのツイート。MEMEで閲覧可能。me.me/i/robert-reich-rbreich-the-concentration-of-wealth-in-america-has-408c58b6e98d4dcf9f4969d237dd3442.
82. Era Dabla-Norris, Kalpana Kochnar, Nujin Suphaphiphat, Frantisek Ricka, and Evridiki Tsounta, *Causes and Consequences of Income Inequality: A Global Perspective*, International Monetary Fund, June 2015, www.imf.org/external/pubs/ft/sdn/2015/sdn1513.pdf.
83. Josh Bivens and Lawrence Mishel, "Understanding the Historic Divergence Between Productivity and a Typical Worker's Pay," Briefing Paper No. 406, Economic Policy Institute, September 2, 2015, www.epi.org/publication/understanding-the-historic-divergence-between-productivity-and-a-typical-workers-pay-why-it-matters-and-why-its-real/.
84. Ibid.
85. Reuters, "CEOs Earn 361 Times More Than the Average U.S. Worker—Union Report," May 22, 2018, www.reuters.com/article/us-usa-compensation-ceos/ceos-earn-361-times-more-than-the-average-u-s-worker-union-report-idUSKCN1IN2FU.
86. Alvaredo et al., *World Inequality Report 2018*.
87. Chuck Collins and Josh Hoxie, *Billionaire Bonanza 2017: The Forbes 400 and the Rest of Us*, Institute for Policy Studies, November 2017,inequality.org/wp-content/uploads/2017/11/BILLIONAIRE-BONANZA-2017-Embargoed.pdf.

第八章　すべての国民のための経済を実現する

1. この面談を設定してくれたのは元市議会議員のトロイ・ナッシュで、彼は面談にも同席した。
2. モズラーは金融危機の種をまいた銀行システムの改革についても大胆な案を持っていた。
3. Congressional Budget Office, *The Long-Term Budget Outlook* (Washington, DC: CBO, June 2010, revised August 2010), www.cbo.gov/sites/default/files/111th-congress-2009-2010/reports/06-30-ltbo.pdf.
4. Ibid.
5. ウォーレン・モズラーは著書で、同じような経験をいくつも挙げている。以下を参照。Mosler, *The 7 Deadly Innocent Frauds of Economic Policy* (Christiansted, USVI: Valance, 2010).
6. こうした問題のひとつ、あるいはいくつかをテーマとする優れた本はたくさんある。

たとえば以下を参照。Robert B. Reich, *Saving Capitalism* (New York: Alfred A. Knopf, 2015); David Cay Johnston, *Free Lunch* (London: Penguin, 2007); Thomas Frank, *Listen, Liberal* (New York: Metropolitan Books/HenryHolt, 2015); Richard Florida, *The New Urban Crisis* (New York: Basic Books/Hachette, 2017); Chris Arnade, *Dignity* (New York: Sentinel, 2019); Anand Giridharadas, *Winners Take All* (New York: Vintage, 2019); and David Dayen, *Chain of Title* (New York: New Press, 2016).

7. Center on Budget and Policy Priorities, "Policy Basics: Introduction to the Federal Budget Process," updated July 8, 2019, www.cbpp.org/research/policy-basics-introduction-to-the-federal-budget-process.
8. 当然ながら議会は義務的支出についても変更できる。たとえば社会保障給付の増額、メディケアの受給資格を 65 歳から 0 歳に引き下げ、単一支払者による国民皆保険「メディケア・フォー・オール」を求める声などが上がっている。
9. この点について、詳しくは以下を参照。A. G. Hart, "Monetary Policy for Income Stabilization" in *Income Stabilization for a Developing Democracy*, ed. Max F. Millikan (New Haven, CT: Yale University Press, 1953); Simon Gray and Runchana Pongsaparn, *Issuance of Central Securities: International Experiences and Guidelines*, IMF Working Paper, WP/15/106, May 2015, www.imf.org/external/pubs/ft/wp/2015/wp15106.pdf; and Rohan Grey, "Banking in a DigitalFiat Currency Regime," in *Regulating Blockchain: Techno-Social and Legal Challenges*, ed. Philipp Hacker, Ioannis Lianos, Georgios Dimitropoulos, and Stefan Eich (Oxford, UK: Oxford University Press, 2019), 169–180, rohangrey.net/files/banking.pdf.
10. CBO の試算では、純支払金利は 2019 年の対 GDP 比 1.8%から、2029 年には 3.0%に上昇し、2049 年には 5.7%まで膨らむ。以下を参照。Congressional Budget Office, *The 2019 Long-Term Budget Outlook* (Washington, DC: CBO, 2019), www.cbo.gov/system/files/2019-06/55331-LTBO-2.pdf. 連邦政府予算のなかでもこの項目は、常に財政赤字と同額の国債を発行するという現在の慣行をやめれば、ゼロにできる。議会は国債を発行する代わりに、赤字の結果生じる準備預金をそのままシステムに残しておけばいい。残った準備預金には FRB の目標金利が支払われることになる。MMT 派経済学者のほとんどは、翌日物の準備預金に支払われる金利が恒久的にゼロ（あるいはそれに近い水準）に維持されることを望んでいるが、それは MMT の処方的側面を実施するための前提条件ではない。
11. Charles Blahous, "The Costs of a National Single-Payer Healthcare System," Mercatus Working Paper, Mercatus Center, George Mason University, 2018, www.mercatus.org/system/files/blahous-costs-medicare-mercatus-working-paper-v1_1.pdf.
12. いずれも 1974 年議会予算統制法の下で創設された。以下を参照。"History" (webpage), Congressional Budget Office, www.cbo.gov/about/history.
13. 新たな支出を相殺するもうひとつの方法が、他の分野の予算を削り、余剰資金を生み出すことだ。たとえば防衛費を削り、新たな支出を提案する法案などが考えら

れる。

14. もちろん「クリーンビル」なら議会を通過していたという保証はない。それならもっと票が集まったかどうかは、誰にもわからない。最近の議会では超党派の合意というのもあまり見られなくなった。ただひとつ確かなことがある。新たな支出を提案するときには、新たな収入（あるいは支出削減）によってそれを完全に相殺するという慣行は、経済的に不要であり、政治的には不適切である。最近のレポートは10年間で4.59兆ドルが必要になると算定している。
15. Sheryl Gay Stolberg, “Senate Passes $700 Billion Pentagon Bill, More Money Than Trump Sought,” *New York Times*, September 18, 2017, www.nytimes.com/2017/09/18/us/politics/senate-pentagon-spending-bill.html.
16. Christal Hayes, “Alexandria Ocasio-Cortez: Why Does GOP Fund ‘Unlimited War’ but Not Medicare Program?,” *USA Today*, August 9, 2018, www.usatoday.com/story/news/politics/onpolitics/2018/08/09/alexandria-ocasio-cortez-republicans-finance-war-not-healthcare-tuition/946511002/.
17. Calvin H. Johnson, “Fifty Ways to Raise a Trillion,” in *Tax Reform: Lessons from the Tax Reform Act of 1986*, Hearing Before the Committee on Finance, US Senate (Washington, DC: US GPO, 2010), 76, books.google.com/books?id=e4jnhl_AkLgC&pg=PA76&lpg=PA76&dq=calvin+johnson+shelf+project&source=bl&ots=yeBPKBOXV1&sig=ACfU3U3OXXYvNQgrroi7ZBFI8jrStMJJBg&hl=en&sa=X&ved=2ahUKEwiTqekg6blAhVK11kKHXiwAtkQ6AEwEHoECAkQAQ#v=onepage&q=calvin%20johnson%20shelf%20project&f=false.
18. Ibid.
19. Keith Hennessey, “What Is a Vote-a-Rama?” (blog), March 25, 2010, keithhennessey.com/2010/03/25/vote-a-rama/.
20. Paul Krugman, “Deficits Saved the World,” *New York Times*, July 15, 2009, krugman.blogs.nytimes.com/2009/07/15/deficits-saved-the-world/.
21. Jeff Spross, “You're Hired!,” *Democracy: A Journal of Ideas* 44 (Spring 2019), democracyjournal.org/magazine/44/youre-hired/.
22. Bureau of Labor Statistics, “Most Unemployed People in 2018 Did Not Apply for Unemployment Insurance Benefits,” econintersect.com, econintersect.com/pages/contributors/contributor.php?post=201910220659.
23. MMT派経済学者が考案した政府による就業保証プログラムの下では、法的に就労できる人（16歳以上の米国民および米国内で合法的に就労する許可を得た外国人）なら誰もが自動的に就業する資格を得る。以下を参照。L. Randall Wray, Flavia Dantas, Scott Fullwiler, Pavlina R. Tcherneva, and Stephanie A. Kelton, *Public Service Employment: A Path to Full Employment*, Levy Economics Institute of Bard College, April 2018, www.levyinstitute.org/pubs/rpr_4_18.pdf.
24. 経済学者はさまざまな就業保証を提案している。本章では主要なMMT派経済学者が提示した案を紹介する。そこでは労働者は時給15ドルと福利厚生（医療保険

と保育サービス、有給休暇）を得る。経験などに応じて報酬に差をつける別の提案は以下を参照。Mark Paul, William Darity Jr., and Darrick Hamilton, "The Federal Job Guarantee—A Policy to Achieve Permanent Full Employment," Center on Budget and Policy Priorities, March 9, 2018, https://www.cbpp.org/research/full-employment/the-federal-job-guarantee-a-policy-to-achieve-permanent-full-employment.

25. 不要不急の仕事をさせる制度ではない。仕事の多くは1930年代のニューディール政策の下で生み出されたものと似ているかもしれない。たとえば公共事業促進局の下では多くの公共事業が行われ、資源保存市民部隊の下では環境保護の仕事が実施され、米国青少年局では高校生150万人、大学生60万人がパートタイムの仕事に就いた。黒人などマイノリティを排除したルーズベルト時代のニューディール政策と異なり、新たな就業保証は万人に門戸を開放する。

26. 就業保証は既存のセーフティネットを代替するものではない。失業保険を含めて、既存のセーフティネットはすべて政府による就業保証と共存できる。当然ながら、公共サービスの仕事に就いて所得が貧困ラインを十分超える水準に達した労働者は、フードスタンプやメディケイドなどの所得制限のある福祉事業の対象外となるため、こうした事業への支出は自然と減少するだろう。

27. 改めて指摘すると、家計（および企業）は通貨の使用者である。消費者は債務（クレジットカード、住宅ローン、自動車ローン、学生ローンなど）を増やしすぎたと感じれば、通常は支出を引き締める。するとクレジットサイクルが逆回転し、企業の売上高は減少する。

28. たとえば以下を参照。Michael J. Murray and Mathew Forstater, eds., *Full Employment and Social Justice* (New York: Palgrave Macmillan, 2018); Michael J. Murray and Mathew Forstater, eds., *The Job Guarantee* (New York: Palgrave Macmillan, 2013); Pavlina R. Tcherneva, *The Case for a Job Guarantee* (Cambridge, UK: Polity Press, 2020); and William S. Vickrey, *Full Employment and Price Stability* (Cheltenham, UK: Edward Elgar, 2004).

29. Wray et al., *Public Service Employment: A Path to Full Employment.*

30. さらに詳しく知りたい読者は、以下を参照。Pavlina R. Tcherneva, "The Job Guarantee: Design, Jobs, and Implementation," Working Paper No. 902, Levy Economics Institute of Bard College, April 2018, www.levyinstitute.org/pubs/wp_902.pdf.

31. 就業保証の下で、時給15ドルでフルタイムで働くと、年収は3万1200ドルとなる（時給15ドル×40時間×52週）。米国保健福祉省のガイドライン（2019年）によると、この金額は5人家族を貧困ラインより上に引き上げるのに十分な金額だ。以下を参照。US Department of Health & Human Services, "Poverty Guidelines," ASPE, aspe.hhs.gov/poverty-guidelines.

32. 1日8時間×週5日間×50週×1200万人＝240億時間。

33. 資源保存市民部隊は1933年にフランクリン・D・ルーズベルト大統領が創設した。

万人を対象とするものではなく、18 ～ 26 歳の失業中の未婚男性のみを対象としていた。黒人も参加できたが、収容所のような場所に隔離された。今日同じような制度をつくるならば、希望者全員を受け入れなければならない。

34. 人種的マイノリティは失業を経験する可能性が高い。景気が悪化すると真っ先に失業し、回復期には最後に採用される。失業率は高く、失業期間も長くなる傾向がある。たとえば黒人の失業率は常に白人の 2 倍の水準にある。
35. Pavlina R. Tcherneva, "Beyond Full Employment: The Employer of Last Resort as an Institution for Change," Working Paper No. 732, Levy Economics Institute of Bard College, September 2012, www.levyinstitute.org/pubs/wp_732.pdf.
36. Ibid.
37. 3 年後、事業は段階的に終了し、従来型の失業保険と、雇用の代わりに現金扶助を与える伝統的な福祉制度がそれに置き換わった。興味深いことにチャーネバの研究では「失業世帯主プログラム」の参加者が感じたメリットのうち、所得はかなり低いほうだった。プログラムの下で就労したメリットとして参加者が挙げた項目のうち、所得は第5位（下から2番目）だった。所得より評価が高かったのは、（1）有意義な仕事ができたこと、（2）良い環境で働けたこと、（3）コミュニティを助けられたこと、（4）価値あるスキルを学べたことだ。他にメリットとして挙がった項目は、通勤時間の短さ、保育所への近さ、地域との絆、尊厳を得られたこと、エンパワメントの意識などだ。以下を参照。Pavlina R. Tcherneva, "Modern Money and the Job Guarantee," posted by Jacobin, Vimeo, January 9, 2014, 14:02, vimeo.com/83813741.
38. Public Works & Infrastructure, "Welcome to EPWP" (webpage), Department: Public Works and Infrastructure, Republic of South Africa, www.epwp.gov.za/.
39. Ibid.
40. Klaus Deininger and Yanyan Liu, "Heterogeneous Welfare Impacts of National Rural Employment Guarantee Scheme: Evidence from Andhra Pradesh, India," *World Development* 117 (May 2019): 98–111, www.sciencedirect.com/science/article/pii/S0305750X18304480?via%3Dihub.
41. Peter-Christian Aigner and Michael Brenes, "The Long, Tortured History of the Job Guarantee," *The New Republic*, May 11, 2018, newrepublic.com/article/148388/long-tortured-history-job-guarantee.
42. 第二権利章典で保障されるはずだった権利は、教育への権利、住居への権利、医療への権利、そして安らかな老後への権利だ。Franklin D. Roosevelt, "State of the Union Message to Congress: January 11, 1944," Franklin D. Roosevelt Presidential Library and Museum, www.fdrlibrary.marist.edu/archives/address_text.html.
43. Martin Luther King Jr., "The 50th Anniversary of Martin Luther King, Jr.'s 'All Labor Has Dignity,' " Beacon Broadside, Beacon Press, March 18, 2018, www.beaconbroadside.com/broadside/2018/03/the-50th-anniversary-of-martin-luther-king-jrs-all-labor-has-dignity.html.

44. 他にも新たな自動安定化装置を追加することで、就業保証を補強することができる。予算メカニズムに自動運転的な機能を追加するほど、国民は景気循環に振り回されなくなる。たとえば就業保証プログラムの賃金（あるいは他の支出）を、実際のインフレ率ではなくインフレ目標と連動させることで、実際のインフレ率がたとえば2%より低い水準にあるときには、支出が自動的に増加する。
45. 1964年8月1日、大統領経済諮問委員会のメンバー（ウォルター・ヘラー、カーミット・ゴードン、ジェームズ・トービン、ガードナー・アックリー、ポール・サミュエルソン）はジョセフ・ペックマンとのインタビューを録音した。John F. Kennedy Library Oral History Program, www.jfklibrary.org/sites/default/files/archives/JFKOH/Council%20of%20Economic%20Advisers/JFKOH-CEA-01/JFKOH-CEA-01-TR.pdf.
46. Space.com staff, "May 25, 1961: JFK's Moon Shot Speech to Congress,"Space.com, May 25, 2011, www.space.com/11772-president-kennedy-historic-speech-moon-space.html.
47. 1965年7月にジョンソン大統領がベトナム派兵を決めた後、インフレ率は上昇した。
48. Mariana Mazzucato, *The Entrepreneurial State: Debunking Public vs. Private Sector Myths* (Cambridge, MA: Anthem Press, 2014).
49. Mariana Mazzucato, "Mobilizing for a Climate Moonshot," Project Syndicate, October 8, 2019, www.project-syndicate.org/onpoint/climate-moonshot-government-innovation-by-mariana-mazzucato-2019-10.

翻訳協力

青野（経済学 101）
望月慎
高岡健太
n
西村公男
古屋圭太
及川裕也

財政赤字《ざいせいあかじ》の神話《しんわ》
MMTと国民のための経済の誕生
2020年10月10日　初版印刷
2020年10月15日　初版発行
＊
著　者　ステファニー・ケルトン
訳　者　土《ひじ》方《かた》奈《な》美《み》
発行者　早　川　　浩
＊
印刷所　株式会社亨有堂印刷所
製本所　大口製本印刷株式会社
＊
発行所　株式会社　早川書房
東京都千代田区神田多町2－2
電話　03-3252-3111
振替　00160-3-47799
https://www.hayakawa-online.co.jp
定価はカバーに表示してあります
ISBN978-4-15-209966-2　C0033
Printed and bound in Japan
乱丁・落丁本は小社制作部宛お送り下さい。
送料小社負担にてお取りかえいたします。